职业院校创新专业人才培养路径探究

南亲江 著

东南大学出版社
SOUTHEAST UNIVERSITY PRESS
·南京·

图书在版编目(CIP)数据

职业院校创新专业人才培养路径探究 / 南亲江著.
— 南京：东南大学出版社，2019.12
 ISBN 978-7-5641-8715-6

Ⅰ.①职… Ⅱ.①南… Ⅲ.①职业教育-专业人才-人才培养-培养模式-研究-中国 Ⅳ.①G719.2

中国版本图书馆 CIP 数据核字(2019)第 287010 号

职业院校创新专业人才培养路径探究
Zhiye Yuanxiao Chuangxin Zhuanye Rencai Peiyang Lujing Tanjiu

著　　者	南亲江
出版发行	东南大学出版社
社　　址	南京市四牌楼 2 号
邮　　编	210096
出 版 人	江建中
网　　址	http://www.seupress.com
电子邮箱	press@seupress.com
经　　销	全国各地新华书店
印　　刷	兴化印刷有限责任公司
开　　本	787 mm×1092 mm　1/16
印　　张	16.75
字　　数	376 千
版　　次	2019 年 12 月第 1 版
印　　次	2019 年 12 月第 1 次印刷
书　　号	ISBN 978-7-5641-8715-6
定　　价	48.00 元

本社图书若有印装质量问题，请直接与营销部联系。电话(传真):025-83791830。

自序 PREFACE

1977年恢复高考改变了我的人生轨迹。

我从一个偏僻的乡村来到省城读书,选择艰苦行业就读地球物理勘探专业。怀着对未来的美好憧憬,我如饥似渴地学习,储备了大量的专业知识。毕业后分配到江苏省水文地质工程地质勘察院从事技术工作。在勘察企业工作6年,参与了多项省和国家地下水资源勘探与评价研究项目,对企业各种生产要素之间的关系有了全面了解,业务上也有了很大提高。在勘察院工作期间,发表专业学术论文1篇,获得专利1项。因业务能力较为突出,被选派到国外工作1年。

由于领导器重、组织培养、专业对口加上个人努力,可以说我在专业技术岗位上干得风生水起,业务发展的道路是光明的。然而,为解决家庭两地分居问题,我怀着依依不舍的眷恋之情离开了工作岗位,从企业来到职业学校从教。

这一干就是30多年。转眼间我已从职业学校的新手,变成了一名"资深职教人"。

回首往事,有着诸多的感慨、感触和感动。

刚来学校时有着或多或少的迷茫和失落。专业技术工作与从事专业技术教学有着密切联系,但毕竟不是一回事。因此,我一方面加强教育理论的学习,积极承担教学任务,勤于教学反思,努力让自己成为学生爱戴的好老师;另一方面,我清醒地认识到,作为专业教师,必须和企业保持密切的联系。基于这样的认识,在那个通讯和交通并不发达的年代,我始终保持与企业的互动和业务联系,用现在的话说就是教师参与企业实践。经过不懈努力,我取得了两个专业的高级工程师技术职称,为之后的推进教育教学改革、职业生涯发展奠定了坚实基础。

随着时光的流逝,我对职业教育逐渐产生了深深的感情,并深深地爱上了这份职业。特别是近年来,党和国家把职业教育摆在了前所未有的突出位置,大力扶持职业教育的发展,并就职业教育校企合作、产教融合、工学结合、"双师型"教师培养等方面出台了一系列政策法规。尤其是"职教20条"明确指出:"职业教育与普通教育是两种不同教育类型,具有同等重要地位。""职教20条"为中国特色社会主义新时代描绘出了"路线图""施工图",职业教育迎来了发展的春天,我们这些职教人也是如沐春风。

多年来,我以工程技术人员和职业教育教师双重身份积极投入职业教育教学改革的浪潮中,致力于中高职教育的内涵及发展规律研究,努力探索职业教育的改革路在何方,人才培养质量如何提升,产教融合如何向纵深发展等热点、焦点、难点问题,为推进学校教育教学改革、创新人才培养模式、努力培养新时代所需要的技术技能人才做出了自己应有的贡献。

"一分耕耘,一分收获"。经过长期的积淀,近年来,我获得了诸多研究成果:省级教学成果特等奖二项、一等奖一项、二等奖一项,国家级教学成果二等奖三项,并发表了多篇研究论文,入选国家"万人计划"教学名师。有关领导和职教同仁希望将上述研究成果整理成书。本人不揣冒昧,将这本小册子奉献给职教同仁,供大家在教育教学实践中参考。由于本人水平有限,错漏之处,在所难免,希望各位不吝赐教,予以批评指正。

目 录
CONTENTS

第一辑　学校建设与教学管理 …………………………………………………… 1
  1　浅议职业学校变化和发展的关系 ………………………………………… 3
  2　职业院校"争创一流"须谨言慎行 ………………………………………… 9
  3　高职扩招对中职发展的几点思考 ………………………………………… 12
  4　用科学的理念引导职业院校人才队伍建设 ……………………………… 15
  5　职业院校职业技能评价机制建设的思考 ………………………………… 19
  6　现代职业院校教学管理与运行 …………………………………………… 25
  7　职业院校教学质量保障体系建设的思考 ………………………………… 35

第二辑　校企合作与协同育人 …………………………………………………… 45
  1　校企合作模式下学生职业能力层次要求与选择的研究 ………………… 47
  2　助推职业院校集团化办学人才培养供给侧改革 ………………………… 51
  3　学校企业错时工作,深度合作互利共赢 ………………………………… 61
  4　培养鲁班需要制度作出安排 ……………………………………………… 65
  5　江苏地质职业教育集团办学机制的实证研究 …………………………… 67
  6　"顶岗实习"管理模式探索与实践 ………………………………………… 72
  7　校企共育"小师傅"　技能培养挑大梁 …………………………………… 76

第三辑　产教融合与模式创新 …………………………………………………… 81
  1　高技能人才内涵及其培养途径的探究 …………………………………… 83

  2 "双主体一体化"工学结合人才培养模式的实践研究 …………………… 89
  3 专业办企业:工程测量专业人才培养模式创新实践 …………………… 102
  4 五年制高职测绘专业"三进三出、四段三期"工学结合人才培养的研究 …… 108
  5 探索校企合作新路径,构建人才培养新模式 …………………………… 114

第四辑　技能培养与教学模式 …………………………………………… 121
  1 《基于学生技能学习的差异性分层递进教学模式的研究》课题研究报告 …… 123
  2 基于现代学徒制学生助教模式的系统设计与实践 ……………………… 159
  3 基于技能培养的时空性,"学生助教"模式的实践研究 ………………… 166
  4 基于专业技能教学"学教互动,分层递进"模式的实践 ………………… 171
  5 职业院校信息技术教学中"分层递进"模式的实践研究 ………………… 175
  6 基于技能大赛"分层递进"教学模式的实践研究 ……………………… 178
  7 职业学校计算机技能培养模式研究 …………………………………… 181
  8 职业技能量化考核标准与体系的构建 ………………………………… 184
  9 职业学校"小师傅制"技能培养模式的构建与实践 …………………… 188

第五辑　教师成长与职业发展 …………………………………………… 197
  1 职业院校教师的成长与发展路径研究 ………………………………… 199
  2 职业学校教师的困境与出路 …………………………………………… 206
  3 教书育人,是每一位职校教师的天职 ………………………………… 209
  4 在职业教育领域,青年教师大有作为 ………………………………… 212
  5 深入企业实践,深化教学改革,成就职教名师 ……………………… 215
  6 职业教育名师工作室建设与思考 ……………………………………… 222
  7 职业院校教师信息化教学能力培养研究 ……………………………… 233

第六辑　学生本位与素质教育 …………………………………………… 237
  1 树立正确的学生观是职业教育健康发展的前提 ……………………… 239
  2 高校辅导员应"情系学生成长" ……………………………………… 241
  3 应该认真对待学生的权利 ……………………………………………… 243
  4 大学校长给学生讲话不应哗众取宠 …………………………………… 246
  5 职业学校教学领域几个问题的辨析 …………………………………… 248
  6 文化基础课教学与职业素质养成教育 ………………………………… 251
  7 职业学校职业安全健康教育实践范式 ………………………………… 254

第一辑

学校建设与教学管理

浅议职业学校变化和发展的关系

在与职教同仁的工作交流中,"发展"一词大约是出现频率最高的了。在当今充满竞争的时代背景下,发展的确是硬道理。发展慢了就会被动,不发展就会被淘汰。然而笔者注意到,不少学校在发展的旗帜下,裹挟的"举措""成果"等,并非真正意义上的发展内涵。这是需要我们十分警惕的一件大事。

笔者认为,无论是教育行政部门还是职业学校,谈职业学校发展都离不开"教育"这个原点,离不开"人"(也即教师和学生)这个核心要素。尤其对职业学校来说,离开了"教育"、离开了"人",任何发展都无从谈起。正如苏霍姆林斯基指出的那样:"为每一个人培养起善良、诚挚、同情心、助人精神以及对一切有生之物和美好事情的关切之情等品质,是学校教育的基本的起码目标。学校教育就要由此入手。"从这一点出发来审视当前职业学校的发展现状,笔者认为,有些貌似发展实则远离职业教育本质的"雾霾问题"需要加以厘清。因为对于一所职业学校来说,变化与发展极其容易混淆。厘清二者之间的关系,有助于职业学校的健康发展。

一 学校的发展会带来学校的变化,但学校的"量"的变化未必就是真正意义上的发展

发展是指事物进步变化的过程,是事物的不断更新。发展既有量的变化,又有质的变化;有正向的变化,也有负向的变化。由发展的定义我们可以引申出这样几点:其一,变化是发展的主要释义。其二,发展所指的变化,既包括量的变化,也包括质的变化。其三,我们平时所谈论的发展,约定俗成地是指一所学校正向的、"更新"的、"进步"的变化。

根据上述分析,我们不难得出结论:职业学校的发展肯定会带来学校的变化,但职业学校在"量"的方面的变化却未必就是真正意义上的发展。比如,近年来,为数众多的职业学校

都建设了新校区,与此同时,学校的设施设备也都"鸟枪换炮"了。看起来,职业学校发生了巨大的变化。但从笔者到过的职业学校看,其中的大部分学校,其办学效益、教育教学质量并没有随着迁入新校区而大幅提升,有的甚至因为新校区的建设和搬迁而导致了教育教学质量的倒退。

事业成败,关键在人。职业学校的发展也是如此。一所职业学校的变化如果是内在的、精神的、反映在人(教师和学生)身上的,即使没有新校区,即使设备并不先进,我们依然可以说,这样的学校是处在不断地发展之中的。反之,如果一所学校的变化仅仅是外在的、物质的、显示为物化的,这样的变化不能说是没有意义的(如危房变成新房),但至少不是根本的、最重要的。然而在很多情况下,我们恰恰是把这样的变化当作了学校的发展。

有一个比方可以比较形象地说明上述道理。我们以一个"自然人"为例:一个人和自己的过去相比,个子长高了、身材魁梧了、胖了、瘦了、皱纹多了、显得年轻了等,毫无疑问,这些都说明了这个人有了变化,但不能同时说明这个人有了"发展"。如果一个人和自己的过去相比,谈吐不俗了、学识丰富了、对生活的态度更加积极了、信念更加坚定了……这些才能说明这个人有所"发展"了。同样的道理,如果一所学校只是扩大了占地面积、增加了建筑面积、添置了新的设备,我们至多只能说这所学校的"办学条件"有了变化,而另一所学校在"办学条件"没有变化的情况下,教师的精神生活丰富了、价值追求提升了,学生的生命状态积极了、人生志向明确了,学校的教育理念先进了、培养人才的质量提高了,我们则可以肯定地说,这所学校取得了长足的发展。

二 学校取得的荣誉等于学校的发展吗?

许多职业学校在总结工作的时候,都把一年来获得的一些荣誉作为学校取得新的发展的标志,这种做法是值得质疑的。面对获得的荣誉,学校应该怎么看?这些荣誉称号和奖状奖牌能不能表明学校在某些方面取得了发展?笔者以为,这种情况的确容易将变化和发展相混淆,因此,学校自身要加以分析、冷静对待。既要看这些荣誉称号的"含金量",也要看学校是通过何种方式获得的,更要看获得这些荣誉后对学校发展起到了哪些促进作用?

毫无疑问,荣誉称号和奖状奖牌都是上级部门颁发的,而且上级部门在设定这些奖项的时候,都有着很强的针对性。客观地说,近年来,教育行政部门设置的一些奖项以及开展的众多评估、检查、验收等,虽然也有一些硬件要求,但其重心还是放在学校内涵发展方面的。因此,单从奖项要求以及评估指标看,其"含金量"的确是很高的。如果职业学校不重视内涵建设,学校没有特色、缺乏亮点,单凭规模的扩张、经费的投入、设备的增加等已经很难在新一轮的竞争中胜出,也就是说,是很难轻易获得这些荣誉的。可以说,每一个荣誉的获取,每一个奖状奖牌的获得,无不凝聚着师生员工的汗水。即使是这样,笔者还是强调,并不是每一个荣誉、奖状和奖牌都代表着学校的发展。

笔者提出这样的质疑,主要出于两点考虑:

1. 这类奖项在评选办法上存在着缺陷

这里就要说到笔者长期以来想不通的一个问题：为什么教育行政部门设定的一些奖项或称号总是要标明时间范围和获奖数量？比如，要在几年内建设多少个国家中等职业教育改革发展示范学校（简称"国示范"），再比如，要用三年的时间，遴选多少个省级品牌专业、特色专业，等等。不仅"国示范"和品牌特色专业是这样，就连实训基地建设项目也是分年度、按规定的数量立项的。让笔者想不通的是，上述这些项目是可以限期完成的吗？

以品牌特色专业为例。一个浅显的道理是，品牌也好，特色也好，都不是评选出来的，而应该是通过长期的积累积淀自然形成的。就像商业领域里的一些老字号，哪个不是百年老店？哪个不是数十年甚至上百年苦心经营的结果？这些品牌特色商家，不需要哪个机构评选，都是老百姓有口皆碑，自然形成的。事实上，不仅商业领域如此，就是在教育领域也存在着大量自然形成的"老字号"，每个地区都有一些知名学校，这些知名学校都有自己的强势专业。这些自然形成的、尽人皆知的专业，才是真正的品牌或特色专业。如果品牌特色专业可以在规定的时间内建成，我们何不要求百分之百立项，来一个百舸争流、千帆竞发呢？

回到笔者的话题上来，通过这种方式遴选出来的品牌特色专业真的就是品牌了吗？真的就有特色了吗？这样的"品牌"有多少社会认可度，这样的"特色"有多少公众影响力呢？如果没有社会认可度和公众影响力，即使遴选上了，可以看作是学校发展了吗？

2. 这类奖项在工作机制上潜伏着问题

纵观职业学校变革轨迹，无不是在政府主管部门的推动下一步一步向前迈进的。从表象上看，在职业学校发展历程上，每进行一次变革，都树立了一个标杆，一个又一个标杆，把职业教育发展逐步引向深入。这样，决策的制定者回顾起职业学校的变革，可谓如数家珍。是否每一个标杆，都标志着变革成功了呢？若果真如此，职业学校的变革应该是硕果累累了，职业学校的办学理念应该是更加先进了，职业学校的自主发展能力应该是越来越强了，职业学校的教育质量、就业质量、培训能力应该是大大提高了，事实是否真的如此呢？

笔者认为行政驱动的职业学校发展模式潜伏着几个问题：一是行政驱动替代了学校的自主发展，而学校一旦缺失了自主发展的空间，同时也就失去了办学活力；二是教育行政部门必须保证自己的"驱动"是绝对正确的，否则将给整个职业教育事业带来严重损害；三是整个套路都是在教育系统内部进行的，缺少行业企业的深度介入。

上述分析绝不是从根本上否定"行政驱动"，相反，近年来的行政驱动有效地促进了职业教育的发展，这是不争的事实。笔者所要指出的是，教育行政部门之于职业学校，犹如教师之于学生，前者为主导，其作用在于引领、引导、制定规划、确定方向，后者才是发展的主体。主导作用固然重要，但离开了主体的主观能动性，一切主导将无所依附。反过来说，作为发展主体的职业学校，要深刻地认识到，发展是自己的事情，每个学校的校情不同、条件不同、地域不同、文化不同，因此，在教育行政部门的主导下，职业学校自身要变被动适应、服从、应付为把握机遇、抓住契机、用好用足政策，结合学校实际，谋求真正意义上的发展。实际上这也是教育行政部门推动职业学校发展的初衷。

三 把"量"的变化当作发展，就会违背教育规律，产生浮躁心态

教育是个慢活，不能追求立竿见影，切忌急于求成。我很赞同"教育是农业、是林业而不是工业"这个说法。农作物和树木都有自己的生长规律，教育能做的事情就是提供有利的条件、创造有利的环境，帮助它们生长。从这个意义上说，从事教育（当然包括职业教育）工作不能急躁，不能急于出"政绩"，尤其不能做"拔苗助长"的蠢事。然而不幸的是，在实际工作中，由于政府和教育行政部门急于看到职业教育在经济发展中的"作用"，往往是不自觉地把职业教育当作"工业"来抓的。其主要表现有以下几点：

（一）以为技术技能型人才可以批量"生产"

近年来，政府重视、支持职业教育大力发展的力度可以说是空前的。政府行为背后的指导思想是非常明确的，即我国是个制造业大国，由制造业大国向制造业强国转型，就必须有大批技术技能型人才作支撑。因此，必须加快发展职业教育，以适应我国经济转型的需要。这种指导思想无疑是正确的。问题在于，职业教育培养人才与企业制造产品不同，企业制造产品可以批量生产出来，人才的培养则是需要一个比较长的过程。

1. 政府的人才观和企业的人才观没有对接

何谓人才？一般来说，人才是指具有一定的专业知识或专门技能，或能进行创造性劳动并对社会作出贡献的人，是人力资源中能力和素质较高的劳动者。这是人才的一般概念。按照这个概念，我国把中专以上学历的人统称为人才，于是，批量"生产"人才的模式由此诞生。但对于企业来讲，人才是那些认同公司的核心价值观、具有职业素养和较高工作技能、能够持续地为企业创造价值的人。从企业对人才的定义来看，人才和学历的高低显然没有必然、直接的联系。一个熟练工人即使没有高学历，假如他能够以非常敬业的态度做好自己的本职工作，不断为企业创造价值，这名工人对企业来说就是人才。反之，一个工人或管理人员虽有学历，但缺乏敬业精神，缺乏合作沟通能力，不能吃苦，不愿奉献，见异思迁，频繁跳槽，这样的人即使学历再高，企业也不会视之为人才。

2. 用人单位并不看好"批量"生产出来的人才

上海第二工业大学曾于2007年对国内137个知名企业进行过一项调查，调查结果显示，企业最看重人才的三项素质依次是：综合能力、团队协作与敬业奉献，之后才是专业技术和外语水平。其中的综合能力包括了学习能力、逻辑分析能力、执行能力、组织能力、人际交往能力等很多方面（2008年2月《文汇报》）。从企业的人才观我们可以看出，第一，人才是不能像工业产品那样批量生产出来的，因为人才的作用是相似的，人才的特点却各有各的不同。第二，即使人才可以批量加工出来，人才作用的发挥也不是整齐划一、立竿见影的。因而，当我们以为技术技能型人才可以批量"生产"出来的时候，实际上不是缺乏教育常识，而

是浮躁的心态在作祟。浮躁心态的典型特征就是不能等待,急于求成。其结果是,有技术技能的"人"批量地从职业学校出来了,但他们是不是"人才",是不是企业需要的"人才",政府说了不算,职业学校说了也不算,而是用人单位说了算。我们所看到的实际情况是,用人单位并不看好这些批量"生产"出来的有技术技能的人。

3. 不顾社会需求的批量"生产"人才贻害无穷

胡适在《归国杂感》一文中曾说过一句"语不惊人死不休"的话:"教育可以亡国。"他是这样阐述自己的观点的:"如今中学堂毕业的人才,高又高不得,低又低不得,竟成了一种无能的游民。这都由于学校里所教的功课,和社会上的需要毫无关涉。所以学校只管多,教育只管兴,社会上的工人、伙计、账房、警察、兵士、农夫……还只是用没有受过教育的人。社会所需要的是做事的人才,学堂所造成的是不会做事又不肯做事的人才,这种教育不是亡国的教育吗?"胡适当年的话语拿到今天依然有着很强的现实意义。现在的情形与胡适所说的情况大致相同,很多企业宁愿用那些没有学历的民工,也不愿意用所谓的专业"人才"。这种情况,既造成了国家人财物的极大浪费,也证明了职业教育存在痼疾。"企业招聘不到合适的员工,学生找不到合适的岗位"这个奇怪的现象就是对这一痼疾的最有力的诠释。

(二) 以为教师队伍可以批量培训

"教育大计,教师为本",这个道理尽人皆知。近年来,国家为了培养职业学校的师资可谓做足了功夫,但效果并不理想。其主要原因就是,教师培训没有或者说较少考虑教师成长以及教师专业发展的特殊规律。

1. 职业学校教师的门槛过低,导致教师队伍存在着"先天不足"

当前,在职业教育领域存在着一个怪圈:一方面人们都认为教师是一种专门职业,是一项专业化的工作,因而需要加强培训;另一方面,职业学校教师的入职门槛过低,只要具备本科以上学历,无论是否接受过师范类教育,无论是否接受过专业训练,都可以走上职业学校的讲台。不仅如此,由于职业学校教师这一职业缺乏足够的吸引力,根本不是本科以上学历"人才"的首选。他们钟情于经济效益良好的大公司、社会地位较高的政府机关以及比较体面的事业单位(包括重点大学和中学),当这些单位无法进入的时候,剩下来的才是职业学校。这种"先天不足"给后续的职业学校教师培训带来很大的困难。

"教育大计,教师为本"要求教师队伍要有优秀的人才供应和储备。世界知名咨询顾问公司——麦肯锡公司通过对50多个国家教育系统的研究发现,新加坡、芬兰、韩国等拥有优秀教育系统的国家,其师资全部来源于成绩最好的大学毕业生。而且麦肯锡公司揭示了一条重要规律:教育系统的质量不可能超越教师的质量。这些科学调查与结论,值得我们深思。

2. 职业教育的"工具化",导致职业学校教师队伍也沦为培养"工具"的工具

工业化的批量生产所依赖的是机器设备的批量加工能力,这种"技术依赖症"同样地存

在于职业教育中,即职业学校教师可以批量地加工培训。于是,"打造一支优秀的职业学校教师队伍"便成为职业学校挂在嘴边的口号。诚然,打造的对象可以是物质的,也可以是非物质的。但无论是哪一种打造,都是一方对另一方的制造或创造。而教师是活生生的人,显然不属于打造的对象。正如著名的顾泠沅教授所说:"教师是人,是一个'完整'的人和'人际'的人。'完整'的人意味着教师的职业生涯也有七情六欲、酸甜苦涩,所以教师的认知和学习离不开其情感的参与和投入。'人际'的人意味着教师和普通人一样,符合人类的群居性特点。教师不应该是一个孤独的职业,教师职业的欢乐和痛苦需要一个群体来共同分享和承担。"

3. 教师队伍的成长与变化是"润物细无声"的

培训教师犹如培养学生,是一个"聆听花开"的过程,而不像"忽如一夜春风来,千树万树梨花开"那样可以在短时间内发生巨变。"聆听"并不是无所作为、被动等待,而是要给教师的成长提供良好的环境和条件。美国在2012年的国情咨文中谈到教师时说:"教师对教育的发展至关重要。因此,我们不要批评教师或是维持现状,而是要给学校提供更多的便利。我们要为好教师提供他们需要的资源,保证好教师能够守岗位,并且奖励最优秀的教师。此外,我们还要给学校更多的自由;教师上课时可以富有创意、满怀激情;教师可以不为应付考试而教;替换那些不能帮助学生有效学习的教师。"如果对这一段话做一个简约的解读,那就是,第一,要实现教师的自我发展,就必须为教师提供发展的空间,让教师拥有更多的自由;第二,对优秀的教师要予以及时的奖励;第三,教师队伍要有退出机制。纵观职业教育的现状,这三条我们都没有真正做到位。

2 职业院校"争创一流"须谨言慎行

建设世界一流大学和一流学科,是党中央、国务院作出的重大战略决策,有利于提升中国高等教育综合实力和国际竞争力,为实现"两个一百年"奋斗目标和中华民族伟大复兴的中国梦提供有力支撑。经过竞争优选、专家评选、政府比选、动态筛选以及综合评价论证,2017年9月21日,教育部、财政部、国家发展改革委印发《关于公布世界一流大学和一流学科建设高校及建设学科名单的通知》,公布42所世界一流大学和95所一流学科建设高校及建设学科名单。

值得注意的是,这42所大学和95个学科还只是"一流大学"和"一流学科"的"建设"名单,能否真正成为世界一流大学和一流学科还要看这些学校能否如期完成建设任务。"双一流"建设给我们的启示是:它是国家层面的战略谋划,其目标瞄准的是"提升中国高等教育综合实力和国际竞争力";回归常识看问题,无论是"一流大学"还是"一流学科"都只能是少数;"双一流"建设是一项战略工程,体现的是国家意志和国家利益。

然而在职业教育领域,不少职业院校也把"双一流"作为学校的奋斗目标。这就值得质疑和警惕了。笔者愿就此谈谈个人的浅见。

一 职业院校有没有"双一流"的顶层设计

笔者查阅了有关文件后发现,在职业教育领域的确曾经有过"双一流"的说法,但到目前为止,还没有形成顶层设计的具体方案。

2014年6月,教育部等六部委印发了《现代职业教育体系建设规划(2014—2020年)》,其中提出:"服务国家对外开放战略,培育一批具有国际竞争力的高职院校""建成一批高水平高职院校"。

2014年6月,《国务院关于加快发展现代职业教育的决定》提出:"建成一批世界一流的职业院校和骨干专业,形成具有国际竞争力的人才培养高地"。

2014年12月,《教育部关于深化职业教育教学改革 全面提高人才培养质量的若干意见(征求意见稿)》提出:"建设一批世界一流的高职院校和骨干专业,形成具有国际竞争力的人才培养高地"。

2015年7月,《教育部关于深化职业教育教学改革 全面提高人才培养质量的若干意见》正式发布,删去了"双一流"的内容。

2015年10月,教育部印发《高等职业教育创新发展行动计划(2015—2018年)》,明确提出,到2018年,将支持地方建设200所左右的优质专科高等职业院校。

通过学习以上文件可以得出这样的结论:

第一,曾经提出过的"建成一批世界一流的职业院校和骨干专业"主要是针对高职院校的,而且也没有形成实施方案。

第二,到目前为止,"高水平职业院校"是职业教育领域的重要任务。各省市已经遴选出了建设名单。

鉴于此,笔者认为,无论是高职院校,还是中职学校,都须谨言慎行"双一流"。

二 要用科学严谨的态度对待"争创一流"

相比较"双一流"建设的严密严谨严格,职业院校在对待"一流"的态度上就显得有些随意随性随波了。在职业教育领域,"争创一流"的声音不绝于耳,"争做老大"的心态高度相似。打开一些职业院校的网站,浏览学校发展愿景,虽然用语各异、表述不同,但殊途同归,目标相似:争做一流职业院校。如"推进国内一流海内外有影响的职业院校建设""为实现'国内一流、国际知名'应用技术型高职名校的目标而不懈奋斗!""为早日实现国内一流、国际知名而努力奋斗!""向国内一流的高等职业院校迈进""立德树人,追求卓越,以百倍努力加快一流职业院校建设步伐"……从表面上看,职业院校"群雄并起"的局面不是一件坏事,然而不谈专业、不谈学科、不谈服务贡献、不谈人的发展,笼而统之地争创"国内一流",真的有利于职业教育的健康发展吗?笔者对此持怀疑态度。

要用科学严谨的态度看待"争创一流"。"争创一流"是一种带有比较性、参照性、竞争性的目标。对于职业院校来说,要争创的是学校整体的一流、某个专业的一流还是某个学科的一流?我国目前还没有综合性的职业院校,学校之间各自的专业结构不同、服务领域不同、就业岗位群不同,如何比较?没有比较,何来一流?即使具体到某一个专业或学科,由于地域经济差异较大,对技术技能人才的知识、能力及素质结构的需求以及人才培养方案、课程体系乃至教学模式也不尽相同,在这样的背景下,"争创一流"从何争起,如何创起?

三 要回归常识看待"争创一流"

当代教育家顾明远先生曾经精辟概括了职业教育的三项基本任务:为学生的一生打底子、为学生的就业做准备、为学生的继续学习打基础。顾明远先生的论述道出了职业教育的本质属性：为人的发展服务，通过为人的发展实现为社会经济发展服务的目的。从这一视角出发，职业院校发展的目标定位应该是为学生发展提供优质的服务，从而为国家现代化事业做出贡献。

笔者认为，职业院校"争创一流"的现象需要反思，其背后的心态以及导致的后果更值得警惕。因为正是"争创一流"的心态决定了这些院校的发展战略和价值取向。不难设想，凡是有利于"争创一流"的，学校都会予以重点关注，反之，都是可以忽略的——无论某些工作对教育、对职业教育、对一所学校来说是多么的重要。很显然，这样一哄而上、带有很大盲目性的"争创一流"是不利于职业院校的健康发展的。

推论至此，结论似乎已经明了。但笔者又有了新的疑问：为什么在民营经济领域以及私立学校鲜有谈"争创一流"的呢？笔者分析，老百姓开店做生意、投资办工厂，首先想到的是不要亏本，如果说还有什么愿望的话，那就是追求生意兴隆、财源滚滚了，绝不会把这样的口号挂在嘴边的。即使是私立学校，所追求的宏伟目标也不过是生源充足、社会声誉好罢了。如此看来，是否"争创一流"不是跟风喊口号那样简单的小问题，而是"务"什么"本""求"什么"是"的大问题，更是牵涉职业院校发展方向的核心问题。

退一万步说，在不久的将来，假如职业院校都是"一流"了，那么谁是"二流""三流"呢？没有"二流""三流"，"一流"还称其为"一流"吗？

鉴于此，职业院校的"争创一流"当谨言慎行。

3 高职扩招对中职发展的几点思考

保卫中职是最近一个时期职教领域的舆论焦点和热议话题。从表象上看,中职保卫战似乎是由一个职教强省"普高大幅扩招"引起地震继而发展成海啸而引发起来的,而从实际考察不难发现,从1999年高校扩招开始,中职保卫战就已经拉开了帷幕。近20年来,这一战场狼烟四起,硝烟弥漫,恐怕所有职业教育工作者对此都深有体会。有的地区在"职普比大体相当"的强力制衡下,虽然表面看并"无战事",但买卖生源、流失率高、升学为重、就业无质量等无不曲折地反映了"战况"。

新年伊始,国务院印发了《国家职业教育改革实施方案》,《方案》明确指出:"把发展中等职业教育作为普及高中阶段教育和建设中国特色职业教育体系的重要基础,保持高中阶段教育职普比大体相当。"继而教育部发布《中国中等职业教育质量年度报告(2018)》,再次强调了中职教育的重要性,即"人才支撑不可替代,基础地位不可动摇"。至此,"中职保卫战"大讨论似乎有了"一锤定音"的权威结论。

"一石激起千层浪"。今年政府工作报告提出"高职扩招100万",在高职院校感觉和煦春风荡漾开来的时候,中职学校感受到的却是"乍暖还寒"。与此同时,"还要不要中职""中职教育走向何方"再一次成为舆论的焦点。尤其是中职学校的同仁,对中职下一步的生存与发展感到心中没底,表现出焦虑、彷徨的心态。

如何保卫中职?包括中职在内的职业教育如何发展?权威人士给出了高屋建瓴的回答,指明了未来一个时期的发展方向,专家学者从不同角度进行了冷静客观的分析,并提出了颇有见地的建议。总的来看,中职保卫战是涉及整个教育领域乃至整个国民经济的大战役。从这样一个大视野的角度看待保卫中职及职业教育的健康发展,笔者认为,必须切实解决好三个带有根本性的问题。

一是解决好中职教育的源头问题。无论是职业教育,还是普通高等教育,其生源都来自基础教育。而"基础"是要承重的,要承受学生一生发展的重量。"基础不牢,地动山摇"。没有好的基础教育,既不会有好的职业教育,也不会有好的普通高等教育。毋庸讳言,当前我国的基础教育的确存在着诸多问题。正如习近平总书记在全国教育大会讲话中指出的那样:要"坚决克服唯分数、唯升学、唯文凭、唯论文、唯帽子的顽瘴痼疾,从根本上解决教育评价指挥棒问题"。当下的"教育评价指挥棒"让基础教育的功能窄化为单一的淘汰性、选拔性功能,"考高分,进重点,上大学"成为所有学生及家长的第一诉求。此种现状显然是背离党的教育方针的。它一方面从源头上毁掉了职业教育的根基,使职业教育成为"剩下来的那部分人"的教育,职业教育从起点即被矮化;另一方面,即使是得到优秀生源的普通高等教育,其生源质量也大打折扣。有人说,我国基础教育培养的不是优秀学生而是优秀"考生",这种说法虽然言辞过激,但把它理解为对基础教育质量的叩问应该是不无道理的。

从国家需要层面看,"既需要培养爱因斯坦、培养爱迪生,也需要培养鲁班。"从学生天性禀赋、智能差异情况看,也有多元化、多样性发展的诉求。因此,基础教育要贯彻落实习总书记讲话精神,回归教育本质,回归教育常识,为社会各行各业培养合格的"建设者和接班人"。倘能如此,才能在源头上保证职业教育的生存与发展。

二是解决好中职学生前行有劲头的问题。无论是经济发展、人才结构,还是国计民生、就业需求,中职都是不可或缺的。这是中职得以存在和发展的潜在优势。但潜在优势只有发挥出来才是真正的优势。我们要反思的是,为什么中职的潜在优势没有发挥出来?为什么原本"不可或缺"的中职在职业教育体系中总是显得"弱不禁风"?为什么在国家强势推行"职普比大体相当"的时代背景下,中职从整体上来看并没有发挥应有的"促进就业,服务发展"的"支撑作用"?不难想象,如果没有"职普比大体相当"的政策庇护,还有多少中职学校能走到今天?为什么国家给中职提供了历史最好的发展环境,而中职却未能抓住机遇,彰显自身的不可替代性?有数据显示,近年来"职普比"不断下滑,"大体相当"已难以为继,因此,如果中职依然依赖"大体相当"的政策庇护才能够生存下去,那么,这样的中职与国家顶层设计"职普比大体相当"的初衷恐怕就相去甚远了。

笔者提出上述问题,实际上是对中职发展路径、办学模式、管理体制、教育质量的质疑和叩问。笔者认为,近20年来,中职的发展的确存在诸多问题,主要表现在:没有在中职教育和中职学生的潜在优势上做文章,而是在其劣势上下功夫,其结果必然是事倍功半,出力不讨好,出资不见效。

中职的潜在优势是可以为经济社会发展提供技能型人才,为"惠民生""稳就业"做出应有的贡献。中职生的潜在优势是在避开了高考后可以较早地开始自己的职业生涯,"凭借一技之长实现人生价值。"如果中职教育和中职生能够在这方面着力用力发力,就可以实现今年政府工作报告提出的"让三百六十行人才荟萃、繁星璀璨"的美好愿望。令人遗憾的是,无论是教育行政部门还是中职学校都没有在这方面做好文章,做足文章。相反,我们却在中职教育和中职学生的劣势上下了很多功夫:比如,长期以来,中职教育在"普教化"和"技能化"的两个极端中徘徊摇摆。"普教化"的兴奋点是统一规范、统一教材、统一大纲、统一标准、统一考试,最好凭"成绩"说明"教绩""政绩",于是在中职教育领域就出现了"学业水平测试""普通教育有高考,职业教育有大赛""读中职也可以升大学"等"取人之长,比己之短"的举措。尤其是升学机制,借着"构建现代职教体系"美名,有意无意地将中职教育摆在了"另一条"应试教育考试体系的起点上。笔者认为,这样的"普教化"实则是远离了职业教育的根本,丢掉了职业教育的"职业功能",对于中职教育来说,这无异于"自废武功"。而另一个极端"技能化"则是将职业教育窄化为"就业培训",丢掉了职业教育的"教育功能",这无异于将中职教育与社会培训机构混搭在一起。概言之,在现代职教体系尚未完善之前,就学历晋升的渠道和空间而言,中职生与普通高中学生是没法相比的;就单纯技能培训而言,中职学校恐怕也难以与社会培训机构相抗衡。因此,可以说"普教化"扼杀了中职学生的潜在优势,"技能化"则是忽视了中职教育的潜在优势。二者的交错运行和相互作用,却导致了一个共同的结果:中职学生丧失了前行的劲头。

要解决好中职生的前行劲头问题,包括中职在内的职业教育要真正担负起历史使命,学校教育教学的重心要由"批量生产"转移到关注每一个学生的发展上来,摒弃让学生适应"人才培养方案"、适应学校管理模式的做法,创新让学校教育教学适应学生的办学理念,把为每一个学生提供"适合的教育"作为学校的奋斗目标。与此同时,要坚定不移地推进产教融合、协同育人,构建符合学生发展需求的课程体系,改进人才培养模式,让学生"进得来,留得住,听得懂,学得会,用得上",让每个学生都有"人生出彩的机会",都能够成为"就业有优势、创业有本领、升学有渠道、终身发展有基础"的有用之才。只有将中职教育和中职学生的比较优势突显出来,中职教育才能够"香起来,亮起来,强起来",与此同时,中职学生的前行劲头也一定能够激发出来。

三是解决好学生职业发展有奔头的问题。要尽快建立国家资格(资质)框架,实现普通学历文凭与职业能力资质的互通互认和等值等价。当前,职业教育面临"国家需要、地方需要、别人需要,但自己家不需要"的尴尬境地,原因固然是复杂的、多方面的,但社会地位及劳动报酬不高、职业发展天花板低仍是其根本原因。建立国家资格(资质)框架是认可职业教育价值、确立职业教育地位的关键所在。有了这一制度,职业教育以及职业院校学生才真正有了奔头。

综上,笔者认为,只有解决好了上述三个根本问题,中职保卫战才能取得决定性的胜利,职业教育也才能够又好又快发展。

4 用科学的理念引导职业院校人才队伍建设

  培养和造就富有创新精神、创新能力的人才队伍,是建设创新型国家的战略举措。改革开放以来,职业教育为我国经济社会发展提供了有力的人才和智力支撑。随着我国进入新的发展阶段,产业升级和经济结构调整不断加快,各行各业对技术技能人才的需求越来越紧迫,职业教育重要地位和作用越来越凸显。职业教育与普通教育具有同等重要地位。在这样的历史背景下,职业教育人才队伍建设的重要性和迫切性日益显现。职业院校要实现国内一流、世界有影响的目标,必须重视和加强人才队伍建设,在建成一流教师队伍的同时,也要带出一流的干部队伍。因此,发现人才、挖掘人才、用好人才、发挥每个人才的潜力从而实现合力的最大化,是值得每个领导者探索和研究的课题。

  不可否认,人才队伍建设是一个长期的潜移默化的过程,不可能一蹴而就。在每一个普通人身上发现优点,在已有的员工队伍中发现"千里马",其意义与效果远比盲目地"人才引进"要好得多。另外,领导者必须意识到,"人才"不是全才,一个人只要有所专长,就应该大力鼓励,让他发挥长处,一个杰出人才往往会带动十个潜在人才,影响到一百个人才的发展,这就是1∶10∶100的放大效应。最容易被大家忽略的一个问题是,作为一个单位、一所学校,怎样将已有的人才合理配置起来,形成"1+1>2"的合力?首要问题是要确立科学的理念。理念具有基础性、先导性和前瞻性。理念制约行动。有了科学的理念,人才队伍建设才能走上健康有序发展的轨道。

一 人才发现——最重要的不是发现"显人才",而是发现"潜人才"

  "发现人才"是近年来用得比较多的一个词语,但是发现人才的任务是什么,并不是人人都清楚的。人才发现的客体是什么?是显人才还是潜人才?显人才是指其创造性劳动已经得到社会承认的人才;潜人才是指其创造性劳动尚未得到社会承认的人才。二者之间虽只一字之差,境遇却有天壤之别。"潜人才"受到"马太效应"的影响,越是没有名望的人,越难脱颖而出,也就越难被人们所发现。"马太效应"就是让"有者愈有,无者愈无"。这种现象成为一种社会惯性,造成了潜人才脱颖而出的极大困难。

学校作为事业单位,比较注重学历、职称和资历。那些具有高学历、高职称、行政职位较高的人员,不管是在调动引进,还是在学校的各项日常工作中,都比较容易受到关注,能够得到更高的职位和报酬待遇。对于进校参加工作不久的人员,就往往受到忽视,其中一些能力很强、潜力较大的人才还有可能被埋没。

人才发现的对象应是潜人才。因为显人才已经得到社会和学校的认可,对他们来讲,不需要做"发现"的工作,而是如何发挥他们才能的问题。而潜人才往往由于马太效应影响,即使他们做出了比较大的成绩,一时也难以得到社会和学校的认可。"社会认可"成为一条较难逾越的由潜人才向显人才过渡的分界线。对此,毛泽东同志曾经作过研究,他说:"从古以来,发明家、创立新学派的人,在开始时,都是年轻的、学问比较少的、被人看不起的、被压迫的。这些发明家在后来才变成壮年、老年,变成有学问的人。这是不是一个普遍规律?不能肯定,还要调查研究。但是,可以说,多数如此。"这就告诉我们,识别人才的工作必须要解决好工作着眼点的问题,只有眼睛盯着无名之辈,在政策制度、舆论导向上给予"弱势"群体一定的支持,才有可能使大批的人才脱颖而出。

可见,"潜人才"是极具人才潜质、发展潜力、符合社会发展需要的潜在人才。今天的学校发展需要大批人才,因此要广开才路,不拘一格,唯才是举,尤其是"潜人才"。"潜人才"潜力巨大,经培养、发展后即可变为"显人才"。要在竞争中发现潜人才,让今天的"潜人才"脱颖而出,成为明天的"显人才"。

二 人才标准——"有才无等",最要紧的不是学历,而是实际工作能力

在如何衡量一个人是不是人才的问题上,以往注重的是"伯乐相马"。所谓先有伯乐,而后有千里马,就是这种模式的反映。历朝历代的用人者,在鉴别人才的问题上,都是这样做的。伯乐对千里马的发现,确实是功不可没。但是,长期的实践证明,伯乐再好,识别能力再强,也避免不了有失误的时候。特别是由于这种手段和方法的主观性,必然带来不科学性,结果导致不少劣马拉车驾辕、骐骥老死厩中的现象。

于是,有人提出这样一个理念:相马不如赛马。因为,相马是一个主观的标准,而赛马是一个客观的标准,其中的一字之差反映了两种不同的识才观。"赛马"理念取代"相马"理念,是人才思想上的一个重大进步,这就从根本上否定了"以相貌取人""以学历取人"的传统思想,而将真才实学放在人才鉴别的天平之上,就是坚持以实践的观点和生产力的标准作为区别人才与非人才的试金石。有了这样的理念,对于人才的鉴别就比较清楚了。究竟什么是人才,无论其概念是如何界定的,终究离不开这样一个事实:能胜任工作的人就是人才。确定这样的理念,有着重大的现实意义。学校往往有过分注重文凭标准、职称标准和荣誉称号的倾向。学历、职称当然是人才不可缺少的因素,但绝不是衡量人才的根本标志;荣誉级别

是给予某些人才的应有回报,却不是衡量人才的天平。衡量人才的根本标志是实践,实践标准既有利于人才个人的健康成长,也有利于推动工作的创新和发展。

为了使学校吸纳人才的做法更科学,应该引入结构化面试等先进的人员招聘方法,学校人事部门也需要改变以往传统的人事管理的做法,吸收、借鉴现代人力资源管理理论中适合学校的部分,对人力资源进行科学的预测与规划、培养与使用、配置与管理。

三 人才配置——最关键的不是强弱搭配,而是异质互补

在人才的组合配置上,我们以往的做法常常偏重于个体能力和素质的全面性、理念性,注重素质和能力上的相加,忽略了整体组合效益的乘积。所以,在配备班子时注意了个体素质上的"强",忽视了整体组合上的"合"。要求每个班子里必须要有强手,这种理念强调了基础性,却忽视了融合性,缺少对人才相互之间异质上的互补性研究。因此,有时候表面上看起来配备得很不错的班子,实际运转起来却没有产生预期的效果。

实践证明,班子的整体素质,不是简单的个体素质相加的总和。个体的素质和能力相同的两个群体,有了互补性,要素的总和会得到放大,反之,要素的总和会有一部分受到内耗而减弱。因此,班子的配置,不仅要考虑个体的素质和能力,还应考虑人才结构的互补性。大多数情况下,班子内部不是一个强弱搭配的问题,而是一个异质互补的问题。

异质互补是多方面的,当前特别要注意以下几个互补:一是年龄互补,新老结合。相对来说,年纪大的人经验丰富,思考周密,处事稳健,善于处理复杂问题,应付复杂局面;而年纪轻的同志精力充沛,思维敏捷,易接受新鲜事物。因此,新老结合更有利于工作的顺利开展。二是业务互补,专业搭配。在配专业人才时,要考虑人才在专业上的合理搭配,把个体的"一能"组合成整体的"全能",有利于推进单位的根本性转变。三是智能互补,知识共用。在人才队伍中,有的人工作经验丰富,有的人理论知识完整,有的人实践能力较强……因此,在配置人才时,只有长短相济,才能组成一个含有不同风格、不同特色的"歌手"组成的"合唱团",形成最大的合力,演奏出和谐优美的乐章。

四 人才激励——最有效的不是传统的表扬方法,而是采取创新的多元的有效手段

要稳定、使用好学校人才队伍,必须采取多元的、有效的激励方法。有研究认为,业务成就、个人成长、工作环境、薪酬福利是我国知识型员工的四个主要的激励因素。其中,高级知识型员工更加看重"业务成就"激励,中级知识型员工更加看重"工作环境"激励,初级知识型员工更加看重"薪酬福利";对青年知识型员工而言,"薪酬福利"和"个人成长"因素的激励作用更加强烈,而对中年知识型员工,"薪酬福利"的激励作用更大;本科学历知识型员工对"个人成长"的需求强烈,"业务成就"和"个人成长"对硕士及以上学历知识型员工激励作用明显。根据激励的性质不同,把激励分为四类,分别为成就激励、能力激励、环境激励和物质激励。

1. 成就激励

对于高级知识型员工,应当以"业务成就"为重心构建人才建设体系,使人事政策与高级知识型员工"业务成就"的激励偏好相契合,引进、留住、激活知识型员工队伍中的领军群体,通过充分发挥其才能,使其从中获得成就感、满足感和自我价值的实现。

2. 能力激励

对青年知识型教职工要更加注重个人成长的需要。学校应该注重对这些教职工的人力资本投入,健全人才培养机制,为他们提供受教育和不断提高自己技能的学习机会,让其具备终身就业的能力。

江苏省南京工程高等职业学校特别注重教师的培训培养,每年安排专任教师赴企业参加社会实践,并相应地安排领导视察指导,给予参与企业实践的老师相应的补贴;教学科研处组织老师参加各类培训,如"出国培训""骨干教师省级培训""四新培训""新教师岗前培训",等等。这些安排使教师队伍的整体素质得到了很大提高。学校近 5 年来,组织老师进行职业生涯规划设计,使教职工的个人发展与学校的可持续发展得到最佳的结合。

3. 环境激励

创造一个良好、宽松、和谐的工作环境,使知识型员工特别是中级知识型员工感受到学校对知识、对人才的尊重、理解和关心,他们就会充分发挥工作积极性,充分发挥自己的内在能力和聪明才智。因此,学校应当认识到创造宽松、和谐、自主的工作、学习环境,提供良好的生活、科研条件,对充分发挥知识型员工的才能和作用具有十分重大的战略意义。

4. 物质激励

提供良好的薪酬福利,利于初级知识型员工的成长,防止知识型员工出现断层。刚到学校的员工大多数是大学毕业不久的本科生、研究生,首先迫切需要补偿人力资本的投资成本。其次他们面临着成家立业的重大经济压力,而他们恰好是学校内部收入较低的群体。因此,我们要为他们提供较好的薪酬福利,解除后顾之忧,打造一个事业发展的平台,使他们和学校一起健康、快速发展。

当然,学校人才队伍建设还需要社会和政府的大力支持。目前,我国还存在制约人才培养和使用的机制等因素。一般来说,一所学校总有相对杰出的人才,约占1%,学校应制定相应的规章制度,搭建和谐宽松的政策平台,采取多元的、有效的激励方法,用好这1%的杰出人才,带动10%的"潜人才",影响90%的教师队伍、干部队伍,从而有效地促进学校人才队伍建设创新机制的形成。

职业院校职业技能评价机制建设的思考

长期以来,职业教育存在着定位不准问题,得不到社会的广泛认可。技能大赛为职业院校向社会展示职业院校学生风采提供了舞台,也为社会重新认识职业院校学生打开了一扇门窗。通过技能大赛扩大了职业院校影响力,改变人们对职业院校学生基础差、素质差的印象。通过技能大赛进一步促进了课程改革与人才培养方案创新,提高教育教学质量。在各种项目申报中,往往以技能大赛成绩来评价一所学校、一个专业、师资能力等优劣的重要指标。然而,技能大赛虽然为培养学生技能提供了一个实践平台,但同时,我们对技能大赛也要有清醒认识,既不能夸大技能大赛的作用,使其成为反映一所学校、一个专业、师资队伍的真实水平,更不能将技能大赛变成培养少数人的精英教育。2019年1月国家出台了《国家职业教育改革发展行动方案》对职业教育定位、受重视程度、统筹联动前所未有。在此形势下有必要对职业教育技能评价机制进行深入探讨,促进技能大赛朝着良性健康的方向发展。

一 关于技能型人才

技能型人才是具有单一或兼而有之高超的心智技能、操作技能、技术技能。

1. 技能

一般认为是通过学习练习而形成的合乎法则的活动方式。

2. 技能的基本特点

① 技能是通过学习或练习而形成的,不同于本能行为。

② 技能是一种活动方式,是由一系列动作及其执行方式构成的,属于动作经验,不同属于认知经验的知识。

③ 技能中的各种动作要素及其执行顺序要体现活动本身的客观法则的要求,不是一般的习惯动作。

3. 技能的种类

(1) 心智技能：是通过学习而形成的合乎法则的心智活动方式，也称智力技能、认知技能。如：阅读技能、运算技能、记忆技能。又如：计算机编程、各种设计需要"思维＋技巧"，这就用到心智技能。

心智技能形成三阶段：定向、操作、内化。

心智动作是通过实践动作的"内化"而实现的。概念之间的泛化和混淆现象逐渐减少以至消失，内部言语趋于概括化和简约化。

心智技能的培养要求：激发学生学习的积极性与主动性，注意原型的完备性、独立性与概括性，适应培养的阶段特征，正确使用言语。

(2) 操作技能：通过练习而形成的合乎法则的活动方式。如：开车、砌筑、游泳、客房叠被子，是"体能＋技巧"（体现动作技能）。

操作技能的形成可分为操作定向、操作模仿、操作整合、操作熟练四个阶段。

① 操作定向：即了解操作活动的结构与要求，在头脑中建立起操作活动的定向映象的过程。

② 操作模仿：即实际再现出特定的动作方式或行为模式。

③ 操作整合：即把模仿阶段习得的动作固定下来，并使各动作成分相互结合，成为定型的、一体化的动作。

④ 操作熟练：是指所形成的动作方式对各种变化的条件具有高度的适应性，动作的执行达到高度的完善化和自动化。

许多局部动作联合成一个完整的动作系统，动作之间互相干扰的现象以及多余的动作逐渐减少以至消失。

操作技能的培训要求：

① 准确地示范与讲解。

② 必要而适当的练习。

③ 充分而有效的反馈。

④ 建立稳定清晰的动觉。

(3) 技术技能：通过学习练习而形成的合乎法则的活动方式。

技术技能是心智技能、操作技能皆而有之。如：维修、故障的排除，焊接，是"技术＋技巧"（逻辑思维能力）。

二 技能大赛的起源与社会效应

为贯彻《国家中长期教育改革和发展规划纲要》（以下简称《纲要》），加快职业教育发展，增强职业教育对青年学生和人民群众的吸引力，落实提高技能型人才的社会地位和待遇，加大对有突出贡献的高技能人才表彰奖励的力度，引导全社会形成"行行出状元"的良好社会风尚,教育部、人社部等部门筹划通过技能比武,让一部分高技能人才脱颖而出。2008 年 6 月在天津举办的"全国职业院校技能大赛",是我国职业教育迄今为止规模最大、项目最多、覆盖面最广、规格最高的一次技能大赛,也是我国职业教育教学成果的一次大检阅。参赛学生训练有素的操作、精湛的技艺,能吃苦、敢拼搏、善合作的精神面貌,给现场观看的企业家留下深刻印象。它也拉开了全国职业院校技能大赛的序幕。自此,技能大赛在各地职业院校迅速开展起来,并以此促进职业院校办学模式改革、课程教学改革、"双师型"教师的队伍建设和实训基地建设,形成了"普通教育有高考、职业教育有大赛"的新局面。

1. 通过技能大赛扩大职业院校的社会影响力

通过举办技能大赛,展示职业院校学生精神面貌,扩大职业院校影响力,改变人们对职业院校学生基础差、素质差的不良印象。技能大赛有助于树立职业院校的新形象,树立用人单位对职业院校学生的信心,扩大职业院校学生的就业率。技能大赛使职业院校真正实现"进来的是学生,走出的是能手"。举办技能大赛正是践行"增强学生的职业道德、职业技能和就业创业能力",提升职业院校吸引力的一条有效途径。

2. 技能大赛促进了职业院校开展课程改革与人才培养模式创新

技能大赛赛项是由行业企业专家和职业教育教学名师共同开发出来的,其竞赛内容和评分标准充分反映了行业标准和企业用人需求标准,职业教育与普通教育最大的区别在于,人才培养需要校企合作,需要企业的参与,技能培养需要实训环境,因而办学成本更高。但由于受传统人才培养模式、教学模式和办学经费影响,过去职业院校在课程设置上实训比例不大。校企合作浅显,人才培养模式单一,教学模式沿袭了普通教育模式,严重制约了职业教育的发展,技能大赛促进了职业院校开展课程改革与人才培养模式创新,聘请企业能工巧匠参与教学,开展双元育人。以江苏联合职业技术学院南京工程分院为例,创建了"双主体一体化"工学结合人才培养模式,建立"四合一"(系主任与企业负责人合一、专业带头人与总工程师合一、专业教师与项目经理合一、学生与学徒合一)产学高度融合的管理体制,实现了专业建设与企业发展、课程内容与岗位要求、教材组织与项目任务、教学与生产的"四同步"。

构建了"小师傅制"技能培养模式和共生发展的合作学习方式。根据学生的兴趣爱好、动手能力,从不同年级层次每个班级选拔 3—5 名学生进入紧密型合作企业,由学校指定教师和企业指定师傅开展单项技能、专项技能和岗位技能的现代学徒制培养。经学校和企业共同考核合格后聘任为"小师傅",形成"师傅、教师主导—小师傅指导—学生主体"技能教学训练机制,是以点带面全面提升学生的技能水平,解决了职业学校一直困惑于现代学徒制企业难以提供多位师傅指导学生、一个师傅(教师)面向众多有差异的学生难以因材施教的问题,从而让每个学生均能获得适合的教育。学生的单项技能和综合技能成绩普遍提高了;毕业生对口就业率提高了 5%。技能比赛成绩稳步提升,学校近 5 年获得国赛金牌 11 枚,银牌 3 枚。毕业生岗位适应能力强,岗位升迁机会多,企业满意度 90%以上。小师傅在学校技能培养中发挥了大作用,进入企业后上手快,创新创业能力强。有的成为江苏省青年岗位能手、江苏省妇联"巾帼建功标兵",有的成为企业中心技术负责人,有的创建自己的公司,有的成为公司副总经理。一批小师傅已成为工匠型人才,服务社会。

3. 技能大赛对引导全社会进一步重视和支持职业教育具有重要作用

高职院校作为培养高等职业人才的主力军,近几年得到空前发展,但仍存在诸多问题。主要是企业参与学校人才培养方案制定的热情不高,而人才培养模式与企业实际需求脱节导致的直接后果就是:虽然高职院校生就业率在90%以上,但就业质量并不高,社会对职教总体评价不高。家长给孩子选择高职院校是无奈之举。

但在天津举行的技能大赛上,人们欣喜地看到:现场不少用人单位的老总、技术部门负责人及工长都在留意自己需要的人才,有的单位还与指导教师进行交流,打算直接"订"到所需的技术高手。培养会动手的高技能人才是职业教育人才培养的目标,因此在生产实践中能用得上的人才就备受企业的关注。

职业院校举办技能大赛,以大赛促进对学生技能的培养,意义重大。技能大赛是贯彻国家大力发展职业教育方针的重要举措,对深化校企合作、工学结合等技能型人才培养模式改革,形成"普通教育有高考、职业教育有大赛"的人才评价与选拔制度,引导全社会进一步重视、支持职业教育具有重要作用。

三 技能大赛单一评价带来的问题

技能大赛为培养学生技能提供了一个展示能力的舞台,但同时,我们看到了存在的一些问题和不足,目前所进行的层层选拔的技能大赛,已经成为对少数人的精英教育,它背离了职业教育面向人人的初衷。各个学校为了比赛会集中人力、物力、财力,不惜一切代价培养少数几个人,获得奖牌为学校争光,却忽视广大的职教学生,使职业教育失去了公平性。而且,这种比赛对经济发达地区更为有利,以2018年全国中等职业教育技能大赛为例,常规赛项共产生607枚金牌,其中,江苏获得140多枚、山东获得110多枚、浙江获得90多枚、广东获得70多枚,四省金牌总量占全国的70%多。这些沿海经济发达省份,从省到市到校有足够的资金投入,及时更新设备,组织队伍集训,取得好的成绩也是很正常的,这样一种比赛结果就全国而言也是不公平的。此外,为了方便比赛的程序性安排,会指定设备和赞助厂商,随之而来的设备价格上涨和采购设备的复杂性,使部分学校被设备厂商所绑架。部分技能大赛已经走样。

一是重操作技能的训练,忽略逻辑思维能力的培养。职业院校不同于学徒工,应是有一定专业理论素质的技能型人才。学生走向社会后,随着科技的进步与发展,应具备继续学习能力。学校在举办技能大赛时应引导学生把参加大赛的热情转化为平时的专业理论学习和人文素养学习的动能。这样,在科技迅速发展的时代他们才能可持续发展。

二是重精英培养,忽略了面向人人的教育。技能大赛能扩大学校知名度,有利于学校社会地位的提高和对生源的吸引力。但学校不应为了少部分参赛学生获奖动用最好的师资和教学资源而忽视了对全体学生的培训和人的全面发展培养。

三是夸大大赛奖牌的含金量。往往以技能大赛成绩来评价一所学校、一个专业、师资能力等优劣的重要指标。比赛是形式不是目的,结果固然重要,但更应看重比赛过程。比赛的重点不在于胜负,而在于让学生和教师在准备和投入之中更快成长起来。比赛目的应是吸引政府及社会各界对职业教育的关注,促进政府、社会、学校加大对技能培养的投入,促进职业教育质量的全面提升,为行业企业培养急需的技能型人才。

要避免"比赛高于一切""应赛代替教学""为赛而学""名次是唯一评价标准"等极端倾向,树立"比技能、促质量、谋发展"的竞赛观,树立"以赛促教、以赛促学、以赛促改"的教学活动观。

职业院校应坚持客观、公正地评价和举办技能大赛。在举办技能大赛时要更多体现四种价值:质量提高、多元互动、制度创新、职教发展,并以此为基础走出一条具有本校特色与优势的高职院校办学之路。

四 完善技能评价机制的对策建议

1. 标准引领,开展职业技能测试

"职教 20 条"明确提出了构建职业教育国家标准、发挥标准在职业教育质量提升中的基础作用。江苏省职业教育早在 2012 年开始就开展全省中等职业学校毕业生学业水平测试制度建设研讨工作,从 2014 年起根据厅领导关于进一步扩大中等职业学校学业水平测试试点的要求,在无锡、苏州、盐城、镇江、扬州 5 个市进行学业水平测试试点,到 2016 年共开发出 30 大类 152 个专业的考纲,向社会公布,到 2019 年初建成标准化考点 319 个,借助"职教 20 条"在全省全面开展学业水平调试工作,从而发挥了学业水平测试对职业学校教学质量的监测和评价功能,推进职业学校教学质量不断提升。根据考纲要求,理论以适度、够用为原则,重点考核学生的职业技能。从学业水平测试的总体情况看,各个学校学生的动手能力差别较大,其较为真实地反应了一个学校的办学能力、实训条件、师资水平。但在制度设置和考纲的难度把握方面仍有很多改进的地方,主要表现在企业的参与不够、标准的把握不够准确、试后总结分析不到位等。

2. 完善竞赛机制,展示职校学生"状元"风采

坚持过程评价与终结评价相结合的评价原则,对竞赛学生尽量少一点限制条件,如不再指定设备、方法、路径,以产品、作品的呈现质量作为评价的依据,在产品、作品的完成过程中,发挥学生的创造性思维,有创新的给予创新奖。

地方性技能大赛可以采用学校选拔的种子选手组成精英赛,与此同时,按照学生学号随机抽取学生组成抽测队进行评价性竞赛,与精英赛进行加权处理评价一个学校的教学质量,反映一所学校的真实水平,从而促进政府、学校加大投入,提升内涵,提高质量。通过技能大赛在向社会展示职业院校学生风采的同时,吸引企业关注人才培养,共同培养工匠型人才。

3. 持续性跟踪评价

人的世界观的形成,以及职业素质、职业本领的养成与多种因素有关,学校教育和培养有的是显性的,有的是隐性的,有时一幅标语、一座雕像甚至于老师的一句话会影响学生的一生。一所学校的教育优劣,不仅要看到眼前的情况,如:就业情况、竞赛成绩、企业评价,还要持续跟踪学生未来 5 年、10 年甚至更长时间的发展,进行持续评价。

评价一所学校的教学质量、一个学生的职业技能水平,是一个复杂的系统工程,需要理论和实践工作者不断的总结与探索。职业院校应认真贯彻《国家职业教育改革实施方案》,用足政策,以此为契机,提升内涵,外塑形象,在加快机制体制创新的同时,强化技能训练,以提高学生职业技能和就业创业能力,为社会输送更多示范性的优秀技能型人才,以提升职业教育的吸引力。

6 现代职业院校教学管理与运行

在国家经济转型发展的大背景下,作为职业院校,要想融入国家战略和地方经济社会转型发展中,必须以产教融合为主线,练好内功,强化内涵建设,建立现代职业院校管理机制,以"依法治校和建立现代职业院校制度"为统领,加强管理制度和规范建设,全面提升现代职业院校的治理能力。

一 体系与运行

1. 现代职业院校教学管理机构体系

(1) 现代职业院校教学管理机构体系划分为教学管理决策机构、教学管理运作机构、教学管理保障机构与教学质量检查与评估机构四大部分,如图1-1。

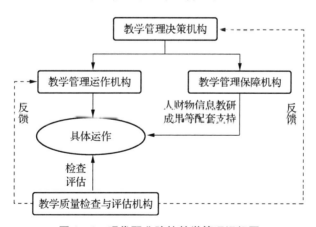

图1-1 现代职业院校教学管理运行图

(2) 现代职业院校教学组织管理系统分为四个层次,以江苏省南京工程高等职业学校为例,如图1-2。

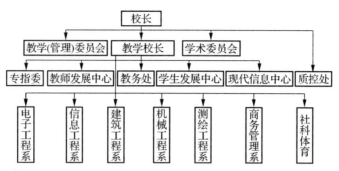

图 1-2　教学管理组织系统及管理队伍结构

2. 职能机构的设置应处理好以下关系

第一,集权与分权的关系:权力重心下移,全面推进二级管理,充分给予二级管理部门管理与决策自主权。建立依法治校、自主办学、民主管理的运行机制。

第二,选人与用人的关系:充分挖掘人才,发现人才,培养人才,把合适的人放到合适位置,充分发挥人的积极性和创造性。

第三,行政系统与教学系统的关系:明确教学工作的中心地位,依法行政,避免教学业务工作让位行政工作,学术权力屈从行政权力。

第四,纵向与横向的关系:教学管理系统、学生管理系统、后勤保障与管理系统等为了教学工作这个主线分工合作,相互联系,要处理好纵向的隶属关系和横向的分工协作关系。横向的职能部门与系(部)之间的关系,既是平等的合作关系,又是服务与被服务的关系。

第五,教学管理与学生管理的关系:教学管理与学生管理的关系实质上是教书与育人的关系,在培养学生职业技能的同时,不可忽视学生综合素质的养成教育。

第六,现代教育技术与传统教育技术的关系:现代教育技术特别是信息技术颠覆了传统教育技术,师生之间的交流与互动打破了时空的限制。传统教育技术是现代教育技术发展的基础,传统教育技术的精华部分是现代教育技术无法取代的。

第七,管理与监督的关系:实行管理权与监督权分离,纵向为二条线。监督部门不仅要依规监督,还要实施规范性指导。管理与监督部门之间要相互监督,避免做老好人。

第八,成本与效益的关系:管理是有成本的,只有必要的管理和管理机构以最少的管理成本实现有效的管理,才能实现管理效益的最大化。

3. 全面推进二级管理

所谓二级管理体制:在校、系(部)二级建制的基础上,赋予系(部)一定的责任,根据职责的需要赋予一定的权力,使系(部)在学校总体目标、原则的指导下发挥管理主体的作用。二级管理体制可简单地理解为:学校与系(部)之间的隶属关系和权限划分等组织制度的体系化。

学校行使宏观管理权,是一级办学管理实体。

负责发展规划、校园的建设、系(部)及专业调整、规章制度、年度和学期工作计划、筹措和分配办学经费、监督评估和提供服务、学校管理体制与运行机制的确定等;专心研究涉及学校改革发展的重大问题。

各职能部门及学术组织包括组织、人事、教务、财务、资产等部门,以及校学术委员会、校教学(管理)委员会等,代表学校处理某项具体事务。一些专项教育管理权力:如教学日常管理、教科研、专项经费的使用管理等,则应该由有关的职能部门负责管理。

院系(部)教学承办者,行使微观管理权,是二级管理实体。系(部)相对独立,自主办学,在内部的教学、科研、人事、学生管理、财务预决算等问题上,逐步享有较大自主权。

教研室:是教学工作的最基层组织。

4. 二级管理关系

一级管理:界清职能;对二级实施目标管理,校系(部)签订二级管理责任书;实行经济包干;建立配套制度,使系(部)不偏离学校的中心工作;学校及其综合管理部门提高管理服务意识和能力。

二级管理:提高认识,转变管理理念;任务分解,细化目标;建立科学的考评实施细则,考评结果与晋级、奖惩、岗位津贴挂钩;制定与完善有关规章制度。

系(部)全面负责教学和学生管理,在人、才、物和责、权、利方面逐步到位。

二 职能与职责

(一) 工作职能

1. 教学行政管理

责任部门:教务处,专业系(部)配合。

主要工作:负责组织机构建设、管理队伍建设、教学计划管理、教学档案、资料管理等。

2. 专业、课程建设与教学改革(其中课程建设与教学改革发展规划是教务处的职能)

责任部门:专业系(部),教务、教师等配合。

主要工作:专业设置与开发;人才培养方案修订;骨干专业、专业群建设;课程标准开发;课程开发与教材使用;校本教材开发;资源开发与利用;选修课程开发;人才培养模式、教学模式、评价模式、教学方法、手段改革。

3. 师资队伍建设与教科研管理

责任部门:教师发展中心。

主要工作:负责教师发展规划、各级各类教师培训、专业技术职务评审、人才选拔申报,组织教师参加各级各类教学竞赛,负责教师的综合能力考核工作和教科研工作。

4. 教学过程管理

责任部门:教务处,专业系(部)。

主要工作:教学常规管理(管理依据是教学管理规范)、实践教学管理、顶岗实习管理。

5. 教学质量管理

责任部门:质量监督处(督导室)。

主要工作:建立教学质量监控体系和教学质量保障制度;负责教师的教学质量考核与评价工作,逐步建立有企业参与的多元评价机制。

6. 设备设施管理

责任部门:资产管理处、教务处、专业系(办)等。

主要工作:建立教学仪器设备管理制度,教学仪器设备使用、维护、采购按章办事,保持教学仪器设备的完好率和先进性。

(二) 工作职责

1. 教务处

教务处的工具有前瞻性,它提出教学工作总体思路、目标,学校教学工作政策与制度;负责现代职教体系的构建,精品课程规划、申报与管理,实训基地规划、申报与管理;高水平、现代化、示范性学校,品牌、特色专业(群)创建;开发和实施选修课;学校教学工作计划总结;部门系部计划总结(执行情况);规范化教学管理,包括考务管理(主要抓手是教考分离)、课务管理、常规教学检查(重视中期检查)、教学档案管理(学期结束后,系部、教研室、教师,应提交教学资料,教学文件,教学资料实行清单签收制,上报材料格式统一);组织开展教学质量提升工程、学业水平测试、现代学徒制试等工作。

教务处主任(处长):(规范培训)

熟悉教学管理规范,江苏联合职业技术学院教学管理规程(针对联合学院分院、办学点);

熟悉江苏省职业学校教学管理规范视导标准(试行);

熟悉高水平、现代化、示范性学校建设标准;

熟悉品牌、特色、合格专业(群)建设标准;

熟悉示范性实训基地建设标准;

关注教职发展动向,关注主流网站(宣传),关注职教理论与实践。

2. 教师发展中心

负责现代教师能力培养,学校师资队伍规划,教师个人成长规划,青年教师(结对)、骨干教师、专业带头人、名师、双师培养工程,教师企业实践工程,师德建设工程,培训讲座(如何做课题、写论文、教师发展等)。

课题研究:负责课题征集、发布、评审、立项、检查、结题、奖励,教科研成果认定、统计、汇总等工作,纵横向课题管理,课题经费管理,实行课题研究导师制。

教研活动与管理:负责学校、系(部)、教研室教研活动与管理,重点是教研室计划的落实、检查。

教科研成果的培育与申报。

教师职称评审与转评。

组织教师参加各级各类教学竞赛,组织(参与)教师信息化竞赛。

3. 学生发展中心

(1) 人才培养质量:负责学生就业(就业率、就业质量、用人单位满意度如何)、升学(现代职业教育体系建设、专升本情况)、育人(竞赛获奖、创业成才等突出典型);关注用人单位评价、媒体评价、第三方评价。

(2) 学生在校体验(工程实训中心协助):负责学生技能教学与职业技能鉴定,创业教育、创新教育等。

(3) 毕业生跟踪调查:收集学生职业发展、自主创业等情况,编写学生发展典型案例。

(4) 组织技能大赛、创新大赛、创业大赛等。

(5) 校企合作管理,配合系部进行顶岗实习管理。

4. 现代信息中心

负责纸质图书和电子图书管理。

网站建设与管理。

多媒体设备的维护与管理。

录播室:微课制作、视频、网络课程录播。

推进教学现代化:空间教学、云课堂。

组织(参与)教师信息化竞赛。

课程资源平台建设。

5. 质量监控处

(1) 教学督导实行二级管理。

校级督导:负责全校质量监控的体系与制度建设;建立免听课制度;负责对二级督导人员的管理、考核、聘任与工作量认定;负责质量报告的编写与反馈;对视频监控反映的异常情况督查,对质量监控系统中未能及时考勤、上传资料、未完成听课、评课的人员及时提供数据,以期改进;各系部(外含二级督导)认为需要校级督导帮助改进提高的班级和教师;专项评估:专业(群)、实训基地、课程建设评估;参与各类竞赛评比活动;探索建立第三方评价制度:同行、企业、毕业生、家长。

系部二级督导:日常管理在系部,人员占教师队伍10%。

听课全覆盖,优秀率20%、30%、40%,每学期被听三次,是职称评审、年终考核评优的依据,也是教学评比、推荐的依据。

(2) 负责学校各级管理干部、教师听课制度执行情况报告。

(3) 对教务处、非教学部门学期、学年工作计划执行情况检查与考核。

（4）开展专项检查与专业评估。

（5）质量监控系统。

负责评教、评学、督教、督学、学生考勤、系统数据生成、统计、分析、汇总等，及时生成质量报告。

（6）负责数据采集与年度质量报告编制工作。

制定人才培养质量年度报告，撰写任务分解表，进行数据采集任务分解，信息中心提供技术支持。

质量年度报告主要反映学校的以下内容。

办学基本信息：办学层次、办学规模、办学条件、师资队伍状况、办学水平等。

办学基本内容：学生发展、教学改革、服务地方、政府（主办方）履责、国际合作、问题与展望6个方面。

质量年度报告的重点要求：学校人才培养水平、实际办学条件、实训设备配置水平、现代信息技术应用、专兼结合的"双师型"教师队伍建设、院校治理能力、大学章程建设7个方面。

高质量年度报告的编写策略：领导重视，这是学校办学实力的展示，做好组织发动工作，组成写作团队，分工明确；有人统稿，主管领导把关；文字精练，数据说话，案例支撑，图文并茂。

（7）企业年报（2016新增项目）。

《关于编制和报送高等职业教育质量年度报告（2017）的通知》（教职成司函〔2016〕121号），鼓励各高职院校尤其是国家示范（骨干）校，主动联系推动实际参与人才培养的企业发布《企业参与高等职业教育人才培养年度报告（2017）》（简称《企业年报》）。

《企业年报》是落实"发挥企业重要办学主体作用"的体现，应重点从企业资源投入、参与高职教育教学（做法、成效和问题）等方面进行编制。

主要内容：企业概况、参与办学、资源投入、参与教学、助推企业发展、服务地方、保障体系、问题与展望。

6. 系（部）工作

（1）根据学校规划，负责主持系部有关教学、教科研、专业（文化）、实验室和实习基地建设、师资、管理等建设规划、工作计划和规章制度的制定。

（2）专业（群）建设，根据学校专业建设的规划要求，会同教学主任组织专业方向、教学计划、课程设置、教育改革、教务管理等专业建设工作，教学团队建设，教研活动与精品课程建设，现代学徒制试点。

（3）教科研工作，组织选拔带头人，培养学术梯队，开展教学研究和科技工作。

（4）日常工作，教学组织与管理、质量保证、学生日常管理及顶岗实习管理。

（5）人事管理，拟定师资队伍建设规划，师资定编计划、引进计划、培训计划等；负责聘任、年终考核和业务考评，督促、检查教学和行政人员做好自己的本职工作。

（6）财务管理，经费的合理使用、批准签字、合理地发放各项津贴。

(7) 资产管理,资产的申报、登记、报废与清产核资等工作。

(8) 社会服务与校企合作,提高经济效益和社会影响力。

(9) 安全工作、招生与就业等学生工作。

系(部)工作要算好经济账,用好两个人:教研室主任、专业带头人,抓好三支队伍:管理队伍、教师团队、班主任队伍。

三 制度与机制

1. 编制教师手册

内容包括:师德规范、教学管理规范(试行)、学籍管理规定。

教师职责、教师业务工作制度(备课、讲课、作业、辅导、考核)、教学事故的界定与处理暂行规定、督导工作条例、听课制度、教学工作量核算方法及管理制度、教学纪律暂行规定、教师的定级和晋级、外聘教师管理规定、教师教育科研工作条例、学分制实施办法、教职工请假制度、班主任工作条例、排课调课代课停课制度、学生职业资格鉴定制度、考试规则。

2. 制定工作规程(31个)

形成机制:主体、客体、内容

人才培养方案制定工作规程

人才培养方案修订与调整工作规程

课程标准(教学大纲)编写工作规程

专业教学资源库建设规程

教材建设工作规程(高职高专教材)

教学内容改革工作规程

教学方法改革工作规程

教务管理工作规程

考务管理工作规程

课程培训工作规程

学生学籍管理规程

考核、评价方式改革工作规程

名师工作室建设规程

专业带头人选拔培养管理规程

骨干教师培养管理规程

教学团队建设工作规程

青年教师培养工作规程

"双师型"教师培养工作规程

兼职教师管理规程

实验实训室建设工作规程

校企合作共建实习实训基地工作规程

校企合作冠名办班工作流程

校企合作订单培养工作规程

顶岗实习工作规程

毕业设计(论文)工作规程

项目研发与技术服务工作规程

社会培训工作规程

二级教学质量督导工作细则

精品课申报与建设流程

"校企合作、工学结合"作业指导书

四 诊断与改进

近年来江苏省教育厅连续出台了两个文件:《江苏省教育厅关于建立职业学校教学质量保障体系的意见》《江苏省教育厅办公室关于开展职业学校教学诊断与改进工作的通知》。前者对教学质量保障体系提出见解和处理方法,有后续配套政策,下级结合实际贯彻执行。后者则规定性强,要求具体,必须做。

1.《江苏省教育厅关于建立职业学校教学质量保障体系的意见》

学校教学质量保障体系:

(1) 标准化办学。职业学校专业、课程、实训基地建设标准等。

(2) 质量标准指标体系。研制基础能力、德育工作、专业水平、质量保证、课程教学、学生发展、教师素质、制度建设、管理运行、校企合作、特色创新、服务贡献等要素的全省统一教学质量标准及其《指标体系》。

(3) 提升规范化管理水平。贯彻落实《江苏省职业院校管理水平提升行动计划实施方案(2016—2018年)》,实施突出问题专项治理、现代学校制度健全、管理队伍能力建设、管理信息化水平提升、学校文化育人创新、质量保证体系完善六大行动,提升管理能力,增强办学活力,提高办学质量,建立依法治校、自主办学、民主管理的运行机制。

(4) 提高自我诊断与自主发展能力。建立诊断改进工作制度、工作规程,成立教学质量监控保障工作委员会,其秘书处负责日常工作。整改方案按照苏教办职〔2016〕14号文进行。

(5) 深化人才培养模式改革。

(6) 强化专业建设和课程建设、第三方专业诊断和专业评价。

建立用人单位、行会、学生及家长、研究机构等利益相关方共同参与的第三方人才培养质量评价制度,将就业率、就业质量、企业满意度、创业成效等作为衡量培养质量的重要指标,并对毕业生毕业后至少五年的发展轨迹进行持续追踪。

(7) 开发并应用职业学校省级数据平台和管理系统。

(8) 全面实施中等职业学校学生学业水平考试制度。

(9) 实施职业教育质量年度报告制度。

(10) 依法依规开展职业学校办学能力评估。

2.《江苏省教育厅办公室关于开展职业学校教学诊断与改进工作的通知》

(1) 建立整改制度。2016年起,建立整改制度,引导学校根据办学定位和人才培养目标,针对专业设置条件、教师队伍建设、课程体系改革、课堂教学实践、学校管理制度、校企合作创新、质量监控成效等要素,查找不足,改进提升。坚持"需求导向、自我保证、多元诊断、重在改进"的方针,建立基于人才培养状态数据、学校自主诊断改进、教育行政部门抽样复核的工作机制,不断提高人才培养质量。

(2) 落实主体责任。各职业学校要切实履行人才培养质量保证的主体责任。建立一支能承担运行、监控、改进等任务,配备齐全的专兼职质量管理队伍,通过业务培训与考核,把握质量目标,掌握质量标准,定期开展多层面多维度的教学工作诊断与改进,推动教学质量持续改进并形成良性循环。

(3) 建构工作机制。围绕人才培养质量,建立和完善省厅统筹规划、市局组织推进、学校自主整改、利益相关方有效参与、主管部门协同改进的常态化周期性整改制度和运行机制。学校的整改周期为3年,特殊学校不超过5年。教学工作自我诊断与改进情况纳入年度质量报告,依法依规发布社会关注的人才培养核心数据。

(4) 建设数据平台。结合智慧校园建设等信息化工程,以相对成熟的信息化管理平台和数据系统为基础,统筹规划、整体部署、系统设计,整合学校管理、教学资源、人才培养状态、省级职业教育创建项目等运行与管理需求,统筹建设江苏省职业教育通用管理平台和职业学校人才培养工作状态数据管理系统。

(5) 提高监测水平。建构两级架构(省、国家)五级应用(校、县、市、省、国家)的职业学校人才培养工作状态数据管理系统,融合管理、教学、监测和决策等数据服务,为学校教学工作自主诊断与改进提供动态数据,为学校管理规范化、现代化提供决策支持,为职业学校撰写人才培养工作质量报告提供数据支撑,为利益相关方参与诊断与改进提供分析框架,为督导部门的质量评价提供原始资料,为省教育厅抽样复核与科学决策提供重要依据。职业学校根据自身特点,完善数据平台在内部管理运行中的状态分析和监控功能,依据相关数据深化日常管理和质量监控,查找问题与薄弱环节,推动持续改进,确保人才培养质量有序提高。

以5年制高职为主的江苏联合职业技术学院各分院原则上参照《高等职业院校内部质量保证体系诊断与改进指导方案(试行)》(教职成司函〔2015〕168号)实施诊断与改进。3年制中等职业学校按照《关于做好中等职业学校教学诊断与改进工作的通知》(教职成司函〔2016〕37号)实施诊断与改进。其他3年制中职与5年制高职并存的职业学校以中等职业学校教学工作诊断与改进的要求为主,在专业建设、课程建设、师资队伍建设、资源建设等方面参照高职整改相关要求,实施教学工作诊断与改进。

江苏省教育厅于 2016 年组织 47 所国家级示范中职学校开展试点工作,其余学校在 2017 年底前启动。教育厅将根据实际进展情况,适时启动抽样复核工作,定期公布复核结论。

现代职业院校管理是一项复杂的系统工程,我们应该进行科学管理、系统管理、民主管理,争创一流学校,办人民满意的职业教育。

职业院校教学质量保障体系建设的思考

教学工作是职业院校的中心工作,教学质量是学校生存和发展的生命线,是学校综合实力的反映。建立科学的教学质量保障体系,有利于强化教学管理,提高教学质量;有利于教师转变教学观念,不断提高自身的综合素质。面对职业教育新的形势,职业院校工作重点应向规模、质量、效益并重的可持续发展转变。"职教 20 条"明确提出了建立健全职业教育质量评价和督导评估制度,作为职业院校,建立健全内部教学质量保障体系尤为重要。

一 教学质量保障体系的建设目标

建立教学质量保障体系的目标是保证和提高学校的教育教学质量。可借鉴国内名校经验,结合本校办学实际,根据办学定位和人才培养目标,围绕质量控制过程,合理选择相应的指标体系,并协调各种保障要素,确保提高教学质量这一终极目标的实现。

随着职业教育人才培养模式改革的深入,各校积极推行产学融通人才培养模式,通过校企合作、产学结合,探索订单培养、工学交替、任务驱动、项目导向、顶岗实习等有利于增强学生能力的教学模式,特别是实行顶岗实习与工作过程相结合的学习模式,对顶岗实习组织实施的过程管理就成为制约教学质量的突出环节,因此,作为教育教学管理系统重要组成部分的教学质量监控与评价体系,必须适应教学改革和人才培养模式创新的需要。

二 构建教学质量保障体系监控的原则

教学质量保障体系的建立,是保障学校办学水平和人才培养质量的重要手段,是一项全方位、全程性的质量管理系统工程,这一体系的建立与运行涉及教学工作的各个方面,带有鲜明的导向性。因此,教学质量监控的各项指标体系确定必须遵循规范性、可操作性、全面性、奖惩结合等原则,克服随意性,力求该体系的制度化、标准化和规范化。

三 教学质量保障体系的监控内容

1. 人才培养目标监控

主要监控点为各专业人才培养目标定位、人才培养模式、人才培养方案、专业建设与发展(方向)等。

2. 人才培养过程监控

人才培养过程的核心是工学结合、全面推进素质教育。主要监控点为课程建设、课程标准与教学大纲制定与实施、教材建设、师资配备、授课计划、教案、理论教学与实践教学质量、教学手段与方法改革、考核方式与试卷质量、教学规章制度的建设与执行等。

3. 人才培养质量监控

人才培养质量的核心是职业能力、必备知识、基本素质的养成。主要监控点为职业技术能力(基本技能)、职业关键能力(发展能力、应变能力)、创新能力、就业率及层次、毕业生工作状况、用人单位对毕业生评价、社会对学校综合评价以及课程合格率、校内外各类竞赛状况等。

4. 教学质量保障体系的监控点

(1) 教学资源监控。主要是师资队伍总量、结构、质量及其建设与发展状况,教室(含多媒体教室等)配置状况,校内实训基地、机房、教学仪器设施配置及校外实训基地建设状况,校园网利用、图书资料建设状况,教学经费投入与使用状况等。

(2) 管理队伍监测。主要监测管理机构健全、结构合理状况以及管理水平、工作效率等。

(3) 制度建设监测。主要监测制度健全与科学合理性,特别是教学文件的齐备及主要教学环节的质量标准。

(4) 教育教学改革与创新。主要监测改革创新意识、成果和实效。

四 教学质量保障体系的组织机构及其职能

教学组织、指挥工作必须坚持学校的办学定位,贯彻学校的办学指导思想,符合学校不同阶段的工作重点要求。校长是教育教学质量的第一责任人;主管教学副校长负责教学组织、指挥工作的具体领导;教学组织、指挥工作的具体事务主要由教务处负责,教务处和各系部按业务范围分工负责、具体实施。

校长作为教育教学质量的第一责任人,负责主持制定全校教育教学工作的基本方针,确定全校教育教学工作目标,检查考核全校教育教学工作质量,组织全校性教育教学工作重大问题的论证、决策,对有关职能处室工作进行检查、指导与考核评价。

主管教学副校长按照全校教育教学工作基本方针和工作目标,负责教学组织、指挥工作的具体领导,协助校长完成全校教学工作质量的检查考核和全校性教学工作重大问题的论证、决策,对教务处、各系部的教学工作实施检查、指导与考核评价。

实施校、系(部)、教研室三级监控体系。

1. 学校相关部门实施一级监控

(1) 学术委员会:行使教学指导委员会的职能。主要监控各专业人才培养目标定位、重大教学改革方案和人才培养方案的制定,专业建设与发展方向,指导教务处及各系部抓好教学基本建设,负责学校重大教学事故的认定工作。

(2) 教务处:教务处是学校教学管理的职能部门,负有在监控体系对教学工作进行布置、检查、管理、指导等职能,同时也负有对监控、评估中发现的问题进行整改和建设的职责。教务处还要积极支持和配合教学质量监督处开展教学监控与评估工作。

教务处在监控体系中主要行使下列职能:

① 制定学校各项教学工作质量标准和规范,负责组织实施教学质量检查及各项教学评估工作,负责制订教学质量监控工作计划并提交本学期的工作总结,负责对基层教学单位教学质量监控及评估工作的检查和指导。

② 制定教师教学工作规程,并监督实施。

③ 制定专业建设、课程建设、教学基地建设等教学基本建设规划,并负责提出专项评估计划。

④ 组织制定和建立保障教学质量的规章制度和管理文件。

⑤ 制定学校教学工作评估方案及指标体系。

⑥ 根据教学质量监控和评估中发现的问题,制定整改措施和建设方案,并监督实施。

教务处主要监控教学管理工作规程、教师教学工作规范等教学规章制度的执行情况、教学计划的实施情况和师资等教学资源的配备利用情况,负责向学术委员会汇报,向各系部、处室反馈教学资源和教学质量状态信息。

(3) 学生处(校团委):学生处是学校学生管理的职能部门,要积极主动参与和学生有关的教学质量检查和评估工作,要与教学质量监督处、教务处及系部等教学部门积极配合,在稳定教学秩序、提高教学质量、加强素质教育、培养创新人才等方面发挥本部门特殊的职能和作用。

学生处在监控体系中主要行使下列职能:

① 参与学生的学习状态与效果评估,并向学校有关部门和教学单位反馈有关情况。

② 针对教学质量监控和评估中发现的有关学生学习思想、学习态度、学习纪律等方面的问题,提出加强教育管理及学风建设的具体措施。

③ 了解学生对教学的意见和建议,并向教学质量监督处及教务处及时通报情况。

④ 主要监控与素质教育、创新教育相关的教学活动,监控学生就业及毕业生工作适应状况以及用人单位和社会的综合评价等。

（4）教学质量监督处：教学质量监督处是学校独立设置的教学监控、评估机构，是监控体系运行的职能部门。主要监控与评价课堂教学和实践教学质量以及教师职业道德、履行职责等情况，对教学和教学管理部门制度实施及相关教学管理状况实施再监督。负责向学校学术委员会汇报，通过教学质量监督工作简报向各系部及相关处室、教师反馈相关教学质量信息。

教学质量监督处在监控体系中主要行使下列职能：

① 参与制定监控体系所需的各种评估方案及评估指标体系、实施办法及相关文件。

② 协助组织实施教学质量检查及各项教学评估工作。

③ 负责处理评估信息及发布评估结果。

④ 协助制订教学质量监控年度计划，提交每学期工作总结。

⑤ 为学校各级督导员的教学质量监控和评估工作提供服务。

⑥ 协助面向学生的教学质量调查，并向有关部门和教学单位提供反馈意见。

⑦ 负责对基层教学单位教学质量监控及评估工作的检查、指导。

（5）人事处：人事处是学校人事管理的职能部门，要积极参与和教师有关的教学质量监控和评估工作，要与质量监督处、教务处、系部等教学部门积极配合，在稳定教师队伍、提高教师业务水平、进行教师业务考核、引进优良师资方面发挥本部门特殊的功能和作用。

人事处在监控体系中主要行使下列职能：

① 制定教师业务规范，负责教师业务综合考核与制定师资队伍建设规划。

② 负责教师职称晋升时对其教学质量等级进行审查。

③ 负责引进教师的岗位资格审查。

④ 负责在教师教学质量等级认定过程中提供师德师风方面的信息。

⑤ 对不称职的教师重新安排评审工作并通过各种途径进修提高。

（6）后勤与资产管理处：后勤与资产管理处是学校后勤保障与资产管理的职能部门，要积极参与校园环境卫生、教学设施使用效能的监控、检查和评估工作，要与教务处、系部等教学部门积极配合，保证教学实施的正常运行。

后勤与资产管理处在监控体系中主要行使下列职能：

① 新购实验实训设备验收，在资产系统登记入库，协助财务处建立设备的总账和明细账，建立单台（件）固定资产卡，保障账、卡、物三相符。

② 组织实施对实验实训设备的大型维修，对长期闲置设备提出调拨、处置建议，对申请报废设备进行鉴定，提出处置意见，为符合报废条件的设备办理报废手续。

③ 不定期对实验实训设备进行使用规范检查：使用记录、年度使用效益、保养检修记录、故障事故记录等。

（7）招生就业与对外合作处：招生就业与对外合作处是学校招生与就业以及校企合作的职能部门。在招生工作中应严把入口关，提高生源质量；在就业工作中应广开就业渠道，提高就业质量;要积极配合系部安排好学生顶岗实习,拓宽校企合作渠道;负责毕业生跟踪调查等相关质量监控。

招生就业与对外合作处在监控体系中主要行使下列职能:

① 制订招生计划和生源质量提升计划,每年招生结束后提交生源质量分析报告。

② 编制年度就业计划,提交就业质量分析报告。

③ 进行毕业生跟踪调查,提交毕业生质量分析报告。

④ 加强校企深度合作,支持系部开展人才培养模式的改革。

(8) 图书馆(现代教育信息技术中心):图书馆(现代教育信息技术中心)是学校文献、资源及信息服务中心,是学校实施教学过程中的一个重要节点,要与质量监督处、教务处、系部等教学部门积极配合,为提高教师业务水平、拓展学生知识视野提供优质的文献信息资源。

图书馆(现代教育信息技术中心)在监控体系中主要行使下列职能:

① 制定具有本校特色的文献信息资源建设规划,对各类资源进行科学加工整序和管理维护。

② 做好流通阅览、资源传送和参考咨询工作,积极开发文献信息资源,开展文献信息服务。

③ 开展信息素质教育和阅读辅导工作,培养师生的信息意识和获取、利用文献信息的能力。

④ 组织和协调全校的文献信息工作,实现文献信息资源的优化配置。

⑤ 负责全校师生文献信息资源利用情况的调查和统计分析工作。

2. 各系(部)实施二级监控

各系(部)或二级学院是学校教育教学基层单位,既是实施人才培养的教育实体,又是实施教学质量监控和评估的实体,其工作状态和质量,直接关系到教学质量和人才培养质量,在质量监控体系中占有重要地位。

各系(部)或二级学院在监控体系中主要行使下列职能:

① 根据学校下达的教学评估文件和工作部署作出本单位的评估计划,依据学校的教学质量监控和评估指标体系及评估标准,开展评教、评管、评学工作;也可依据学校的评估指标体系、评估标准,制定符合本系部专业特点的指标体系及评估标准(报送教务处备案),创造性地开展工作。

② 依据学校制定的指标体系,负责对本单位教学工作进行自评,以及优秀教学单位的申报。

③ 负责对本单位教师教学质量的监控,自行完成教学质量等级的初步确定。

④ 负责组织对学生学习状态与效果的评估。

⑤ 对本单位评估中发现的问题进行分析研究,提出整改与建设措施,实现"以评促改,以评促建,以评促管,评建结合,重在建设"的目标。

⑥ 接受学校对教学工作的检查与指导。

各系(部)或二级学院主要监控学校各项教学管理制度在本系(部)或二级学院的实施落实情况,重点监控本部门各专业建设与发展、教学计划实施状况、教学文件的齐备、产学研结合、素质教育、教学资源配置等运行状况。

各系(部)或二级学院总支侧重于素质教育、创新教育、学生学习状态、毕业生工作状态等方面的监控。

质量监督处、教务处、学生处、人事处、各系在教学监控和评估工作中要相互支持,通力合作。

3. 教研室实施三级监控

主要监控学校及系(部)各项教学管理制度在本教研室的落实情况。重点是课程建设、教材建设、理论教学和实践教学分学期授课计划的编制和实施、教学手段与方法改革、教师教案及教学水平的改进与提高等。

五 教学质量监控体系运行方式

1. 监控方式

(1) 听课制。包括校领导听课,中层干部听课,教学督导人员等教学职能部门领导听课,各系(部)主任、副主任和教研室主任等领导听课,以及教师同行相互听课。

(2) 检查制。建立教学质量检查制度,定期公布教学检查结果。检查制度主要采用以下方式:

① 教学日常检查:由校、系两级教学管理人员实施教学日常检查工作,分别对全校和本系的教学工作进行常规检查并记录和小结。

② 定期检查:即开展期初、期中、期末教学检查。

③ 专项检查:即实施以素质教育、创新教育、工学结合为核心的理论教学和实践教学(含第二课堂活动项目)专项检查以及授课计划检查、教案检查、教研活动检查、试题命题与阅卷的检查等。

④ 随机抽查:由教务处、教学质量监督处等部门组织对教师授课的教案(教学设计)、学生的作业、实验实训报告、实习报告(总结)、毕业论文(设计)等抽样检查。

(3) 评教评学制。由学生、辅导员及班主任、教师、专家(含相关业务部门专家与兼职教师)、相关部门领导分别进行评教评学座谈会,从不同角度了解和认识教师教学情况,学生学习情况,管理部门管理情况,学风、校风状况及其与业务部门需求的差距情况。

(4) 测评制。由教学质量监督处和教务处组织全校学生、教师同行、各系部主任根据《教师教学质量评价实施办法》定性和定量评价教师的教学质量,然后以不同的权重进行综合。

(5) 质量跟踪。由学生处及各系对毕业生进行跟踪调查,根据毕业生就业及市场调查的结果,向学校领导及教学管理部门或学术委员会提供社会人才需求、培养规格、能力体系要求等教学需求信息,以进一步完善人才培养方案。

(6) 信息公开制。学校教学质量监控部门将监控信息在相关范围公开。

2. 监控和整改程序

(1) 信息集中。所有与教学质量相关的信息,都要逐级汇集,一般信息汇集到教学质量监督处和教务处,教务处和教学质量监督处负责督促相关部门和人员进行整改,并将整改情况向分管教学副校长汇报。重要信息汇集到分管教学副校长,由分管教学副校长负责督促整改,并将整改情况向校长汇报。

(2) 信息反馈。及时对集中的信息进行调研分析,并将确证的信息反馈到相关单位和部门。各部门能自行解决的由部门解决,单个部门难以解决的由监控中心或校领导决策。基本原则是,监控体系的运行均赋予各部门(层次)自我调节功能,应具有自控能力;但存在的问题特别是某些具有负面影响的问题或苗头必须及时反映,便于总体运行的调控。

(3) 跟踪监控。分管教学副校长、教学质量监督处和教务处对所反馈的问题实施跟踪监控,直至问题得到合理解决。

六 教学质量保障体系的保障制度

教学质量保障体系主要由七个方面的教学质量保障制度构成。

1. 教学检查制度

常规教学管理,每学期开展期初、期中、期末三次教学检查,期初主要检查教学文件和教辅材料的准备情况。期中主要检查教师教学计划执行情况。期末主要检查教师教学计划的完成情况,以及期末考试督查。总体来说,教学检查覆盖教师教学的备课、课堂讲授、作业批改、实验实习、辅导答疑、考试、阅卷、试卷分析、毕业设计、毕业论文等教学全过程。

2. 教师准入制度

所有新教师进校必须符合学校教师准入条件。新进教师上课,应履行试讲报批手续,确定其是否具备任课能力。其程序是,由担任课程的系提出用人意见,报教务处。由教务处牵头会同人事处等有关部门审批。

3. 听课制度

听课制度要求从校级领导开始直至新进校门的教师,每学期必须按要求完成一定的听课工作。校级领导、系主任及行政部门中层干部深入教学第一线定期听课、督查教学过程,解决教学中存在的问题;老教师听课对新教师起到督导和传帮带的作用,新教师通过听课掌握教学的基本技巧,学会如何上好一堂课。所有听课人员必须在听课当日通过教学质量平台上传听课信息。

4. 教师考核制度

建立教师考核制度,通过学生评教、教师评教、督导评教及系考核组考核等,对每一位教师的教学、课程建设和科研教研工作作出合理的评价。

5. 信息反馈制度

建立一条学生、教师、督导教学评教体系,针对在教学中存在的问题进行及时反馈和跟进处理;所有任课教师必须在上课当日通过质量监控平台上传课堂教学基本信息。

6. 教学事故认定处理制度

为了对教学及教学管理中的违纪查处有章可循,学校分别对教学(管理)违规和教学(管理)事故作出了相应的界定,同时作出了相应的处理规定。

7. 毕业生跟踪调查制度

由各系(部)或二级学院向用人单位了解毕业生在社会的反响,向毕业生了解学校课程体系和教学内容的社会适应性,根据反馈的信息及时调整培养方案和进行教学改革。

七 教学质量保障体系内容建设

1. 工学结合的教学管理保障制度建设

随着工学结合人才培养模式改革的深入,工学交替、顶岗实习等实践性教学比重大幅增加,实践教学呈现多地点、多时段、多样化特点。为实现人才培养目标和质量标准,制定相应管理制度和管理规范,保证实践教学质量,要重点完善创新以下机制制度:

(1)创建校企双方共管机制,成立由学校有关部门和企业相关部门领导组成的"校企合作"机构,负责学生各项实习的全面管理,共同制订实习计划,落实实习任务、实习指导教师,做好安全管理等工作。

(2)完善《校内实训基地管理办法》,明确管理职责,提高校内实训基地使用效率。

(3)完善《学生顶岗实习管理办法》,完善顶岗实习的组织管理、运行管理、考核鉴定管理等,明确校企共管的责任和义务。

(4)完善《兼职教师管理办法》,建立符合高职人才培养工作评估要求、与教学工作发展需求相适应的兼职教师资源库,明确兼职教师工作职责,规范兼职教师各项活动,做好兼职教师的教学业务培训,提高兼职教师教学能力,充分发挥兼职教师企业工作经验和优势,真正打造一支结构合理、专兼结合的教学团队。

(5)完善《教师教学质量评价办法》,将企业与社会评价纳入评价体系,使教学质量评价更全面,更客观,更有现实意义。

(6)在总结试行学分制教学管理经验基础上,进一步探索工学结合背景下的弹性学制和学分制教学管理制度,制定完善《学分制管理办法》。

2. 完善教学质量管理机构,强化队伍建设

学校同企业联合组建教学质量监控评价机构,成立教学质量监控评价工作委员会;组建有企业专家、管理干部、行业协会人员、学校教学管理人员以及骨干教师参加的教学质量管

理队伍,加强管理队伍成员质量管理能力的培训和提高,明确工作职责,对教育教学全过程实行"经纬"网络化管理,切实提高教育教学效果和人才培养质量。

八 教学质量管理综合信息反馈系统建设

利用现代网络信息手段,结合各校实际情况,成立教学质量监控机构,建立教学质量信息库,综合汇总反馈信息,为学校教学改革与建设提供依据,建成以学校为中心的集社会关心教育人士、企业专家、专任和兼职教师、全校教职员工、广大学生和家长共同参与的教学质量监控信息反馈系统,完善教学质量监控信息平台建设,实施网上随机在线反馈、定期网上调查、现场听课检查,实现教学管理的信息化、网络化、全员化、开放性和时效性;建立评教数据库和教师教学业绩数据库,设专人管理,对教师教学业绩实行动态考核、数据化管理,不断提升管理质量和服务水平,为深化"理实一体、工学结合"的人才培养模式改革奠定良好的基础。

九 教学质量评价方案建设

切实突出教学工作以质量为核心的管理理念,按照高职教育教学改革的新进展、新情况、新特色,与时俱进,坚持建立科学规范的教学质量分析评价制度,创建适应工学结合教学模式改革的教学质量评价体系,确立评价主体,明确评价项目与对象,制定评价内涵与指标,建立健全学校、企业、社会、学生及学生家长等共同参与的全方位多角度的认证体系,形成"企业与学校相融合"和"定性与定量相统一"的动态教学综合评价体系,依据校企共同确定的人才培养规格标准、教学质量标准,立项建设教学质量评价方案,制定教学质量评价管理规程,形成科学规范的教学管理运行评价机制。

教学质量评价方案具体建设 4 项指标体系,一是教学设计评价指标体系;二是教学准备评价指标体系;三是教学实施评价指标体系;四是教学效果评价指标体系。每一项指标体系有不同的评价内涵;评价等级分成 A、B、C、D 共 4 等,即优秀、良好、合格、不合格。

十 教学质量改进及其检查

一般性教学质量改进工作,由各教学单位依据教学质量整改方案组织落实整改工作,每学期整改工作的检查评价不少于 2 次;教务处和教学质量督导处每学期期末对全校教学质量整改工作的组织落实以及整改结果进行检查。

对于涉及需要调整人才培养方案或完善教学质量检查、考核评估标准的反馈信息,由教务处和教学质量督导处共同拟定调整方案,提请学校学术委员会论证通过后,报校长办公会审批。

职业院校教学质量保障体系建设是一项庞大的系统工程,涉及全校所有的教职员工,是一把手工程。教学质量保障体系建设如何? 直接关系到学校的前途和命运,必将引起各方的重视。

第二辑

校企合作与协同育人

校企合作模式下学生职业能力层次要求与选择的研究

校企合作是职业学校提高教学质量、培养高素质技能型人才的重要途径。校企合作一方面可以向社会和企业展示学校的办学特色和育人成果,为学校面向企业和市场培养高素质技能型人才奠定良好的基础,另一方面可为企事业单位提供了解学校、了解学生的平台,使企事业单位更加明确校企合作对实现校企双赢的诸多益处,为企事业单位今后可持续发展尤其是人才储备起到积极的推动作用。各职业院校从自己的实际情况出发,努力进行尝试,取得了较大的突破。以下笔者主要从校企合作人才培养模式中,企业对学生职业能力层次性要求及学校如何选择合作形式两个方面进行探究。

一 学生职业能力层次要求分析

目前校企合作中,企业对学生的职业能力大致有三个方面的层次要求。其一是较低层次:岗位技术含量不高,企业有季节性劳动力需求,或生产性短工需求。而这样的临时性人力资源在劳动力市场上不是随时可求的,而且还涉及用工制度问题。这为校企合作提供了可能。其二是中间层次:企业和学校共同培养学生的技能,学生的技能实习与知识学习可交替进行,通常情况下学生的劳动会产生效益。如采用工学结合、半工半读、工学交替等方式。其三是高层次:企业可接受学生顶岗实习,或教师主持项目,学生参加生产性实践,此时学生已具备了岗位技术技能和高层次职业能力。如图 2-1 所示:

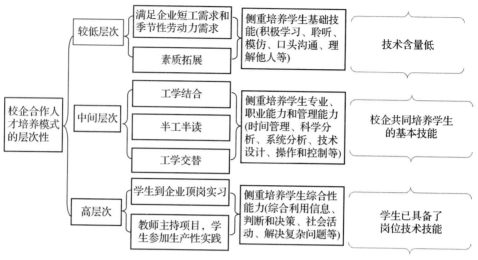

图 2-1 学生企业实践选择图

二 校企合作模式下学生职业能力层次培养的实践

(一) 较低层次

企业在某个时间段,对短工有很大的需求,或者是碰到季节性的用工需求时,只要学校或企业对学生进行简单的培训,学生马上就能上岗。这种校企合作比较容易实现,学生通常也能获得相应的酬劳。如食品加工企业在逢年过节时用工需求的增加;又如铁路运输职业技工学校组织学生和教师参加"春运""暑运""黄金周旅游专列";如江苏省南京工程高等职业学校组织商务英语专业学生到真维斯服饰店参加销售实习等。这个层次需要学校方面打破常规的教学与管理运行模式,适时调整教学计划,保证教学工作与企业的需求相对接。

(二) 中间层次

胶南市高级职业技术学校,实行"半工半读、工学结合"的育人方式就是很好的例证。企业提供生产设备、材料和订单,挑选骨干技术人员担任指导教师;学校负责组织管理、教学和实施生产;基地实行企业化管理,学生一天学习,一天生产,轮流交替上岗,每生月工学补贴达 400~500 元。该校又与韩国新东洋机电公司合作,共建月生产能力 100 万件的电子元件装配工学车间,半工半读办学规模已达 1 200 人。该校还先后与天一、环球等知名企业联合举办了 6 个企业冠名班,有 300 多名学生按每学年在校学习四五个月,其他时间分段进厂以实习方式学习。近两年,通过以上半工半读、工学交替的方式先后向社会输送了 1 100 多名毕业生,有 80 多名学生成长为生产一线技术骨干。合作企业纷纷表示:"工学班的学生职业素质好,技术过硬,这样的人才我们欢迎。"

又如大连工业大学职业技术学院实现校企联姻,开展工学交替办学成效显著。大连工业大学职业技术学院 2003 年开始与大连开建装饰工程有限公司合作办学,在院内成立了大连工业大学职业技术学院——大连开建装饰工程有限公司校企合作办学工作室,做到共同研究专业设置、培养目标、人才规格、实训实践教学计划、课程内容。教学方法和教学中的实训环节,统一规划,统一组织,密切配合,共同实施。公司经理、下属厂长等工程人员与教师、教研室主任等经常在一起切磋、商讨解决教学中的各种问题。工程实物制作中,公司的工人师傅亲手演示,手把手教,学生得到了直接的指导,学习了实际操作经验。学生自己动手扎架子、塑型、翻模、打磨、修整、着色,并亲身感受和体会到了未来工作的环境和气氛。大连经济技术开发区五彩城钟楼项目,其中动画造型的白天鹅、米老鼠大型雕塑等,学生就参与了设计和实物制作。在校企联姻、开展工学交替办学的过程中,教师的专业教学水平和学生的实际技能在社会上得到了认可。

(三) 高层次

金华职业技术学院就是这方面最好的典范。金华职业技术学院积极探索校企合作的新模式,在探索"基地、招生、教学、科研、就业"紧密结合、系统化运行的"五位一体"办学模式方面取得了明显成效。金华职业技术学院把紧密型"基地"作为校企联姻的基础,把"招生"环节作为校企互动的起点,把"教学"环节作为校企合作的核心,把"科研"环节作为校企融合的提升,而校企双赢的硕果则体现在"就业"环节。目前,学院已与110家企业确立了紧密型关系,覆盖全院55个专业。在校企双方紧密型合作过程中,企业获得了实惠与利益,而学院在合作中有效提高了教学质量,培养了学生综合能力(综合利用信息、判断和决策、社会活动、解决复杂问题等)。学生普遍具有良好的职业素质,培养了高技能,在实习前具备了顶岗实习的能力。企业感受到,学生顶岗实习不仅不是负担,而且已成为有效的劳动生产力,降低了企业生产的劳动力成本。

广东轻工职业技术学院在这方面的经验也值得效仿。广东轻工职业技术学院多途径拓展稳定的校外实习基地,有效增加对口顶岗实习机会。目前学校能顶岗的实习基地已达400多家。学校与地方商会、协会合作,形成了"成片开发"顶岗实习岗位群的良好局面,可同时解决多个专业的顶岗实习难题。如学校与江门浙江商会签订共建工学结合的实习基地协议,获得100多家实习基地;与肇庆市高新技术开发区签订共建工学结合的实习基地协议,获得150多家实习基地。

江苏省南京工程高等职业学校在这方面也取得了一定的成效。2009年3月20日,江苏省南京工程高等职业学校召开了"服务西部、以人为本、校企(商)携手、科学发展"主题研讨会。省教育厅领导、南京市总工会及团省委领导出席,十多家企事业单位主要负责人参加,20多家媒体进行了采访。会上,企事业单位捐款捐物,与学校签订就业协议,成立实习(训)基地,建立互惠共赢的校企合作关系。会后多家媒体大力报道,研讨会产生了很大的社会效应,学校的知名度和美誉度得到了提升,45名甘肃学生获得了80多个就业岗位。而企业和媒体的关注及信任,其价值远远不止提供若干钱物或提供若干岗位,它所产生的乘数效应,将为学校如何解决金融危机下毕业生就业的问题提供新的思路,营造更加良好的外部环境。此次与温州商会、连云港商会签订实习基地的协议,已经属于高层次的校企合作模式,形成了"成片开发"顶岗实习岗位群的良好局面,可同时解决多个专业的顶岗实习难题。这也意味着学校必须高度重视校外顶岗实习基地的建设,有计划地加强与这些企业的联系,将其作为重点合作对象。

三 职业学校如何选择合适层次的校企合作人才培养模式

校企合作人才培养模式存在层次性,职业学校应结合自己的情况选择合适的校企合作层次。有的学校校企合作刚刚起步,就可以选择较低层次的校企合作人才培养模式,使教师和学生在合作中逐渐提高和进步,并努力向中间层次迈进;有的学校实力比较雄厚,校企合作有一定的基础,就要在实现中间层次的基础上,达到高层次的校企合作。

在一所学校中,不同层次的校企合作也会同时并存。比如重庆市铁路运输职业技工学校,既存在较低层次的、满足企业季节性劳动力需求的校企合作,也存在中间层次的工学结合和高层次的顶岗实习合作形式。

校企合作要能够很好发展,发挥育人功效,学校领导层要重视并身体力行。学校领导一般都有较好的政府和企业关系,在密切校企联系方面具有天然的优势。学校领导往往在思想和学术上有广阔的视野和敏锐的见识,能够把握社会的潮流,能够抓准校企合作中校企双方的利益结合点。而且校领导的重视,能在全校营造有利校企合作的氛围,特别是在学校制定各项政策的时候,就比较能在制度上为校企合作做出倾斜,打下良好的基础。

校企合作不应盲目求高、求大,不能只注重合作的表象,而要真正发挥实效,使学校、教师和学生有进步。合作的企业多了,相应的联络、沟通工作也较多,要注重企业参与学生的教育培养,不能把企业锻炼和学校教育搞成两张皮;学校在校企合作中也要考虑经济成本,必须算好经济账。因此,就必须在合作前做好规划,合作中做好管理,合作后做好总结,使校企合作在学校培养高素质技能型人才的过程中发挥重要作用。

助推职业院校集团化办学人才培养供给侧改革
——基于江苏省南京工程高等职业学校的实践研究

教育集团化办学是我国现阶段回应社会民众对优质教育资源的需求而产生的教育规模化发展的新形式。而职业教育集团化办学是解决人才培养供给侧与产业需求侧"两张皮"问题的重要举措。为解决学校人才供给与企业人才需求脱节的问题,我校进行了一系列实践研究,为助推职业院校集团化办学人才培养供给侧改革提供经验与启发。

一 研究背景

(一) 理论背景

《教育部关于深入推进职业教育集团化办学的意见》(教职成〔2015〕4号)明确指出:"开展集团化办学是深化产教融合、校企合作,激发职业教育办学活力,促进优质资源开放共享的重大举措。"2017年国务院办公厅印发了《关于深化产教融合的若干意见》(国办发〔2017〕95号),提出"鼓励区域、行业骨干企业联合职业学校、高等学校共同组建产教融合集团(联盟),带动中小企业参与,支持有条件的国有企业继续办好做强职业教育"。职业教育集团化办学是职业教育管理体制、运行机制和人才培养模式的重大创新,是强化企业重要主体作用、解决人才培养供给侧与产业需求侧"两张皮"问题的重要举措。

(二) 实践背景

为解决学校人才供给与企业人才需求脱节的问题,学校于2010年牵头成立江苏地质职教集团,发挥集团平台作用,推进教育教学改革,不断深化产教融合,积极探索集团化办学的人才培养模式创新。经过两年集团化办学实践,学校于2012年7月开展了江苏联合职业技术学院教学研究课题《集团化办学人才培养模式创新研究与实践》(2014年12月结题),对人才培养供给侧进行改革探索,创建了人才培养融合方式,并以此为基础构建了人才培养模式(如图2-2)。成果依托职教集团平台,加强集团内成员之间的联系,整合教育资源,实现职教资源共享,有效解决了学校人才培养与企业需求不匹配的问题,已成为促进中、高职院校和企业优势互补的新模式,取得显著效果。

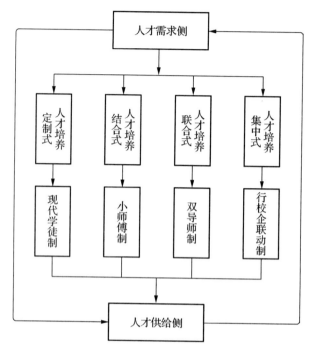

图 2-2　人才培养供给侧与产业需求侧融合模式

二 实践内容

(一) 依据集团化办学优势,创建人才培养融合方式

学校发挥集团化办学优势,大胆探索创新,从产业需求侧分析入手,充分发挥行业企业在人才培养过程中的主导作用,积极推进人才培养供给侧改革,创建了四种人才培养融合方式。

1. 定制式培养

当用人需求超过 20 名时,由校企紧密合作进行整建制订单培养,毕业前进入企业参加预就业式顶岗实习(如图 2-3)。

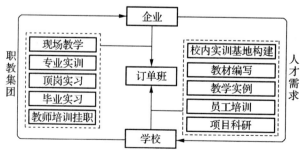

图 2-3　定制式人才培养融合方式

2. 结合式培养

充分发挥学校、企业、科研院所、职业技能鉴定机构、行业协会等多方面的资源优势,将零星人才需求结合起来,根据需求分类进行个性化定制培养(如图2-4)。

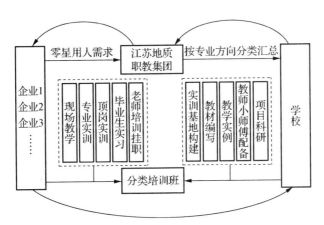

图2-4 结合式人才培养融合方式

3. 联合式培养

满足学生和企业职工提升学历需求,充分利用职教集团内高校办学资源进行校际合作,联合开展学历教育(如图2-5)。

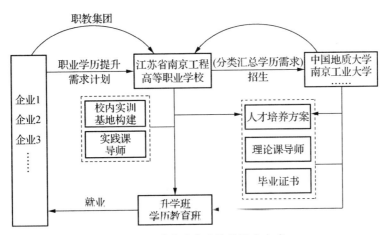

图2-5 联合式人才培养融合方式

4. 集中式培训

依托行业协会、骨干企业,满足行业企业人才需求,集中开展技术技能型紧缺人才培养培训工作(如图2-6)。

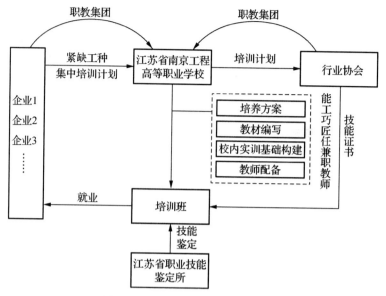

图 2-6 集中式人才培养融合方式

(二) 基于人才培养融合方式,构建了人才培养模式

根据人才培养融合方式的不同要求,构建了与其一一对应的人才培养模式。

1. 现代学徒制

满足定制式培养要求,通过职教集团内校企深度融合,将教师班级授课和企业师徒传授有机结合,共同培养技术技能型人才的现代人才培养模式(如图 2-7)。

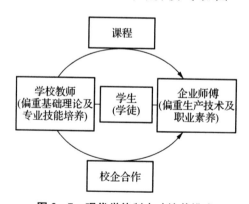

图 2-7 现代学徒制人才培养模式

2. 小师傅制

针对结合式培养特点,运用分类教学法,聘请顶岗实习优秀学生担任小师傅,配合指导教师对零星人才需求进行岗位能力培养训练。

3. 双导师制

为有升学愿望的学生和企业职工配备校内导师、高校导师,即"双导师",通过校际合作,联合进行学历教育的人才培养模式。

4. 行校企联动制

学校与行业协会、骨干企业合作,集聚各方资源,面向行业开展职工集中培训和职业技能鉴定工作。

(三) 建立集团化办学运行机制,实现人才培养结构要素的融合

学校作为江苏地质职教集团理事长单位,积极探索集团化办学有效途径和方式,着力完善职业教育集团化办学制度机制,建立职业教育与产业对话机制,推进校企深度融合、一体化办学,促进形成具有行业特色的校企合作办学体制和良性的运行机制。建立了集团三级管理平台:一级为集团成员单位联合成立的集团理事会,是整合资源、争取政策、寻求支持、接纳合作、服务相关企业、搭建合作交流平台、指导学校与各理事单位之间建立实质性的合作关系、检查校企合作项目的执行情况、促进学校与企业共同发展、负责决策重大事项、协调解决问题、保证集团正常运转的集团顶层合作平台。二级为理事会下设集团秘书处和专业指导委员会,其中集团秘书处是集团的日常管理机构,是监督落实集团年度工作方案、管理集团各类信息、筹备组织集团会议、管理档案、起草集团各类文件、承担宣传联络工作、处理集团内人财物的管理。专业指导委员会由各行业协会、学校(院)和骨干企业各专业的专家、技术骨干组成,负责协调企业用人需求调研、专业人才培养方案制定和专业建设等工作,是集团专业合作平台。三级为项目工作组,根据工作需要适时成立,主要围绕订单管理等方面开展工作,是集团合作项目实施平台(如图2-8)。集团在标准建设、资源整合、系统服务和质量监控等方面进行全面设计,对集团内部的各项工作进程和教育培训质量进行评价,建立起了一个集组织、行政、质量管理、绩效考核等为一体的制度体系,并通过强有力的方式组织实施,将学校人才培养的各个环节与企业等市场主体有机地联结起来,确保了整个集团有序发展并具有活力。

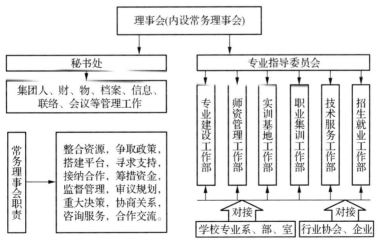

图2-8 江苏地质职教集团组织机构与运行机制创新

三 实践过程

(一)理论研究与实践探索阶段(2010年12月—2012年12月)

2010年12月,经江苏省教育厅批准,学校牵头成立江苏地质职教集团。集团由来自煤炭、测绘、国土资源、冶金和建筑等行业的省内外80余家行业协会、科研院所、学校、骨干企业组成,以学校为基地,以行业为背景,本着"优势互补、资源共享、互惠互利、共同发展"的原则,促进各成员单位在平等、互利、协商的基础上,开展全方位合作。通过两年集团化办学实践,学校在专业建设、课程开发、人才培养、师资队伍建设、实训基地建设、项目合作、技术开发和学生就业等方面都取得明显成效。在此基础上,学校向江苏联合职业技术学院申请教育教学改革课题"集团化办学人才培养模式创新研究与实践"并获立项,于2012年7月顺利开题。课题组结合集团化办学实践,做了大量调研,借助经济学、教育学基础理论,搜集国内外教学理论和成果案例,对基于集团化办学的人才培养模式进行了创新研究,创建了四种人才培养融合方式,构建了与其对应的四种人才培养模式。

(二)集团化办学实践阶段(2013年1月—)

学校应用课题成果,整合集团资源,在推进产学结合、校企深度融合过程中先后形成五种校企合作方式:① 在企业建立教学站,实施工学交替的"苏州华荣电子"形式,由学校向企业派驻专业教师,与企业工程技术人员、管理人员一同为学生进行专业授课与培训;② "订单式"培养的"南卓动漫"冠名班形式;③ 引企入校,创建产教结合经济实体的"工程—祥瑞检测生产实习基地""工程—爱苏SMT生产实习基地"形式;④ 创办"江苏大地测绘院"企业形式;⑤ 校企共建"江苏省地质工程土工试验室""德高旅行社"等;与江苏基桩工程公司等集团成员合作,先后承担南京地铁二号线东延线工程地面及地下部分路段详细勘察施工等多个国内和援外工程项目。在校校合作方面,学校与中国地质大学等多所省内外高校合作在校内建立了高校教学点,聘请学校与高校教师共同授课,提供学历教育。经过综合分析,实践取得良好效果。

(三)推广应用阶段(2013年7月—)

推广应用阶段,学校集团化办学成果的实践与显现的成效,引起了社会关注,经过媒体宣传报道、学术会议专题汇报、成果论文公开发表等渠道,引起兄弟院校的普遍关注,先后有湖南工程职业技术学院等省内外60余所学校来校学习交流集团化办学经验,并积极推广实践,均取得良好效果。毕业生也受到用人单位的欢迎与肯定。

四 实践针对的问题及成果

(一)依托职教集团创建的人才培养融合方式,解决了人才需求多样化问题

人才培养融合方式满足了从零星人才培养需求到订单班培养、从学历教育到社会培训的不同需求,实现了人才培养的一条龙服务。

1. 实行"订单式"培养,供需对接,产教融合,推动校企共生发展,互利双赢

实行"订单式"培养,学校按照企业需求设置专业,由企业能工巧匠在真实生产环境中对学生进行生产示范和指导。通过教学与实践训练紧密结合、实践教学与就业岗位紧密对接,提升教学质量。学生就业和企业用人实行双向选择,既保证学校人才培养出口畅通,又为企业输送了更多的技术人才,学校、企业实现了"双赢"。

2. 中高职共同建立现代职教组合体,贯通学历提升通道

集团办学组合体在人才培养方案、师资队伍互聘、教学条件和教育模式上按照统一的标准、思路和要求进行人才培养,通过中高职衔接提升学历和职业素养。

3. 建设与地方支柱产业相衔接的重点专业群

以集团化办学为依托,行企校紧密合作,建设了重点专业群,面向行业企业开展职工培训、职业资格认证、技能型人才培养。

(二) 基于融合方式构建的人才培养模式,解决了产教脱节、学非所用的问题

基于人才培养融合方式构建了更加适合校企合作的人才培养模式。通过校企共同开发课程,共同建设校内外实训基地,共同完成订单培养,共同开展项目开发、技术革新、生产服务,实现招工即招生、学习即工作、上课即上岗、课程即项目,真正达到了"无缝对接"的校企合作办学模式。

1. 专业建设与行业产业发展对接

每个专业群与多个实力较强的行业企业之间建立了紧密型的长期合作关系,共建校内外实训基地,推行工学结合的学习模式。

2. 校内外实训基地与企业生产车间对接

校企合作建立了多个长期稳定的校内外实训基地,为学生提供了广阔的实践平台和就业基地(如图 2-9)。

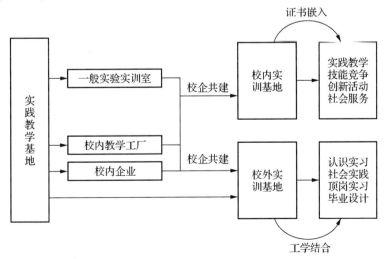

图 2-9 校企合作共建校内外实训基地

3. 学校专业教师与企业技术人员对接

安排专业教师到企业挂职锻炼,提升业务素质和操作技能;聘请企业能工巧匠担任兼职教师,把企业最新的技术成果引入课堂,面对面直接指导学生进行专业实践活动。

4. 学校培训与企业岗位对接

以订单式人才培养为主线,以变招工为招生、订单式培训工作为重点,打造以教师、师傅深入指导学生(学徒)为支撑的一种人才培养模式,脚踏实地,真抓实干,着力推进校企深度融合(如图2-10)。

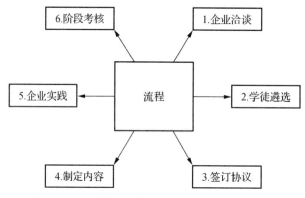

图 2-10 开展现代学徒制人才培养的工作流程

(三)利用职教集团优势,解决了行校企合作结构要素的孤岛问题

1. 形成人才培养结构要素的四融合

依托职教集团平台,实现了实训基地与生产车间的融合、教师与师傅融合、学生与学徒融合、教学过程与生产过程融合,有力保障了学校办学质量和企业生产效益的统一、学校办学地位和企业主体地位的统一以及师生在学习实践中的统一。

2. 解决了教师职教能力提升渠道不畅问题

通过校企紧密合作,学校教师走进"企业门",企业人员走进"学校门",双方共享专业人员队伍,搭建师资共建平台,克服了教师参与企业锻炼难或流于形式的问题。

五 实践的推广应用效果

(一)建成一批共建共享教学资源,并得到广泛应用

建设了省级岩土工程高水平示范性实训基地,牵头制定了省五年制高职地质类专业指导性人才培养方案。编制了中职100余门专业教学标准,其中1门教学标准被国土资源部职教指导委员会列为专业教学标准制订样本。开发了56本配套教材,已在江苏40多个职业院校使用,其中有8本教材被评选为教育部"十二五"规划教材。建设了6个共建共享教学资源库,并在全国职业学校广泛使用。有3个教学案例入选省国家改革发展示范学校项目建设案例选,并在全国公开发行。发表集团化办学相关论文20余篇,被引用45次,下载参考达到1 800余次。成果通过全国国土资源专业指导委员会经验交流、省骨干教师培训讲座、全省18个专业协作委员会的交流、校际交流等渠道向省内外职业院校推广,并在扬州高职校、湖南工程职业技术学院等省内外60余所院校运用,成效明显。

(二)成果的实践为"双师"培养发挥了重要作用

与中建八局三公司合作,承办教育部中职建筑类青年教师企业实践项目,共培训50余名土木水利类专业教师,项目被省教育厅评为2013年省级优秀培训项目。经过几年集团办学实践,共培养出省有突出贡献中青年专家1名、省级专业带头人9名、省级"青蓝工程"骨干教师3名、省职教领军人才培养对象2名、省级教学能手5名、省级金牌教练3名、全国及江苏省德育先进个人各1名、省级优秀教学团队2个。

(三)提升了人才培养质量和办学水平

学生在各级技能大赛中比赛成绩稳步提升,近5年共获得国赛金牌11枚,银牌3枚;省赛金牌57枚,银牌50枚。毕业生双证书取得率100%、初次就业率98.6%、对口就业率91%。通过对毕业生以及用人单位的回访,用人单位对毕业生评价都非常高,涌现了2007届徐智勇、2010届丁莉伟、2013届喻晨伟等多位优秀毕业生。学校2013年获得2项省教学成果特等奖、2项国家教学成果二等奖,2014年被评为"江苏省职业教育先进单位""全国教育系统先进集体",2017年被确定为第44届世界技能大赛中国集训基地。目前,学校已成为省地勘、煤炭、测绘等行业的人才培养基地。

(四)主流媒体广泛关注集团化取得的成果

中央电视台新闻频道、中国教育报、新华日报、南京日报等主流媒体多次专题报道学校集团化办学情况,其中,南京日报报道的《地质勘探类专业高职毕业生就业吃香》、中央电视台新闻频道报道的学校多组合并进助力职教发展等,都产生了广泛影响。集团化办学成果先后荣获南京市教学成果一等奖、省教学成果二等奖。

六 实践的创新点

(一)实现集团化办学人才培养融合方式与供给侧改革理念的创新

企业人才需求具有动态性和不确定性,难以形成"人才需求拉动";作为供给方的学校因缺乏与企业的有效沟通,在培养目标、实践教育环节等方面存在局限和不足,导致人才培养与企业需求脱节。为破解由此产生的人才供给不平衡、不充分问题,学校从需求侧分析入手,创新集团化办学人才供给的理念,充分发挥行业企业在人才培养过程中的主导作用,创建了四种人才培养融合方式:利用集团平台优势实时收集行业企业用人需求,在集团内分享;根据不同人才需求类型,由集团、行业企业和学校三方联合制订招生计划;立足行校企合作的不同深度,灵活、弹性地实施不同的培养方式,最大限度满足企业用人需求,提升了职业教育人才供给的效率与活力。

（二）实现集团化办学人才培养融合方式与模式的集成创新

根据融合方式对人才培养的不同要求,学校依托职教集团构建了"现代学徒制、小师傅制、双导师制、行校企联动制"四种人才培养模式与其一一对应。在人才培养过程中,学校积极推进校企全过程合作。根据学员岗位面向的共性和个性需求,灵活选择教学模块及教学组织方式,实行校企共同参与的"柔性化"教学管理模式,校企共同实施课程管理、共同评价课程实施效果。建立了人才培养的"互动""互通"和"互融"机制,创新了集团化办学人才培养模式(如图2-11)。

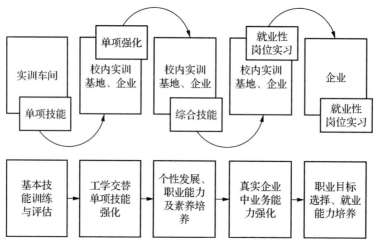

图 2-11 集团化办学校企互动人才培养机制

（三）实现职业教育集团化办学结构要素融合与运行机制的创新

集团通过教育与产业、学校与企业、专业设置与职业岗位、课程教材与职业标准、教学过程与生产过程的深度融合,把学校、企业等主体和人才培养的各个环节有机联结,促进人才培养效益的最优化。建立了校企共担责任的推进机制、共建共享的交流机制、互惠互利的合作机制和相互融通的激励机制,对校企合作各方的责、权、利进行规范,明确了校企合作的举措和实施途径,使集团在校企合作的探索创新等方面作用得到充分发挥,开创了职教集团运行的新机制。

3　学校企业错时工作，深度合作互利共赢

通过近几年的改革实践，职业教育界已经认识到校企合作是职业院校强化内涵、提升质量的重要途径之一。但校企深度合作，往往受制于校企资源不能真正互享、校企工作时间不一致等不利因素的制约。企业生产的时间与学校教学的时间往往是同期的，导致企业的工程师来校兼职不容易、学校教师到企业挂职锻炼也不能顺利实现等诸多问题。《国务院关于职工工作时间的规定》中明确指出：国家机关、事业单位实行统一的工作时间，星期六和星期日为周休息日。企业和不能实行前款规定的统一工作时间的事业单位，可以根据实际情况灵活安排周休息日，国家政策为错时工作提供了可能。

因此，职业教育要充分利用时间差，创造性地实行错时工作制度，解决校企合作过程中的一些问题，真正达到强化学校内涵建设，提高学生培养质量的目的。

一　创新错时工作制度，巧打"时间差"

在排球比赛时，某些队员利用"时间差"频频得分，给全队夺取胜利奠定了基础。时间差是指队员进攻时，利用对方拦网队员起跳时间的误差，达到突破对方拦网目的的一种打法。赢球的关键在于，在对方球员未反应过来、战术未调整之前，把球扣杀过去得分。观看排球比赛，联系职业教育，我们可以思考如何充分利用时间差、工学结合培养高技能人才。

有位领导干部自创了"四差理论"，其中有一个就是"时间差"理论，即"改革就是打时间差"，你没改我改了，你后改我先改，那么先改的早改的肯定占便宜，只要没有改错，就打时间差。"什么是抢抓机遇？当别人打瞌睡时，你率先把事情办了就是抢抓住了机遇。如果等到大家都看明白了再动手，那抢抓到的肯定不是机遇，顶多是个机会，有时甚至连机会都算不上。"在培养技能型人才方面，结合当前社会和学校的实际情况，我们需要"天黑赶路，天亮进城""领先一步，胜人一筹"，把工学结合这种形式发挥好。一般学校实行周一至周五工作，周六至周日放假的作息制度（另外有寒假、暑假两个假期）。然而这种作息制度也可以根据学校的情况做出调整。笔者以江苏省南京工程高等职业学校百家湖校区为例做出说明。校区从2009年上半年开始,积极进行教学改革,探索学生岗位认知实习的新路径,同时校区选派得力的教师,全力配合麒麟门总校区参加招生宣传工作。学生参加岗位认知实习需要选派教师跟随入企业;招生宣传工作十分繁重,而且往往需要在工作日出去,周六周日初中生也休息。频繁的教师工作调整给教学管理、学生管理带来了很大压力。为了能较好地解决这个问题,校区领导征求了教师的意见,创造地实行了错时工作制度,实行周日至周四上班,周五至周六休息。通过调整作息时间,打"时间差",校区圆满地完成了安排学生岗位认知实习,全力配合招生宣传工作的任务。当然,具体如何错时,各职业院校可根据实际情况做出不同的安排。

二 校企实现深度合作,资源共享

学校实行错时工作,周一至周五可有一至数天不上课,休息日也可安排一天上班或两天都上班。那么学校教师就可利用周一至周五的某天前往企业、高校及其他职业院校,而企业人员也可利用周六周日的某天来到学校,从而校校合作、校企深度合作、资源共享的目的就可以达到。具体可从以下几个方面取得进展。

（一）校校合作资源共享

错时工作后,职业院校的教师可以利用周一至周五的某天前往高校或同类学校,去观摩、培训、做实验、做课题。这在某种意义上可以看成校校合作。另外,有些学校还有分校区,分校区可以更好地利用总校区的各种资源。江苏省南京工程高等职业学校百家湖校区的实习实训有相当的部分是在麒麟门总校区进行的。调整作息时间后,总校老师可以在周日来百家湖校区兼课,而百家湖校区老师也可以在周五到总校去观摩、做实验、做课题。同时,还可以利用周五休息,到周边其他高职校乃至大学里面去学习、进修。

（二）专任教师到企业挂职锻炼（"星期五"工程师）

专任教师可以利用周五到企业挂职锻炼,这样就把参加企业实践常态化,而不仅仅是寒暑假。学校里具有较高理论水平和实践经验的教师可以踊跃到乡镇、集体企业应聘担任"星期五工程师",向急需技术的乡镇、集体企业贡献智力,或到企业或社区承担项目。在职业院校,将会出现一批"星期五工程师",有利于教师队伍"双师化"。

（三）企业工程师来校兼职

学校的兼职教师中,来自企业的工程师或技师应该占很大的比例,但由于企业考勤等原因他们不方便出来。如果能够周日上课,我们把他们这天的课程排满一点,是可以做到的。这样就能够优化兼职教师队伍,推进教学改革,提高教学效果。

（四）把课堂办到企业的车间

在企业生产任务繁忙、需要大量人手时,学校可以把学生安排到企业实习,集中训练某一方面的知识与技能,选派老师到企业的车间去给他们授课,同时他们再利用企业的设备、材料进行训练、生产。江苏省南京工程高等职业学校在组织机械专业的学生进行岗位认知实习时,选派了丁艳、高明惠老师到企业给学生授课。学生们不光增加了知识,提高了实际动手能力和业务水平,还得到了一定的报酬,体验了劳动的辛苦与成果。

(五)高年级学生指导低年级学生

江苏省南京工程高等职业学校麒麟门校区已经通过高级工考试同时具有一定表达能力的高年级学生,完全可以来协助老师指导低年级学生的实习,成为小实习指导老师。在指导低年级学生或中专学生(主要在百家湖校区)的时候,他们自己也得到了锻炼和提高。但是他们的身份还是学生,平时还要上课,外出不便。当百家湖校区实行错时工作制度后,周日上班。小实习指导老师的问题顺利地解决了。

江苏省南京工程高等职业学校麒麟门校区有数位高职毕业生到百家湖校区担任实习教师、教务员等;地质系测量专业有毕业生留校担任实习教师,他们在三年级时就通过了高级工的考试,经过老教师的传帮带,他们现在已经能够独立地带低年级学生进行测量的实习实训。

三 培养高技能人才,校企互利共赢

高技能人才,是指具有必要的专业理论知识,能够熟练掌握专业技术及现代设备的操作技能,在生产和实践领域能解决关键技术和操作难题,并具备一定创新能力的高素质劳动者。高技能人才的内涵:具有较高的专业理论水平和操作技能,大专及以上学历层次,较高的思想素质、健全的心理素质、健康的体魄,较强的综合应用能力。"双元制"职业教育是一种很好的工学结合的形式,指职业学校的学生在两个不同的教学地点,即企业和职业学校,接受教育和培训。"双元制"职业教育有三个主要特征:一是有两个培训地点。在德国,职业学校的学生一般每周在企业的培训时间是 4 天,在学校学习的时间只有 1 天。当然也有例外,例如某些地方的学生在企业和学校的时间比则是 3.5 天比 1.5 天。二是有两套培训计划,企业和学校分别有一套。三是由两方支付费用。学生在企业培训的费用由企业支付,在学校上课的费用则由州政府支付。而在原来学校实施的教学体制下,学校的作息时间和企业一样,学校上班企业也上班,学校周六周日放假,企业大半也放假了,学生很难有机会到企业去生产实践,企业的工程师也无法来到学校担任技能教练。高技能应是高等职业学校学生的一个最鲜明的特点。反观我们现在的理论教学和实习实训所安排的时间,就会发现我们的学生真正用于实习实训的时间不仅少得可怜,而且质量上也难以保证,这对高技能能力的培养十分不利。如何加大实习实训? 首先,在指导思想上要真正突出职业性和实践性。第二,在具体做法上,一是必须切实做好与行业、企业的深度合作和融合,变在企业实习为在企业培训,使学生在企业的时间尽可能长一些,而企业又乐于接受。二是加大对校内实习实训场所建设的投入,在与培训企业不重复的前提下,尽可能做到"现场化",朝着校内实习实训场所即为校外工作场所,学生的实习、毕业作品即可转化为市场商品的方向努力,也包括多功能"一体化"教室的建设。第三,积极呼吁,争取政策,使得实习实训和理论教学课时的时间调整"合理合法"。

四 探索工学结合的教学模式

工学结合是推进专业课程改革的很好的切入点。在积极探索"产学结合""工学交替""顶岗实习"等教学模式及其相应的管理制度的过程中,我们发现,如果作息时间不调整,学生的顶岗实践、半工半读很难实现,在教学管理方面的难度非常大;如校企错时工作,周五学校能有空闲,企业上班,学生就可以在老师的带领下到企业实践,这样就不影响平时正常的教学环节和教学秩序。

创新,是人类社会发展生生不息的动力,创新是人类文明进步的本质特征和独有品格。学校企业错时工作是一种学校管理制度层面的创新,它能够促进校企双方加强深度合作,从而达到互利共赢的局面。深刻理解校企错时工作的实质并创造性地应用,必将有利于职业学校更好地培养高素质的技术工人和劳动者,有利于我国企业界更好地与职业学校合作培养高技能人才,有利于我国的职教事业更好地发展。

4 培养鲁班需要制度作出安排

日前,教育部部长陈宝生在十二届全国人大五次会议记者会上表示,职业教育是我们国家实现现代化最重要的智力保障。我们既需要培养爱因斯坦、培养爱迪生,也需要培养鲁班。目前,在职业教育方面,还存在重普通教育、轻职业教育的理念问题,以及重课堂教学、轻实践能力培养的教育教学方面问题。对此陈宝生部长提出了发布制造业人才规划指南,发布脱贫攻坚规划,促进产校融合,促进校企合作,加强师资队伍建设,作出制度安排,在制度上解决现在职业教育和普通教育相分离的状况七项"管用"的措施。笔者认为,陈宝生部长从顶层设计的高度对职业教育把脉开方,方向看得准,问题挖得深,举措提得实,既是高屋建瓴的战略部署,也是落地生根的战术安排。

习近平总书记曾多次强调,改革要推出叫得响、立得住、群众认可的硬招实招,把改革方案的含金量充分展示出来,让人民群众有更多获得感。作为一名老职教工作者,笔者感到,陈宝生部长提出的要培养鲁班,要为现代化建设提供两个公共产品——在全社会通过职业教育能够弘扬工匠精神和提供大量的大国工匠,正是我国当下发展职业教育的"硬招实招"。

培养鲁班,提供两个公共产品,是时代发展的客观要求。我国经济社会发展已经进入了新的历史时期。这一历史时期要求职业教育要培养更多更好的技术技能人才,要为我国现代化建设提供人才支撑。放眼瞭望当前的职业教育,重课堂教学和传授知识、轻实践能力和职业精神培养以及脱离社会办学校、脱离行业企业办专业、脱离岗位开课程、脱离实际练技能等,仍是较为普遍的现象。从这个意义上说,目前社会缺乏的不是一般意义上的技能训练和技术技能人才培养,而是缺乏追求完美、精益求精的工匠精神和能与大国重器相匹配的大国工匠。因而,弘扬工匠精神、培养大国工匠,是经济转型升级的急需,也是我国从"制造大国"向"制造强国"转型的时代呼唤。

培养鲁班,提供两个公共产品,需要全社会的高度重视。长期以来,由于受传统观念的影响,职业教育一直处于"低人一等"的地位。这样的社会定位,阻碍了职业教育的健康发展,影响了经济社会的发展水平,干扰了人民群众期盼子女成人成才的多样性需求,更直接破坏了产生"鲁班"的环境和土壤。因此,培养鲁班需要社会全体成员共同营造既能"培养爱因斯坦、培养爱迪生"也能"培养鲁班"的良好环境。值得注意的是,不能一提重视职业教育就是单纯地抓评估、树示范、设项目、给经费。对于职业院校来说,更为重要的是打破原有束缚、激发办学活力、给予政策保障。换言之,重视职业教育,要让职业院校能够静心办学,让职校教师能够潜心育人。

培养鲁班,提供两个公共产品,更需要顶层设计和制度安排。国家统一管理教育,是我国教育体制的核心。因此,要正确认识职业教育地位和作用,要让全社会对职业教育"高看一眼,厚爱一分",就必须精心做好顶层设计,稳妥做好制度安排。只有从制度层面着手,才能从根本上解决普通教育和职业教育相分离、职业教育是层次教育而非类别教育、职业教育是学生和家长的被动选择等问题。

培养鲁班,提供两个公共产品,还需要职业教育自身有所作为。当前,国家大力发展职业教育,重点扶持职业教育,广为宣传职业教育已经到了"空前"的程度。顶层设计初步形成、现代职教体系构建初显成效、职业教育的社会地位不断提升、人民群众对职业教育的认可度越来越高,所有这些都为职业教育健康可持续发展提供了广阔空间和良好氛围。因此,职业教育工作者要自觉承担发展重任,深化教育教学改革,把立德树人放在首位,切实推进产教融合,持续强化专业建设,加快培养"双师型"队伍,为社会经济发展提供有效供给。"高看一眼,厚爱一分",是国家对职业教育的呵护与关怀,职业教育工作者必须勇于担当,勇挑重担,才能不辜负这一历史使命和时代重托。

江苏地质职业教育集团办学机制的实证研究

江苏省南京工程高等职业学校牵头组建了江苏地质职业教育集团。本文基于江苏地质职业教育集团办学机制的实证分析，从集团化办学校校合作、校企合作、国际合作三个领域的基本内涵、办学权利的获得、运行机制等方面进行分析研究，以期为职业院校校企合作运行机制的建立、可行性政策的制定提供借鉴和参考。

一 江苏地质职业教育集团内部校校合作办学机制的实证分析

（一）职业教育集团校校合作办学的基本内涵

职业教育集团校校合作的基本内涵是以多所学校联办的方式组建职业教育集团，以名牌学校为龙头，实现职业教育体系内部各层次纵向衔接及不同教育层次横向贯通，集成发展，集团成员学校资源共享，各成员学校具有相对独立性。校际合作的集团化办学主要以全面培养学生素养为基本特征，主要合作结合点是专业分工、专业对接和证书培养。通过校校之间的联盟，形成一定的规模优势，提升综合竞争力。

职业教育集团校校合作的表现形式有：一类是由政府牵头，对一个行政区域内的职业教育资源加以组合或整合，组建职业教育集团，其目的表现为对无序竞争的遏制和保证重点投入。这种形式的特点是：集团涉及中高职多种层次的学校、培训机构及行业管理部门，较少引入企业界及用人单位的参与。另一类是由政府相关部门或行业协会发起，以行业企业的需求为核心，联合行业学校、行业企业组建的职教集团。这种形式的特点是：以行业为依托，以专业为纽带，以职业教育的教学、培训、服务为主要活动，中职、高职、培训相衔接。集团的办学宗旨明确，专业特色明显。成员学校之间虽然是一种松散的联盟，但是有着共同的利益取向。

（二）江苏地质职业教育集团校校合作典型案例分析

由江苏省南京工程高等职业学校牵头组建的江苏地质职业教育集团，是联合地质类中等职业学校、五年制高等职业学校、职业技术学院和本科院校参加,并吸引一批规模较大的地矿企业加盟,以人才培养和科研发展为纽带,按照平等自愿的原则结成的非营利性的社会组织。该集团积极探索构建了以人才链、生源链、产业链、师资链、成果链、信息链为主要链接方式的运作机制,取得了一定的成效。

1. 人才链

在集团内的学校,根据企业对人才的专业、规格、数量、质量的要求,量体裁衣,科学设置专业和人才培养方案,培养适销对路的人才。企业根据人才需要,为学校建立生产基地,合理配置相应的实训等教学资源。校企形成良性互动,构建人才链。

2. 生源链

运用"3+2"的五年制培养模式、"3+3"培养模式,高职和中职校联合培养高等职业技术人才;利用"5+1"培养模式,高职和本科院校联合培养工程型技术人才,从而借助"生源"这一特殊的载体使集团成员之间有效地链接在一起。

3. 产业链

集团依托主干专业,创办企业,形成了产业与专业的良性互动和完整的产学研结合链条,推进了整个集团产业化的进程。

4. 师资链

通过校际合作以及与产业部门的合作,调整教师队伍结构,提升师资素质,优化教师资源配置。如,南京工程高等职业学校的教授、副教授既承担本科院校学生的论文指导与答辩工作,又承担中职校、培训机构的教师和学员培训工作。

5. 成果链

通过产学研的紧密结合,集团的科研成果在集团内部企业和成员学校内得到有效的转化。学校有三项专利技术在企业开花结果。

6. 信息链

集团建立了全方位的信息共享机制,实现了科研成果共享、技术共享、信息共享等,从而提高应对市场风险的能力。

(三) 江苏地质职业教育集团校校合作办学运行基本方式

江苏地质职业教育集团校校合作办学运行的基本方式是由示范性职业院校牵头,以合资、合作等方式,联合兄弟院校,吸收行业、企业、咨询服务机构,通过缔结合作协议,制定集团化办学章程,经过有关程序获得集团化办学主体资格。当前在我国教育体制下,校校合作的集团化办学参与成员都有自己独立的办学资格。因此,要处理好各校之间在招生等方面的问题。

(四) 江苏地质职业教育集团校校合作办学运行组织建设

集团实行单位成员理事会制。理事会由加入集团的学校及其他单位组成,理事会设理事长、副理事长、理事若干名,分别由集团组成单位的有关负责人担任,还聘请教育界、行业学会、行政主管部门及其他知名人士担任,其中,理事长一般由牵头院校担任。理事会是集团的最高权力机构,通过制定相关的章程和制度,对集团化办学起决策、统筹、协调、融资、咨询和支持服务等作用。理事会下设若干专业建设委员会和秘书处。

秘书处是集团理事会的日常办事机构。

二 江苏地质职业教育集团内部校企合作运行机制的实证分析

(一) 职业教育集团化办学校企合作的基本内涵

校企优势互补、互利双赢,基本上是以产学研结合为纽带,集合发展;学校是集团的主体,企业或行业为教育服务,实行开放式、动态式管理。目前校企合作组成集团式办学是按产业界要求,由学校和企业共同培养人才,人才培养质量取决于学校和企业合作的深度和范围。校企合作集团化办学的主要特征是学生实践情境更加真实,突出了专业的针对性和岗位的针对性。校企合作集团化办学重点解决了职业院校与企业在资源上的共享与利用,即职业院校更好地利用企业资源,提高人才培养水平和就业质量;企业利用职业院校的人力资本优势,在员工培训、技术研发等方面形成稳定的合作。

(二) 江苏地质职业教育集团校企合作典型案例分析

江苏地质职业教育集团由江苏省南京工程高等职业学校牵头组建,实行顾问委员会下理事会负责制的管理体制。顾问委员会由江苏省教育厅、江苏省地质矿产勘查局、江苏省测绘局和江苏煤炭地质局等教育和行业主管部门的领导专家组成。集团有81家成员单位,均是来自国土、地质、勘察、煤炭、冶金、测绘、建材等行业的骨干企事业单位与大中专院校。集团成立两年来,整合学校和社会两种资源,进行了务实性运作,重点开展了以下工作:

1. 在企业建立教学站。由集团向企业派驻专业教师,与企业工程技术人员、管理人员一同为工学交替的学生进行专业授课与培训。

2. 集团主干专业创办企业。其中测绘专业创建"南京大地测绘院",获得测绘专业资质,探索主体双元一体化人才培养模式。

3. 校企共建实训基地。"工程—祥端检测生产实习基地""江苏省地质工程土工试验室"实现生产经营、人才培养双丰收。其中,建成1个国家级实训基地——岩土工程技术实训基地。

4. 探索订单培养新模式。除了整建制订单培养外,根据各企业人才的零星需求,探索"结合式订单培养模式";根据各企业人才的规格和层次性需求,与成员学校——中国地质大学、南京工业大学等学校联合,探索"联合式订单培养模式",以满足企业对人才的多样化需求。

5. 引企入校,校企联手,共同培养高技能人才。

6. 与全省工程勘察行业协会联手,承担全省土工试验工、测绘工、编录员、钻探工等工种的培训、职业技能鉴定、取证工作,扩大了集团在行业企业的知名度和影响力。

7. 集团承担国土资源厅职工选手参加全国技能大赛训练项目,承办江苏省煤田地质局"鑫长江杯"职工技能大赛项目,行业部门每年为集团提供近1 000个就业岗位。

(三)江苏地质职业教育集团校企合作办学运行基本方式

由具有行业背景的职业院校牵头,联合深度合作的大中型企业,或以骨干企业为主体,学校为主导,吸收兄弟院校、科研院所、咨询服务机构通过缔结合作协议,制定集团化办学章程,经过有关程序获得集团化办学主体资格。

政府政策上应允许由集团化办学的成员单位共同组建一个具有法人资格的,能够承担经济社会责任的实体。从吸纳成员的途径来看,除成员自愿参与的形式外,应允许以技术加盟或签约入股的形式成立集团,用共同的利益为捆绑机制增强凝聚力。在现行教育体制下,为确保学生的利益,校企合作的集团化办学都应以学校为主进行招生,以校企合作等形式进行人才培育。

三 江苏地质职业教育集团国际合作办学机制的实证分析

(一)职业教育集团化办学国际合作的基本内涵

职业教育集团化办学国际合作,是指集团办学实行跨国职业教育技术援助与合作计划。其目的是培养学生的国际意识和全球化视野,引导学生以全球的眼光和开放的心态积极吸纳世界优秀文化,从而使学生具有复合式知识结构和综合素质。通过集团化办学国际合作,引进国际优质职业教育资源,学习借鉴国外先进的职业教育教学理念、人才培养模式、教育技术手段和教育管理评价机制等,从而建立与国际接轨的现代职业教育制度,实现跨国领域职业教育技术援助与合作。

当今职业教育集团化办学国际合作基本特征主要体现在五个方面:第一,政府主导;第二,主要方式是校际与校企的联盟;第三,通过契约来联结;第四,合作的跨度大,包括跨教育类型、跨教育层次和跨行业等;第五,结合点是以专业为纽带。以上特征对我国开展集团化办学国际合作有很强的指导与借鉴意义。江苏地质职教集团理事长单位南京工程高等职业学校已经开展了与韩国东釜山大学的国际合作,并成功举办了首届中韩汉语教育培训,这为集团化办学参与学校开展国际合作与交流奠定了良好的基础。

(二)江苏地质职业教育集团国际合作办学运行基本形式

目前,我国引进了德国、澳大利亚和加拿大等国的教育资源,尤其在政府的主导下引进了德国"双元制"职业教育模式,在南京、天津等地重点建设了几所"双元制"试点职业学校,在国内产生了很大的影响。因此,政府要许可和激励集团化办学积极开展国际合作与文化交流活动。在此基础上,政府支持参与集团化办学比较好的职业学校到国外去办学,在国外设立自己的教育基地,为整个集团各层次的交流和学生出国留学提供条件,利用 2—5 年的时间,打造出我国的职业教育品牌,取得国际上的认可与支持。

(三) 江苏地质职业教育集团国际合作运行组织建设

江苏地质职业教育集团通过国际合作积极探索招收国外留学生,为集团化办学参与学校开展国际合作与交流奠定了良好的基础,使集团化办学国际合作教育资源整合的范围从国内延至国外,推动了集团化办学国际合作的内涵建设。

"顶岗实习"管理模式探索与实践

国务院《国家职业教育改革实施方案》明确提出:发挥标准在职业教育质量提升中的基础性作用。其中有一项标准建设就是顶岗实习标准建设,并在职业院校落地实施。

"顶岗实习"是学生职业能力形成的关键教学环节,也是深化"工学结合"人才培养模式改革、强化学生职业道德和职业素质教育的良好途径。《国务院关于大力发展职业教育的决定》明确指出:大力推行工学结合、校企合作的培养模式。但由于学生身份的双重性、学生普遍缺乏吃苦耐劳精神等因素的影响,在工学交替、顶岗实习过程中遇到的困难和问题很多。"工学交替、顶岗实习"教育模式在五年高职校中成功的范例并不多见。究其原因,主要有以下几点:实习管理制度不规范、职责不明晰;学生怕吃苦、思想波动大;实习岗位技术含量不高,学生有抵触情绪;实习过程中突发问题多,极易产生各种矛盾;学生在企业实习达不到其教学目标;学生被企业退回无法安排等。

江苏省南京工程高等职业学校电子工程系积极响应国家号召,努力探索"顶岗实习"的制度化安排,使之成为专业人才培养和课程改革中的重要组成部分。自2010年起先后安排6批学生分别到华宝通讯(南京)有限公司、南京华士电子科技有限公司、江苏海讯科技有限公司、南京康尼科技实业有限公司、南京光一科技股份有限公司等企业进行为期2个月的"工学交替、顶岗实习"。经过三年多的探索、实践与总结,在五年制高职学生"顶岗实习"管理运行方面,形成了一套较为成熟且行之有效的管理与运行机制、工作方法,提高了学生的职业综合素质和就业竞争力,为顶岗实习标准化建设提供了经验。

一 建章立制规范"顶岗实习"管理

1. "顶岗实习"管理制度建设

多年的实践证明,健全实习管理制度、明确责任是保证顶岗实习质量的重要保障。为加强校外实习的组织管理,提高实习质量,电子工程系组织实习指导教师、企业人事管理部门等共同制定了《顶岗实习管理规定》《学生校外生产实习协议》《顶岗实习综合考核办法》《实习标兵评选办法》《顶岗实习期间学生劳动报酬的有关规定》《顶岗实习期间校企管理人员工作职责》《学生顶岗实习期满录用办法》等文件。从制度上明确了系部、企业、指导教师、班主任和学生的职责，确定了实习考核方式，规范实习管理制度。顶岗实习期间，明文规定学生每两周要上交一份工作情况报告，情况报告都必须经企业师傅签字。同时通过企业实践考核表、生产实习情况调查表等了解企业和学生对实习的满意程度，做到有的放矢。

2. 推行校企联动管理机制

在实施"工学交替、顶岗实习"过程中，因涉及企业、学生、学校三个方面，会遇到各种各样的突发问题。企业是以利益最大化为目的的，有时会赶进度要求学生加班，有时为了提高效率会逐步增加学生劳动强度，管理方式简单强硬；学生常常会因为与管理人员的沟通不当、不能适应企业规章制度等与管理人员产生矛盾；而学校更多的是考虑学生的安全问题、学生的承受能力、工作内容能否达到教学目标，这使得选择实习项目很困难。因此只有校企双方充分了解对方的做事风格、企业生产项目、管理人员素质，互相信任，才能妥善处理好各类突发问题。

推行校企合作联动管理机制，除了要了解企业高层人员的管理理念和风格，更重要的是了解基层管理人员的综合素质。遇到各类问题，多与企业沟通协商，告知学生事情缘由，让对方都了解其底线，互相从对方角度考虑问题，寻求解决问题途径。例如在生产过程中，曾遇到个别企业的基层管理人员管理方式过于简单粗暴，学校在做好学生思想工作的同时，坚决要求企业树立企业现象，督促基层管理人员改进管理方式，维护学生权益。有些好的制度也是在和企业协商过程中制定出来的。比如"错时放假"制度，就是在商定"工学交替、顶岗实习"时，遇到放寒暑假问题，如不放假，学生不乐意，教师的补贴费用等问题也不好解决。后来在和企业协商过程中，确定采用"错时放假"，即学生实习占用的假期时间用下学期的教学周来补足，后报经学校批准后，"错时放假"成为我校解决此类问题有效的制度。

3. 发挥"小师傅"在顶岗实习中的管理指导作用

学校与南京华士电子科技有限公司、江苏海讯科技有限公司、南京康尼科技实业有限公司等企业有着多年的合作关系，每年都有完成顶岗实习进入这些企业就业的学生，经与这些企业深度合作协商，聘请这些"校友"担任顶岗实习学生的"小师傅"，参与指导后期参加顶岗实习的学生。这些"小师傅"职业道德和职业素质明显得到强化。与顶岗实习学生是同龄人，有着共同的学习背景和文化熏陶，无代沟，是情感、习惯的共同体。学校与合作企业共同制定传递式技能教学培养方案，通过同伴互动，将技能、知识、情感融通式传递。这样形成"企业师傅→教师→'小师傅'→顶岗实习学生"有效传递岗位技能的教学模式，使学生更快地适应岗位。

二 "顶岗实习"管理的实践

1. 做好顶岗实习前的技能培训和思想引导工作

顶岗实习是教学过程的一个重要环节,它不等同于就业,不能有过高的不切实际的要求,目标定位要准确。学生在顶岗实习中,会遇到很多书本上没有的具体知识和技能,因此我们在课程设置上必须根据企业要求有针对性地进行一些模拟训练,还应将企业的一些内容融入教学中。为了让学生快速达到企业所需技能水平,我们在前期将相关岗位所涉及的内容进行整合,选取了《电子产品工艺》《电子电气装配工艺》等课程作为顶岗实习前的知识准备,制定了我系《工学交替与顶岗实习大纲》,逐步把"工学交替、顶岗实习"所需的内容与专业基础课程相融合。

当前学生大都是独生子女,家庭经济条件较好,此种现状要求学校要高度重视对学生的思想政治教育,尤其要强化吃苦耐劳精神的教育和培养。在顶岗实习初期,学生可能会对实习任务、工作环境、生活习惯等不适应,此时需要具备吃苦耐劳的精神,以度过初期的适应阶段。

2. 选择技术密集型企业,实习内容菜单式

目前五年制高职学生的自立意识、民主法制意识在逐步增强,学生的价值观趋向务实化。此前媒体曝光的部分职业院校把学生安排到无任何技术含量的流水线岗位进行"廉价打工"的现象,使得师生对于低技术含量的"工学交替、顶岗实习"有一定的抵触情绪,学校推行起来也困难重重。

江苏省南京工程高等职业学校电子工程系在实习项目安排上,首先就是要考察各类企业工作岗位的技术含量,摒弃无任何技术含量的流水线岗位,所有安排决策都让师生参与其中,采取学生代表一票否决制度,实习内容决策公开透明,实习成效明显,矛盾较少。例如在安排电子专业49人到南京华士电子科技有限公司实习时,先由系部领导、教研室主任、班主任、专业教师一同到企业实地考察,了解到该公司这批任务主要是做动车配套大功率辅助电源,具有较高的技术含量,并且主要是进行产品组装、检测、调试等,符合我校的教学计划和实习要求,劳动强度也适中。随后我们安排学生代表实地参观企业生产流程、住宿条件等,并回答了学生代表关心的问题。在教师代表、学生代表都满意的情况下,再召开顶岗实习动员大会强力推进。学生因对实习过程有一定了解、对实习安排满意、工作积极性很高。结果本次顶岗实习学生在两个月内为企业创造了2 000万元左右的利润,并有卞丽雯等9名同学被评为优秀实习生,企业给他们额外颁发了奖金。通过实习,该班学生整体技能水平大幅提升,很多学生都被该企业提前两年签订了就业合同,三方合作非常愉快。

3. 教师企业实践与学生顶岗实习相结合

教育部《关于建立中等职业学校教师到企业实践制度的意见》明确要求,中等职业学校专业课教师、实习指导教师每两年必须有两个月以上时间到企业或生产服务一线实践。我

们把教师企业实践与学生顶岗实习相结合,要求所有"工学交替、顶岗实习"班级的班主任和专业教师进驻企业,同吃同住同实习模式。这种模式不仅很好地解决了教师企业实践的问题,同时班主任进驻企业,可以尽快消除学生实习的不适应感,协助企业管理好学生参与生产实习,切实负责学生的相关思想、技能和心理的教育和辅导。而专业教师则从专业角度指导学生进行实习,并积极主动参与实习,提高了自己实践技能水平,进而促进专业教学改革。在这种模式下,学生实习安心、教师支持、企业欢迎,整个实习形成了良性循环。四年来,江苏省南京工程高等职业学校电子工程系参与实习的学生都能圆满完成实习安排,实习学生流失率为零。

4. 发挥校内企业的实习保障作用

在实习过程中,每个班级都会遇到个别不能够适应企业规章制度被企业退回的学生,这些学生纪律观念较差、吃苦精神不够、不能很好地与他人协作,而且也很难被再次推荐到其他单位实习,如何安排这批学生就成为学校的"头疼事"。

江苏省南京工程高等职业学校电子工程系在推行"工学交替、顶岗实习"之初,从社会上引进南京爱苏电子有限公司在校内建厂,由学校免费提供厂地,主要从事SMT、电子产品组装、检验等工作。一旦有学生被企业退回学校后,则安排这些学生到校内企业进行实习,并要求企业委派技术人员进行一对一培训指导,逐步提升他们的技能水平。该企业因享受学校相关优惠政策,也能尽力配合学校做好工作。学生被企业退回后,大都能认识到自己的不足,有羞愧感,回到校内企业实习时大都能认真工作,进步较快。同时系部安排班主任、实习指导教师定期协助管理,较好地实现了全员实习的目的。

三 结语

1. 真心为学生职业技能发展考虑

在当前生源逐步紧张的情况下,只有提升内涵发展、提升学生就业层次,才能促进学校的长期稳定发展。所以实习项目的选取一定要慎重,不能选择"流水线"等简单枯燥的工种,挫伤学生学习的积极性,而要选取对学生的职业技能发展有切实促进作用的工作。

2. 实习期间薪酬待遇要公开透明

有些职业院校把学生当成赚钱工具,收取企业的"中介费"等,一旦遇到企业违反规定等问题,畏手畏脚、不敢管理,失去学生信任,给实习管理带来很多不必要的麻烦。只有把学生的工资直接发放到学生的银行卡上,不经校、系、中介转手,不把"工学交替、顶岗实习"当成赚钱活动。这样学校管理起来才能底气足,才能使学生信服学校、企业敬重学校。

总之,"工学交替、顶岗实习"工作必须从培养学生职业能力、提高人才培养质量的角度周密考虑、用心实施、不走过场,不断总结经验教训。努力提高学生职业稳定率、晋升率和企业满意率,从根本上提高人才培养质量。

校企共育"小师傅" 技能培养挑大梁

江苏省南京工程高等职业学校名师工作室团队,借鉴陶行知先生在普及教育中形成的"小先生制"理论和现代学徒制,通过教师、师傅联合传授,以培养学生技能为主的现代人才培养模式,通过校企共育"小师傅",创建了"小师傅制"技能培养模式,实现校企合作人才培养两步曲:企业师傅培养优秀学生成为小师傅,小师傅培养学生成为技能型人才。该模式解决了职业学校一直困惑于现代学徒制企业难以提供多位师傅指导学生(真正意义上的学徒制一个师傅指导 3—5 名学生)、一个师傅(教师)面向众多有差异的学生难以因材施教的问题,从而让每个学生均能获得适合的教育。

 "小师傅制"技能培养模式

(一)学校企业共育"小师傅"

学校、专业负责人、课程负责人、班主任从学生入学开始,关注每位学生的兴趣爱好、动手能力。建立一套完整的小师傅队伍选拔、培养、使用、考核与奖励机制,进行动态选拔。从不同年级层次每个班级选拔 3—5 名学生进入紧密型合作企业,由学校指定教师和企业指定师傅开展单项技能、专项技能和岗位技能的现代学徒制培养。这些技能的标准完全参照行业或企业的标准,由企业按照行规进行考核,达到要求发给相应技能证书,再由学校聘任为"小师傅"。

(二)"小师傅制"技能培养模式的内涵

经企业考核合格后学校再聘任的"小师傅",职业素养好,职业技能操作规范娴熟,在企业师傅和教师的双重指导下辅助技能教学,成为技能训练环节的帮助者和指导者,实训基地课后管理者。形成"师傅、教师主导—小师傅指导—学生主体"技能教学训练机制,目标是以点带面全面提升学生的技能水平。

(三) 基于"小师傅制"构建共生发展的合作学习方式

根据技能训练类型和要求不同,采用就单项技能或课程学习的互助式学习方式,开展同伴合作,生生达标;高年级小师傅指导低年级学生阶梯式学习方式,开展强弱合作,以强带弱;面向其他专业普及信息安全技能的辐射式学习方式,开展分类合作,共同发展;层级递进技能竞赛金字塔式学习方式,开展强强合作,扬长补短;顶岗实习传递式学习方式,开展学友合作,结对传艺。在共生发展的合作学习方式中,小师傅与学生是情感、习惯的共同体,同侪互助,实现了技能、知识、情感的有效传递。

二 "小师傅制"主要解决的教学问题及解决教学问题的方法

(一) 建立相对稳定的小师傅队伍,解决了技能培养中技能指导师傅和教师不足的问题

职业技能培养采用学徒制,一个师傅(教师)指导 3—5 名学生,言传身教,学习效率高。然而,技能指导师傅(教师)不足是职业学校存在的普遍问题。构建"小师傅制",通过"师傅(教师)荐能、系部推强、鉴定提优、竞赛选拔、企业举贤"五种方式产生小师傅,实行校系二级管理,利用"错时"工作机制将小师傅送到企业培养锻炼;企业考核合格的小师傅由教务处统一协调,动态选聘;系部负责使用与考核;建立奖励与淘汰相结合的动态机制,成绩突出的予以奖励,按月发放津贴,从而形成了相对稳定的小师傅队伍,解决了技能指导教师不足的问题。

(二) 采用多种合作学习方式,解决了技能培养因材施训难以落实的问题

1. 同伴互助式

小师傅是同班学生,校系有目的地组织他们周末、节假日提前到企业学习技能,感受企业文化。针对单项技能,小师傅运用同伴教学法,开展互助学习,促进全班学生技能水平共同提高。

2. 时空交替式

小师傅是同专业高年级的学生,已经学习和掌握了多项专业技能,指导低年级学生非常有自信。根据专业课程的时空性,合理编排各个年级技能教学时间,运用分层递进教学法,高年级的小师傅指导低年级学生。被指导的学生沟通容易,进步快,小师傅的技能水平得到了巩固和提高,相得益彰。

3. 1+N 辐射式

小师傅是来源于通用技能专业化培养的学生,1 指的是信息技术类专业,N 指的信息技术类专业以外的各类专业。信息技术类专业学生,经过专门化训练,具有企业经历的小师傅,运用跨专业指导法,指导其他专业学生,形成了通用技能的普适性培养方式。

4. 英才组合式

小师傅是市、省、国赛金牌获得者。在校企共同培育下,小师傅已经具备了工匠雏形,通

过优化组合指导各个层级的参赛选手。首先从校级技能节开始,赛项覆盖所有学生,到选拔参加市、省、国赛。建立"校、市、省、国"四级技能比赛机制,小师傅与选手之间进行科学组合。运用示范教学法,指导同级或低级别参赛选手,形成了技能培养金字塔,为培养未来工匠创新了路径。

5. 岗位传递式

小师傅是在企业完成顶岗实习后的准员工,熟悉岗位工作。一个专业对应企业不同的岗位,职责有差异。完成岗位技能培训的小师傅,运用分类教学法,指导后期参加顶岗实习的学生,实现了能力、素养和文化的有效传递,扭转了学生岗位适应性弱的问题。

(三)实施"小师傅制",解决了实训资源利用率低的问题

建立"小师傅制"实训基地管理制度和"小师傅制"信息化空间学习与管理平台。实训基地全天候开放,有效利用了一切可利用的技能训练时间,解决了师傅(教师)工作八小时以外学生技能训练难以开展的问题,充分提高了实训基地教学资源的使用效能。

小师傅兼任实训基地课余管理者。实训基地实行信息化管理,对小师傅、学生的技能训练过程考核有信息平台数据支撑。系部、教师实时掌握训练情况,适时提出指导意见,答疑解难。教师、小师傅、学生之间的交流与互动不受时间和空间的限制,改变了传统的教与学的习惯。

三 "小师傅制"技能培养模式的创新点

(一)技能培养理念创新

"扬长""补短""共生发展"的理念:"小师傅制"变被动学习为团队学习、主动学习和参与式学习,形成了新型师生关系、生生关系。"扬长"即让每个学生均有出彩的机会,特别是技能尖子生担任小师傅,发挥长处,重塑积极心理,并跟踪培养,造就高技能人才。"补短"就是对学习困难的学生,通过同伴互动,发挥小师傅与其是同龄人、无代沟、是情感和习惯共同体的优势,将技能、知识、情感有效传递。"共生发展"即通过学生之间"强强合作""强弱合作""同侪合作",使共生系统中的任一成员都因这个系统而获得比单独训练更多的发展可能,即有所谓"1+1>2"的共生发展效应。

(二)技能培养模式创新

创建"小师傅制"技能培养模式,对职业学校技能培养进行了整体设计和优化,形成"师傅(教师)主导—小师傅指导—学生主体"技能教学训练机制,师傅(教师)在知识体系构建、技能训练要领等方面起主导作用,小师傅在技能训练方法、经验、窍门、特长等方面起榜样示范作用,学生在技能学习的主动性和投入上起主体作用。采取多种合作学习方式,开展专项技能、综合技能、通用技能、提高性技能(技能大赛)、岗位技能的培养。

（三）小师傅队伍建设机制创新

研制系列文件,制定了小师傅培养、实施、管理与考核评价四个维度的实施方案,建立了一套实训基地管理制度,搭建了小师傅信息化空间学习与管理平台(专业社团)。实训基地实行全天候开放使用;用信息平台数据对小师傅、学生技能训练进行过程考核;从学生职业资格通过率、行业企业考核、竞赛成绩等方面评价小师傅的工作成效;改变传统的教与学的习惯,师傅(教师)、小师傅、学生之间适时适地进行交流;运行经费列入财务预算,保证了"小师傅制"技能培养模式的高效运行。成绩突出的小师傅毕业后择优进入优质企业或留校任教。

四 "小师傅制"技能培养模式的实践成效

（一）强技能补短板,出口畅声誉好

学生的单项技能和综合技能成绩普遍提高,毕业生对口就业率高。技能比赛成绩稳步提升,学校近五年获得国赛奖牌14枚,省赛奖牌100多枚。毕业生岗位适应能力强,岗位升迁机会多,企业满意度90%以上。如电子专业学生与研究生、博士生同台竞技,成为中电集团第十四研究所正式员工;商务专业学生就业于东方航空,月薪万元;建工专业学生进入金陵科技学院,连年获得"三好学生"和学院奖学金。

（二）扬长技育英才,小师傅挑大梁

小师傅在学校技能培养中发挥了大作用,进入企业后上手快,创新创业能力强。经对86位小师傅抽样调查,工作2年后成为业务骨干的占95%,30%以上的人获得了升迁机会,平均年薪近10万元,各项指标均高于其他学生。小师傅走上工作岗位后,有的成为江苏省青年岗位能手、江苏省妇联"巾帼建功标兵",有的成为企业中心技术负责人,有的创建了自己的公司,有的成为公司副总经理。一批小师傅已成为工匠型人才,服务社会。

（三）理论成果辐射,典型案例推广

成果获国家级教学成果二等奖,理论研究发表论文15篇。《推行"学生助教",提升职业能力》作为优秀案例,入选江苏省教育厅编写的《江苏省国家中等职业教育改革发展示范学校项目建设案例选》首篇,向全省推广辐射。"小师傅制"模式入选江苏联合职业技术学院质量年报,通过教育部网站推向全国。

（四）兄弟学校应用,多方媒体关注

通过全国国土资源专业指导委员会经验交流、省骨干教师培训讲座、全省专业协作委员会的交流活动、校际交流等渠道向省内外职业院校推广,并在省内外60多所院校运用。中央电视台(新闻频道)、中国教育报、南京日报、现代快报等近10家媒体对我校技能型人才培养进行了综合报道或专题报道。"小师傅制"技能培养模式在社会上为学校赢得了广泛赞誉,学校因此荣获江苏省"高技能人才摇篮奖",成为江苏省技能教学研究基地。

第三辑

产教融合与模式创新

高技能人才内涵及其培养途径的探究

高技能人才,是指具有必要的专业理论知识,能够熟练掌握专业技术及现代设备的操作技能,在生产和实践领域能解决关键技术和操作难题,并具备一定创新能力的高素质劳动者。高技能人才的内涵:具有较高的专业理论水平和操作技能、大专及以上知识层次、较高的思想素质、健全的心理素质、健康的体魄、较强的综合应用能力。高技能人才的构成要素包括动作技能、智力技能、素质技能和综合技能。

一 高技能人才的政策解读

近年来,随着我国新型工业化道路的拓展、建设社会主义新农村的深化,各行业对高技能型人才的需求不断扩大,要求也在不断提高。高等职业教育肩负着培养生产、建设、服务和管理第一线需要的高技能型人才的使命。那么,作为从事高等职业教育的教育工作者首先必须要弄清楚什么是高技能型人才,厘清概念,把握内涵,明确构成的要素,探索培养的途径。

所谓技能,是指为了顺利完成某项任务而采取的一种活动方式或心智活动方式,它一般通过训练而获得。"高技能型人才"概念的提出是相对于初、中级技能人才而言的。众所周知,我国中等职业教育的人才培养目标是"技能型人才",高等职业教育的培养目标则是"高素质技能型人才",其区别显而易见。教育部《关于全面提高高等职业教育教学质量的若干意见》中明确提出,高等职业院校"要全面贯彻党的教育方针,以服务为宗旨,以就业为导向,走产学结合发展道路,为社会主义现代化建设培养千百万高素质技能型专门人才"。

对于"高技能人才"的概念,劳动和社会保障部在《高技能人才培养体系建设"十一五"规划纲要(2006—2010年)》中有着明确的界定,即"高技能人才是在生产、运输和服务等领域岗位一线,熟练掌握专门知识和技术,具备精湛的操作技能,并在工作实践中能够解决关键技术和工艺的操作性难题的人员,主要包括技术技能劳动者中取得高级技工、技师和高级技师职业资格及相应水平的人员"。

综上所述,结合高等职业教育的特点与使命,我们基本可以对"高技能人才"得出这样的概念:高技能人才,是指具有必要的专业理论知识,能够熟练掌握专业技术及现代设备的操作技能,在生产和实践领域能解决关键技术和操作难题,并具备一定创新能力的高素质劳动者。

一 高技能人才的内涵

什么是人才?在不同的人心目中恐怕有不同的标准。胡锦涛总书记关于人才有这样的论述:"国家兴盛,人才为本。要全面实施人才强国战略,大力加强人力资源能力建设,加大投入力度,完善工作措施,重点培养人的学习能力、实践能力,着力提高人的创新能力,努力造就大批优秀人才。"因此,人才一定是具有较高的学习能力、实践能力和创新能力的。结合中国当前的人力资源情况,我们认为首先在学历层面上,人才至少应该具备大专以上的层次。在一些培训机构或技术学校也能培养高技能的劳动者,对学历或知识层次的要求不高。我们所讨论的高技能人才是高等职业学校培养的高素质技能型的人才,其内涵应该包括以下五个方面:

(一)具有较高的专业理论知识水平和操作技能

任何一项技能的获得,都要有一定的理论铺垫。高技能人才培养同样离不开学校的专业理论教学,让学生不仅知其然,还要知其所以然。首先,应该打破按学科体系设置课程的传统,不追求学科体系的完整,而是从职业岗位入手分析,按岗位能力需要开设课程,实施模块化教学。在具体操作上,可以通过岗位的需求,分解为相应的教学模块。这些模块的设置应该富有一定的弹性,使其具有"可教学可自学,可深学可浅学,可专修可免修"的特征。在时间的编排顺序上,可以先教会学生做事,然后再让学生弄清为什么这样做。

在教材的选用上,不仅要反映最新的科技成果和行业动态,而且要随着职业岗位的发展、行业规范的变化对知识结构随时调整。当然,如今的科技进步非常迅速,学校不可能过于频繁地更换教材,因此,倡导大力开发校本教材、活页讲义,以便将最新的知识、技术、方法、工艺传授给学生。

(二)高技能人才一般由高职院校培养,具有大专层次

高技能人才一般应具备大专知识层次。按照联合国科教文组织1997年制定的《国际教育分类法》,高等教育包括第5级和第6级教育。第5级教育包括大专、本科、研究生三个层次的教育。第5级教育又分为5A和5B两种类型。我国现行的高职高专层次教育对应的即为5B类型,主要是指实用型教育。一般为高中起点经过2—3年的教育获得大专文凭,或初中起点经过5年的教育获得大专文凭。这样,既确保了理论知识和专业技术能力的均衡发展,又突出技能型训练。

（三）较高的思想素质

高技能人才是一个相对的、综合化的概念。高职院校应坚持育人为本、德育为先，把立德树人作为根本任务，以《中共中央国务院关于进一步加强和改进大学生思想政治教育的意见》（中发〔2004〕16号）为指导，加强思想政治教育。尤其要高度重视学生的职业道德教育和法制教育，重视培养学生的诚信品质、敬业精神和遵纪守法意识。只有具备较高的思想素质和职业道德，才能保证学生在走向岗位以后，立足社会，并具有可持续发展的能力，让他们成为德智体美全面发展的建设者和接班人。

（四）健全的心理素质，健康的体魄

健全的心理素质和健康的体魄是从事各项工作的基本条件，也是现代人所应具备的基本素质。由于高技能人才在工作岗位上将会面对技术含量较高的工种，或较为复杂的技术难题，或条件艰苦的环境，所以过硬的心理素质和保障操作的充沛体力就显得尤为重要。现代社会对现代人的职业能力，特别是正确处理人际关系的能力、正确认识社会和集体合作能力、表达和理解能力、管理和化解矛盾的能力、适应和承担风险的能力以及进一步接受教育的能力都提出了更高的要求。高职院校可以通过开设相应的选修课来塑造学生健全的心理素质，并通过组织各种文体活动来培养学生高尚的情操和健康的体魄。

（五）较强的综合应用能力

高技能人才以综合应用能力见长，在实际工作中应该能够触类旁通，将知识、经验迅速转化为解决问题的能力。最简单地说，能够将工程图纸物化为实体，并能在现场进行管理和指导，具有很强的技术应用能力和管理能力。同时，还应具备一定的创新能力，在面对实际问题时，能够自觉完成能力的迁移与拓展。

三 高技能人才的构成要素

（一）动作技能（主要是操作技能）

动作技能是一种习得的能力，表现于迅速、精确、流畅和娴熟的身体运动以及与工作任务相关的活动方式，在职业教育中主要表现为学习者的动手能力，具体体现在两个方面：

首先，操作技能结构合理，在完成一个技术动作系统的过程中，不出现多余的动作，各项操作技能之间也不出现相互干扰的现象，整个流程应该娴熟、合理、有效。其次，操作技能质量较高，运用各项技能不但准确、稳定，而且协调、灵活。在操作的过程中，技术的运用依靠动觉反应即可完成，无需过多依赖视觉控制。

就单项技能而言，通过技工教育和职工培训就能完成，但高职教育应该再上一个台阶，主要体现在熟练程度和理论与实践的有效融通上，让高技能人才在面对实际操作的时候更加得心应手。

(二)智力技能

智力技能是借助于内部语言在头脑中进行认识活动的技能,它是在智力动作形成基础上确立起来的,是概念与法则的实际应用,是动作技能的基础和升华,具有内潜性、观念性、简缩性等特点。这就要求学校教育在传授知识与技能的过程中,重视训练学生掌握正确的思维方法,能够将知识吸收、内化、迁移,最终达到能够灵活运用,并在处理实际问题时产生一种近乎于本能的反射效应,而不只是对动作简单、机械的重复。这就要求学生熟练掌握相应的理论知识,并通过反复实践获得触类旁通的能力。这也是高技能人才区别与普通工人的关键所在。

(三)素质技能

素质一词本属于生理学范畴。现在一般意义上指称的"素质"是个人才智、能力与内在涵养,是驱动员工产生优秀工作绩效的各种个性特征的集合。这里所说的素质技能是指高技能人才所应具备的社会适应能力,融入团队、善于合作、勇于表达的意识和才智能力的显现。

作为新型的高素质劳动者,不能仅仅唯技术至上,而应具备较高的素质技能和现代公民意识。因为,当前新型工业化时代要求各行业之间、各工种之间必须密切合作,高技能人才必须适应这种新的要求,有团队合作精神和较强的社会适应能力。

(四)综合技能

学校培养出来的高技能人才,最终要走向工作岗位,经得住实践的检验。毕业学生如果能够胜任高技能工作岗位,说明具备了综合技能。而这种综合技能是在动作技能、智力技能、素质技能经过系统训练后,将三者进行融合训练,使其相互渗透,相辅相成,形成有机的结合整体,起到"1+1+1>3"的功效。

四 高技能型人才的培养路径

(一)构建以职业能力为本位的人才培养方案

构建以职业能力为本位的人才培养方案,必须打破传统的学科体系,设置各个阶段的能力培养目标。从学生跨入校门开始就要进行职业熏陶,如开设职业入门指导课,邀请企业相关人员来校做关于企业文化、能工巧匠事迹等内容的讲座;组织学生参观企业生产现场、车间等,感受工作氛围;举办单项技能训练、技能比武等活动。对中年级学生进行"动作技能+智力技能"的训练,开设一些模块课程,邀请企业具有丰富实践经验,同时具备一定教学能力的技术人员、技能高手担任兼职教师。对高年级的学生,进行综合技能的训练,主要采取项目教学方式。对于将要顶岗实习的学生,要特别重视解决实际问题能力的训练,可通过承接生产任务、模拟生产实训等方式训练职业能力。

构建以能力培养为主线的课程体系:对低年级学生,进行文化素质课程的教学,同时进行职业素质课程的训练,技能方面进行单向动作技能训练。对中年级学生,进行职业模块课程的训练,同时进行任务训练课程,技能方面进行职业素质养成课程的训练。对高年级学生,进行工学结合顶岗实践训练,还可以以校办产业为平台完成具体的生产任务,或自主创业。具体见图3-1:

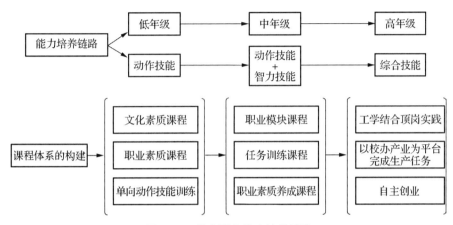

图3-1 学生职业能力培养链路

(二) 突出动作(操作)技能的培养

1. 设定目标,指导入门

每一项动作技能培养目标必须有明确的指向,并且可望可及,让学生对学业充满希望。技能目标可依据生产单位的平均劳动生产效率和规范精度要求进行设定。对每项技能安排一定的入门指导,教会学生操作步骤、动作要领,培养学生自主训练,从而达到目标。如我校工程测量专业测量学这门课程,原本是一门专业基础理论课,新的方案被分解为若干个技能模块,其中水准测量的任务:闭合回路1km,有地形起伏,需9次倒站,进行图根点水准施测。目标设定:根据生产单位一般熟练程度的操作人员的标准,在满足精度要求的条件下,30分钟完成施测。对学生设定的能力目标:满足精度要求,30分钟优秀,35分钟良好,40分钟合格。

2. 开放设施,自主训练

学校应教会学生学习和练习技能的方法。技能只能通过学生自身的勤奋练习获得,仅仅靠教师的单向施教是很难成功的。因此,可以让学生在实习教师的指导下设定目标,自由组合训练团队,自主安排自己的练习时间,通过在课余时间的自主训练来实现目标。学校的实训场地对学生开放。比如某个学生在白天实训课时觉得某项技能掌握得不太好,或对某台机器的操作不是很熟练,可以向实训基地提出申请,利用晚自习或者周末的时间去自己练习,从而提高操练水平。当然,这种做法也对学校的管理水平提出了更高的要求。

我校工程测量专业测量学这门课程,分成若干个技能模块,从低年级开始,逐步学会水准仪的操作与使用,经纬仪的操作与使用,全站仪、GPS的操作与使用,数字化成图技术等技能,由浅入深,环环相扣,仪器室对学生开放,学生技能的获得以自主训练为主。

3. 竞赛考核,动态评价

对学生动作(操作)技能的考核,倡导竞赛考核,动态评价。根据能力培养目标,按照能力培养路径,在新生进校后,每学期进行一次技能竞赛。通过技能竞赛认定学生的成绩。如果学生对取得的成绩不满意(如没有获得优秀等级的),可以持续训练,到下一学年申请参加低一年级的技能竞赛,如果竞赛成绩为优秀,则本项技能最终认定成绩为优秀。这样,就彻底摒弃了一次考核定终身的传统做法。学习的主动权完全掌握在学生自己的手里,让学生有盼头,有奔头,最大限度地发挥他们的主观能动性——只要努力,人人都可以达到优秀,充分体现了以人为本的育人理念。

(三) 以项目课程为主,培养学生的综合能力

以项目化教学改革为契机,通过师生共同实施一个个完整的项目而进行实践活动,在实践的第一线培养学生分析问题、解决问题的能力。对于和专业相关的文化课教学或专业课的理论部分,应进行模块化重组,使理论教学更好地为专业教学服务。

教师在技能训练时应手把手教学生,对学生严格要求。学生操作既要严格按照操作规程,同时必须在规定的时间内达到规定的精度。某些学生达不到要求,教师就陪他们一起反复操练。在实习时,教师同学生一起参与企业项目的招标、实地考察,扎实地培养学生的综合能力。

(四) 产学结合,培养模式与毕业岗位对接

学校要建设好校内实训中心、校办实习工厂、校外实训基地三大平台,充分发挥三大平台的优势,提高其利用率。建立紧密型的校外实训基地,把实践教学尽可能搬进企业,达到"办校进厂"的效果。加强校企合作,可"引企入校",在校园内建立工厂或生产车间。

工学结合的较高层次,就是学生能够顶岗实习,直接承担企业的部分生产任务。这要求学生到了高年级,基本具备相应工作岗位所要求的知识容量和技能操作水平,具有一定的体力和心理承受能力。在条件允许时,可为其配备师傅。每位师傅所带学生的数量视工作岗位的难易程度和学生的具体情况而定。师傅既可以是知识层次高、业务能力强、实践经验丰富的专业老师、实训老师,也可以是企业外聘技术人员。当学校承接到某生产任务时,就可以签订合同,结成师徒对子,组建项目小组,对学生的理论、方法、实践等各个方面提出要求,让学生参加到完整的现场生产活动中去,从现场概况、施工方案分析和设计,到现场生产活动实施等方面进行全方位训练,并根据项目完成的情况做出考核。

通过产学结合,改革学校的高技能人才培养模式,学生毕业后就可以真正实现与工作岗位的完美对接,就一定能够让学生真正具备高技能特别是综合技能,实现高等职业教育培养高技能型人才的目标。

2 "双主体一体化"工学结合
人才培养模式的实践研究
——以五年制高职工程测量专业为例

 改革的背景

（一）行业背景

测绘作为经济建设、工程建设的基础性行业，为国民经济、社会发展以及国家各个部门提供地理信息保障，并为各项工程的顺利实施提供技术、信息和决策支持。胡锦涛总书记要求"推进'数字中国'地理空间框架建设，提高测绘保障服务能力"。以全球卫星定位系统（GPS）、地理信息系统（GIS）和遥感（RS）为代表的"3S"技术普遍应用于测绘生产，以计算机和网络技术为支撑的信息化测绘新技术正在生产和科研单位普及应用，同时伴随着我国"北斗星"定位系统的运行和我国参与的欧盟伽利略系统的建设和投入使用，社会急需具有现代测绘新知识、新方法，掌握测绘信息化技术的高技能人才。

未来5年内，测绘行业需要培养5 000余名高技能人才、1 000余名技师和高级技师。当前，我国现代测绘行业的变革主要体现在以下几个方面：测绘科学技术飞速发展，常规工程测量技术向一体化、自动化和智能化方向迅速发展，卫星空间技术向集成化、实时化、动态化方向发展，传统测绘教育教学方法存在局限性。与时俱进，紧跟测绘技术的发展，注重对学生实践能力的培养，既是高等职业院校对学生的培养目标，也为学生毕业后的自身发展奠定基础。

（二）人才社会需求分析

测绘类专业的服务对象十分广泛，国家建立基础地理数据库和地图数据库，城建规划、市政建设、土地管理、水利电力、河海航运、农林业、工矿企业等均离不开测绘技术。因此，社会对测绘类专业人才的需求量一直居高不下，尤其是GIS产业的发展和广泛应用，以及GIS产业与测绘的特殊关系，使测绘类专业的毕业生就业前景十分广阔。

近年来,随着国民经济的不断发展,国家对基础设施建设投资力度不断加大,推进测绘保障服务工作全面发展。目前,全国高职院校中开设工程测量技术专业的有71所,承担着为全国测绘行业培养测绘专业技术人员的重任,远远不能满足行业需要。其中,江苏省有扬州环境资源职业技术学院和徐州建设职业技术学院两所学院招收高中毕业的学生。省内外招收初中毕业的学生实施五年一贯制教育的却很少。

随着测绘技术的发展和各种建设项目质量要求的提高、建设难度的加大对工程测量技术人才提出了更高的要求。

知识结构:必备的政治、数学、外语、制图、电子等基础知识,测量学基本知识,控制测量与平差基础的理论知识,地形测量、工程测量、变形观测和地籍测量的专业知识,地理信息系统应用、卫星定位、数字化测图等专业知识,计算机应用的基本知识。

能力要求:工程测量技术专业的毕业生应具备地面控制网加密测量能力、地形测量能力、地面工程测量能力、测量数据处理能力、测量仪器使用与维护能力、矿山测量能力、开采沉陷与建筑物变形观测的能力、GIS系统的使用与维护能力、数字化测图与地籍测量能力、测绘工作组织与测量业务管理能力、GPS卫星定位测量与测量新技术的学习和应用能力等;学生毕业时应取得职业岗位资格证书。

素质要求:有较好的组织管理能力,具有较强的观察力、逻辑判断力、社交能力、紧急应变能力等,具有良好的学习能力,具有严谨、细致、吃苦耐劳、团结协作、良好的职业素质与团队精神。

(三) 人才培养理念

当前我校注重以就业为导向,以教学为中心和以专业建设为核心,实施教书育人、管理育人、服务育人和生产育人等教育理念。我校的专业建设理念是以社会需求为依据,以工学结合为途径,以改革创新为动力,以质量和特色为根本,培养高素质高技能人才,注重质量建设、专业文化建设、实训基地建设、教师团队建设和课程建设。工程测量技术专业应根据测绘新技术、新标准的需求及其变化及时调整课程设置,形成与工程项目紧密联系、互动灵活的理论与实训一体化专业课程体系构建机制。该课程体系横向上包括公民素质教育、专业本领教育和职业素质养成教育,纵向上强化技术教育与技能培养,具有"学校教育与企业培养交替式、素质教育与职业培养渗透式、技术教育与技能教育递进式""成绩考核和能力评价的动态化、教学组织与学习形式的多样化""高素质、高技能、人人能成才和人人有岗位的培养目标"(简称"三式二化一目标")特色。

二 改革指导思想和思路

针对目前省内外测量技术人才培养中存在的问题,结合我校工程测量技术专业的办学实际,我们确定了工程测量技术专业教学改革指导思想和思路。

（一）指导思想

以知识—能力—素质为主线，贯穿于教育教学的整个过程和各个环节，强化工程意识，注重能力和素质的培养。以提高人才培养质量为宗旨，坚持以教学为中心、学生为主体，以质量求生存，以特色求发展。把就业率和就业质量作为评价专业设置水平、教学水平和教学改革成果的核心指标。全面贯彻以就业为导向，通过工学结合的途径，建立学历教育与职业标准相衔接的专业教学体系，技能培养和素质培养并重，全面提高人才培养工作水平。

（二）改革思路

坚持走以服务为宗旨，以就业为导向，走产学结合发展道路的职业教育办学方针，针对江苏省基础设施建设步伐的加快、测绘行业技术人才需求增大的现状，与省内外测绘企业深度融合，以培养高技能的测绘技术人才为目的，创新工学结合的人才培养模式，构建课程体系，加强"双师"结构教学团队建设，改善实习实训条件，完善实践性教学管理体系，全面提高工程测量技术专业人才培养质量。

（三）研究重点

调整和优化课程设置体系，优化人才培养方案。从优化学生智能结构的角度出发，大力调整与优化课程设置体系。按照"加强基础，强化主干，繁荣枝叶（选修课）"的原则，合理构建新的课程体系，通过调整合并等措施，大力精简和整合课程门类，实施项目课程教学和工学结合人才培养模式。加强实践性教学环节，重视工程能力、实践能力和创新能力的培养。

（四）研究框架

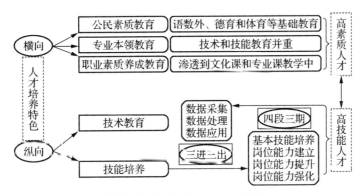

图 3-2 高技能人才培养框架

三 研究情况

我校工程测量技术专业人才培养模式改革始于 2005 年第一届五年制高职招生，本成果于 2006 年开始实施和应用。教学成果研究和实施历时多年，现将具体情况报告如下。

第一阶段：2002 年 3 月—2006 年 6 月，针对我校三年制中专和五年制高职工程测量技术两种学制并存的现状，重点开展五年制高职学生的学情分析，在三年制中专人才培养经验的基础上,初步构建我校五年制高职工程测量人才培养方案。

第二阶段:2006年6月—2008年6月,具体实施工学结合人才培养模式,突出学生职业素养、专业技能和职业能力培养。

第三阶段:2008年9月—2009年6月,加工整理材料,撰写论文、总结教学成果。

为保证上述计划的顺利完成、提高项目组成员的工作效率,在课题组内部进行了项目分工。其中,南亲江同志为项目总负责人,负责项目的组织、协调及对外联系、撰写结题报告等工作;丁莉东负责专业人才培养方案的开发和实施;许水林负责专业师资队伍建设工作;殷忠负责五年制高职工程测量技术专业人才培养规格和社会需求调查;丁莉东负责五年制高职工程测量技术专业课程体系和课程标准建设;许曙青负责五年制高职工程测量技术专业实训基地建设与运行管理,教学团队包民先、宋晓弟、缪健军、李伟、贾王军、江卉和闫永惠等也做了大量的工作。

四 主要成果

(一) 系统研究了五年制高职工学结合人才培养模式理论与体系

我们梳理了相关研究理论与国外经验,探析了国内模式,分析了现状与问题;提出了工学结合人才培养模式下的培养方案、课程标准、教学方法、教学环境、师资培养、评价体系、管理机制等,构建了新的理论体系。其中,2010年12月主持完成江苏联合职业技术学院重点课题"五年制高职工学结合人才培养模式的实践研究"。2011年6月,"五年制高职工程测量专业工学结合人才培养模式的探索与实践"成果获得学院教学成果"一等奖";2012年12月,主持完成了第一期江苏省职业教育教学改革研究重点课题"全程式五年制高职工学结合人才培养模式体系实践研究",撰写了《五年制高职工学结合人才培养模式创新体系研究》,建立完善了五年制高职工学结合的规章制度;2011年,阶段成果"五年制高职工学结合教学实践中的若干问题"获得江苏省第三届教育科学优秀成果实践探索奖"三等奖";开展五年制高职校企合作工学结合研究,2012年2月主持完成了江苏省应用课题"江苏职业教育校企合作促进机制的实践研究",成果《江苏职业教育校企合作促进机制合理性建议》被江苏省第十一届人大五次会议列为提案(第0054号)。2012年11月,成果《江苏职业教育校企合作促进机制的实践研究》获得江苏省第十二届哲学社科优秀成果"三等奖"。

(二) 构建了"双主体一体化"人才培养模式

学校以工程测量专业教师为主体于2000年5月成立了南京大地测绘院,并获得了丙级资质。其中学校控股51%,教师控股49%。该公司的法人代表、总工程师、技术业务骨干分别由系主任、专业带头人、专业教师担任。在人才培养中,学校和企业两个主体真正做到合作办学、合作育人、合作就业、合作发展,互利共赢。

该专业建设理念先进,倡导生产育人,人人能成才,人才培养目标明确。应用平台战略,构建"一个平台、多个方向"(即地形地籍、工程测量、地理信息和数据处理等方向)专业人才培养方案。校企双主体有机融合,专业建设倡导生产育人,形成特色鲜明的"双主体一体化"育人模式。师生参与 100 多个测绘项目,经济、教育、育人效益明显。

目前的五年制高职工程测量专业人才培养方案由公共基础课程、专业(实训)课程、选修课程三大部分组成。本方案总学时 4 817,总学分 277(包含入学教育、军训、劳动课、毕业教育 6 学分),其中公共基础课程学时 1 586,学分 94;专业(实训)课程学时 2 838,学分 154;选修课程学时 393,学分 23。方案专业(实训)课程教学学时 2 838,其中专业理论教学学时 518,专业实践教学学时 2 320。专业实践教学学时与专业理论教学学时比为 4.5∶1,第 8 学期主要是学生进行专业综合实训 4 周,第 9 学期到企业见习 18 周,第 10 学期主要进行毕业(顶岗)实习 15 周,毕业设计(论文)、毕业答辩 3 周等。

(三) 培养模式促进了专业课程体系与教学内容的改革

通过人才需求调研,分析并确定工程测量专业人才培养目标和规格、就业面向,共同分析就业技术领域工作过程,围绕各技术领域工作过程确定具体能力要求,构建工程测量专业学生的能力结构(如图 3-3 所示),重构学校、校企和企业三个维度课程体系(见图 3-4)。我们把课程体系大致分为公共基础课程、专业核心教学与训练项目(实训)课程以及选修课程三大模块。公共基础课程,目前基本还是采用江苏联合职业技术学院制定的统一平台,今后还应根据专业学习的需要作相应的修改和调整。专业核心教学与训练项目(实训)课程目前共设置测绘算模块、数字地形测绘、地籍与房地产测绘、工程测量、3S 测绘技术和测绘数据处理以及专业拓展课程。专业拓展课程则突破传统思维,具有前瞻性,结合就业市场、尤其是着眼于工程测量技术专业高职学生未来发展的需要设置,进一步加大实践和应用的比例,强化动手能力、应用能力,注重职业素质的养成。

新专业课程体系具有"学校教育与企业培养交替式(三进三出,见图 3-5)、素质教育与职业能力培养渗透式(体育课定向越野、野外生存)、技术教育与技能培养并进式(技术设计、总结、创新);成绩考核和能力评价的动态化(以精度和速度为指标,打破年级界限,动态考核)、教学组织与学习形式的多样化(班组合作学习、在线资源学习等);人人能成技术技能人才的理念"(简称"三式二化一理念")特征。该成果获江苏联合职业技术学院教学成果一等奖。

统筹安排三轮交替(学校、企业)学习,实现基础技能、专项能力、岗位能力和综合能力递进式培养。

第一阶段:基本技能培养

进行公共文化课、专业基础技术课教学,奠定专业理论基础;依托校内实训基地,采用项目教学法,进行专业单项技能集中训练,培养专业基本技能。

第二阶段:岗位能力建立

根据测绘行业野外工作受季节影响大的特点,在第三学期后期和第四学期,增加专业社

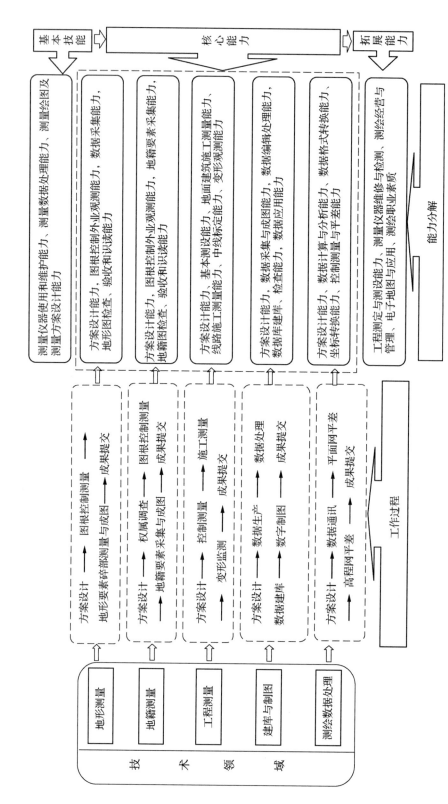

图3-3 基于工作过程的工程测量技术专业能力结构

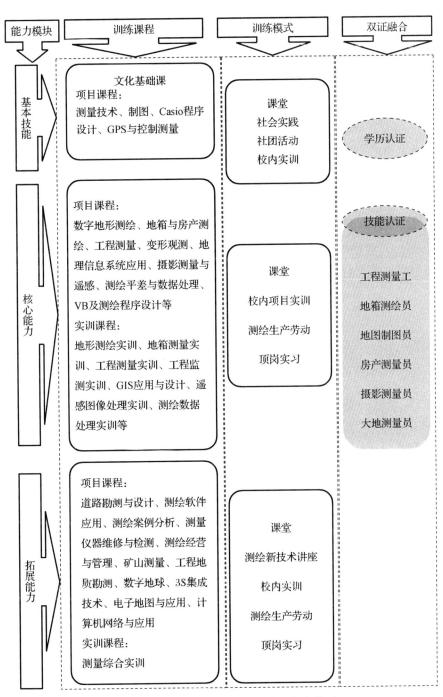

图 3-4 五年制高职工程测量专业课程体系

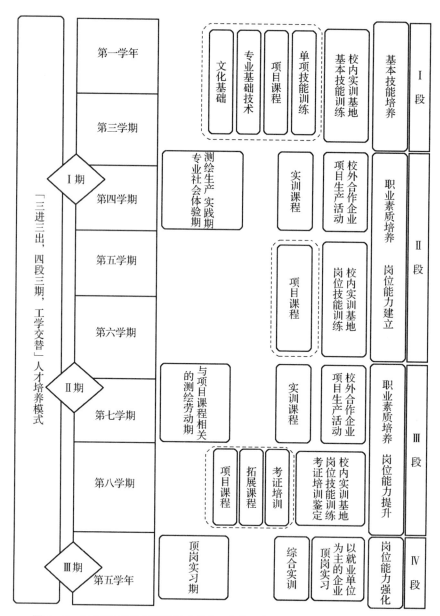

图 3-5 五年制高职工程测量专业"双主体一体化"工学结合人才培养模式

会体验期和测绘生产实践期,安排学生到企业参加测绘生产实践,增加学生对测绘行业和职业岗位的切身认识,了解行业技术现状,接受企业文化熏陶,培养实践动手能力和专业技术应用能力,明确返校后的学习目标,提高学习专业知识技能的主动性和自觉性。期间学生在企业主要参与地形图测绘生产活动。再经过第五学期和第六学期前期的校内项目课程学习和校内实训基地岗位技能训练,奠定专业岗位技能基础。

第三阶段:岗位能力提升

在第六学期后期和第七学期,依托江苏省测绘工程院、江苏地质测绘院、江苏煤炭测绘院等校外实训基地,结合项目课程内容,学生以技术工人的身份参加企业对口项目的测绘生产活动,进行生产性实训,巩固和全面提高岗位技能。实训前,根据项目下达实训任务,为每位学生配备校内与企业指导教师,由企业兼职教师和校内指导教师共同管理和考核。实训中,校内指导教师通过网络、电话等多种途径,保持与企业指导教师和学生的联系,及时了解实训情况,并定时到企业现场指导学生,与企业指导教师交流;同时学生通过各种途径定期向指导教师汇报实训情况。实训结束,学生要完成工学结合实训报告,由校内与企业指导教师共同签写实训评语并评定考核成绩。

为了拓展学生职业能力,拓宽就业领域,结合测绘职业资格考核,在这一阶段除继续进行后续项目课程学习外,在第八学期安排专业拓展课、专题讲座和职业资格考核训练,并依托校内数字化测绘实训基地,按项目完成工程测量综合实训,培养专业核心能力;依托校内各实训中心进行测绘职业资格培训考核,通过培训使学生获证率达到99%以上。通过这些途径全面提升学生的岗位能力。

第四阶段:岗位能力强化

这一阶段为第三轮工学结合期,安排在第五学年,是与就业岗位相结合的毕业实践阶段。根据企业的用人需求,毕业生与企业双向选择,学生以员工的身份参加企业生产活动,完成顶岗实习。结合岗位工作内容,收集资料并完成一项测绘方案设计或专业论文撰写。通过毕业顶岗实习,一方面,学生对专业知识进行综合运用,专业岗位能力得到强化;另一方面,企业与学生之间进行密切融合,学生可以深入了解企业,同时,企业也完成对学生的试用与考核,为企业与学生之间创造了一次平等选择的机会。

通过四个阶段的能力训练和"三进三出"三个轮次的工学结合实践,实践教学坚持五年不断线,让学生在学中做、做中学,实现工学交替。由学校和企业共同实施职业素质、职业知识、职业能力等全面教育,使学生具有突出的岗位适应能力、良好的职业可持续发展能力。

(四) 培养模式带来教学方法的变革

通过项目制和师徒制等模式,在生产中教会学生技术与技能,并推进教学方法改革。第一,搭建"教学做合一"平台,推广"项目教学法"和"理实一体化教学",激发学生自主学习;第二,在市场项目与教学不能衔接时,以校园地形图测绘为典型项目课程,模拟真实项目,进行生产、管理与教学,突破教学与生产结合不紧密的瓶颈,并实现标准化考核;第三,组织和指导学生参加专业社会实践(2009年获省大中专学生暑期"三下乡"社会实践活动优秀团队)。

针对工学结合人才培养,我们先后申报并立项了"五年制高职测量专业工学结合人才培养模式的探索与实践"(教学成果获校2009年特等奖和院一等奖)、省"基于技能培养的差异性分层递进教学模式的实践研究"、江苏省联合职业技术学院"数字化测绘实训基地建设的实践与研究""工程测量技术专业人才培养方案的改革与实践""五年制高职测绘类专业综合课程开发的研究""工学结合人才培养模式的研究与实践""五年制高职地形测量课程项目教学法的探索与实践"和"高职精品课程建设存在的问题及对策研究"等课题,都已结题。

五年制高职工程测量专业教师先后获得2011年江苏省职业学校专业技能课程"两课"评比"研究课"称号、2011年"创新教学先锋模范""先进个人"荣誉称号、2011年江苏省技工院校建筑装修组专业课程改革说课比赛二等奖、2011年南京市中等职业学校信息化教学大赛和信息化教学设计组三等奖、2010年全国职业院校土建类专业基础课程"创新杯"教师说课比赛二等奖。

(五)培养模式带来管理模式的变革

真实的生产项目教学打破了传统的班级授课制,代之以项目分组制、师徒制组织教学,出台了12个五年制高职工学结合规章制度,保障人才培养的有序进行。建立适合工学结合需要的教学管理运行、保障、监控与评价等体系。

同时,通过江苏地质职业教育平台,学校与企业加强了校企合作。校企合作开发课程资源、合作建设实训基地和师资队伍建设,校企合作真正做到"你中有我,我中有你",校企之间可以实现"三双四跟"("三双"即学生有学生与员工双重身份,教师有教师与企业工程师双重角色,领导有院长或主任与企业兼职厂长或经理双重职责;"四跟"即学校跟着主导企业走,教学跟着任务项目走,课程跟着岗位能力走,教材跟着生产过程走)。

2008年3月,在五年制高职工程测量专业试点学生职业健康与安全教育,教育效果非常明显。学生不仅掌握了职业健康与安全知识,提高了职业健康与安全意识,而且增强了遵守规则的意识。在近8年的工学结合人才培养实践中,该专业学生未出现一起意外伤害事故,确保了工学结合人才培养的顺利进行。

遵循市场经济的运行规律,本着平等、自愿、互利的原则,变学校一方积极为学校、企业、学生家长等多方积极,采取供需见面、多向选择的方式,师生积极参与地质企业工程项目生产,实现学生喜欢、企业满意、家长支持、教师幸福、学校放心,最终实现学生、企业、家长、教师和学校的多方共赢。

(六)培养模式促成了评价新体系的构建

以《工程测量规范》为依据、测绘行业《国家职业标准》为基础、江苏省优质测绘工程评选标准为参考,科学重建与工学结合配套的学生评价体系,突出学生实际能力和综合素质的考核。相对于传统考核方式,新学生考核评价体系更注重学习单元的过程性考核,采用校内与校外实训考核、个人考核与小组考核相结合,完善独具特色的学习考核与评价方法。

在教学计划中单独制订了技能训练计划,有目的、有计划地培养学生的专业能力,使实践性教学的各个环节落到实处。不仅明确学生毕业时应达到的专业技能标准,还有阶段性的实践目的、作用、与其他实践教学的关系以及具体训练的内容和要求。对各实践教学环节提出了考核标准及考核方法,强调了实训效果,而不强调实训过程的长短,要求每一个学生都能达到实践教学环节的最基本要求,鼓励学生在实践中掌握更多的技能,尤其是创造性地完成实践教学内容,这样可以保证实践教学的最终效果。强调了以实践教学效果为实践教学考核核心内容,避免由于学生个体知识差异而影响到实践教学效果的不同。

每学期举办技能竞赛,通过技能竞赛认定学生的成绩。如果学生对取得的成绩不满意(如没有获得优秀等级的),可以持续训练,到下一学年申请参加低一年级的技能竞赛。如果竞赛成绩为优秀,则本项技能最终认定成绩为优秀。这样,就彻底摒弃了一次考核定终身的传统做法,学习的主动权完全掌握在学生自己的手里,让学生有盼头,有奔头,最大限度地发挥他们的主观能动性——只要努力,人人都可以达到优秀,充分体现了以人为本的育人理念。

(七) 培养模式为实训基地建设提供新思路

遵循"满足教学、适应生产、兼顾研究"的原则,建成了融产、教、研、培、服务于一体的多功能实训基地(具有真实职业环境的数字化成图室、水准仪实训室、经纬仪实训室、全站仪实训室和测绘仪器检验维修室等7个实训室及19个室外校内外实训基地,设备总值超过400万元)。

其中,2011年10月25日,我校作为省内第一个职业院校建成校园CORS系统基站。省测绘产品质量监督检验站鉴定认为,该基站符合要求,完全能够满足日常教学工作及生产生活的需要。该专业数字化测绘实训基地现已长期作为江苏省建筑工程测量国赛选手选拔和培训场地。

实训基地成为创新和技能大赛平台,是企业文化、精神和安全教育基地;基地对外服务成效显著,具备"造血功能"。实训室实行开放管理,其管理经验《高职院校开放式测量实验室建设的研究与探索》在国内核心期刊《实验室研究与探索》发表,并获得江苏五年制高职教育课程改革论坛二等奖。校内外完善的实训基地建设有力促成了工程项目的承担。近几年,共承担20个工程项目,合同总额超200万元。产生的利润再用于添置测量设备,实训基地已具有造血功能,形成良性循环。

(八) 培养模式为教学团队建设提供新视野

五年制高职工程测量教学团队成员16人均为"双师型"教师。其中,正、副教授7人,测绘高级工程师3人,工程师9人。有"333工程"培养对象,出国访问学者,国赛金牌教练,省"青蓝工程"带头人、优青教师,省级专业带头人,高校硕士生导师等。近3年发表论文58篇,主持课题15项。

在多年的校企合作中,通过参与企业项目生产实践,独立承担企业生产任务,教师职业能力得到了快速提升,从测绘企业主体资格、专业技术人员素质、仪器设备的数量和质量、办公场所、质量管理体系、档案和保密管理、测绘业绩7个方面都达到了测绘资质的通用标准,同时也达到了工程测量、地籍测绘、房产测绘等不同测绘专业特殊需要的专项标准。

建立教师团队成长机制。团队建设获院教学成果三等奖和优秀教学团队称号,团队教师获省研究课题2项,公开出版教材1部。2011年,参与了工程测量专业国家示范性职业学校数字化资源共建共享计划科研课题项目,其中主持承担了"地籍测量"(见图3-6)和"控制测量"两门课程的教学资源建设,参与了"工程测量"课程的教学资源建设。独立承担了岩土工程勘察与施工专业国家示范性职业学校数字化资源共建共享计划科研课题项目,并已建设校级"数字化地形测绘"和"工程测量"等5门精品课程。

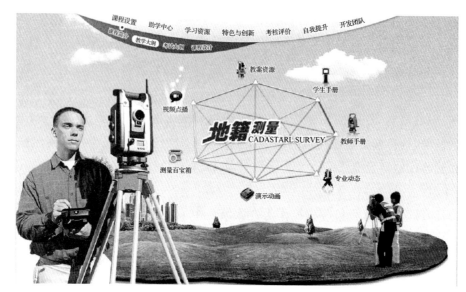

图3-6 核心课程"地籍测量"国家示范性职业学校数字化资源共建共享成果

五 成果创新点

(一) 理论方面的贡献

1. 构建了五年制高职工学结合人才培养模式体系研究的理论体系。

2. 构建了"双主体一体化"工学结合人才培养模式,对模式的内涵、组织架构、特征进行了理论描述,实现了人才培养平台和模式的创新。

3. 构建了学校、校企和企业三个维度的课程体系,创新教学方法,通过项目制、师徒制,在生产中教会学生技术与技能,突破教学与生产结合不紧密的瓶颈。

4. 创新了管理模式。打破了传统的班级授课制,代之项目分组制、师徒制组织教学,出台了12个工学结合规章制度,保障人才培养的有序进行。

5. 构建了以《工程测量规范》为依据、测绘行业《国家职业标准》为基础、江苏省优质测绘工程评选标准为参考,真实反映学生实际工作能力的评价体系。

(二) 实践方面的突破

1. 真实项目与教学融合,突破工学结合瓶颈,形成一批物化成果,获"研究课"及4项省优质工程二、三等奖,2项市一等奖。

2. 模式为学生提供实践与创新平台,技能大赛、创新大赛屡创佳绩,"大地测绘"实践团队获省优秀实践团队。

六 成果应用情况

(一) 促进了人才质量的提高

中高级工取证率分别在 100% 和 80% 以上。3 人获得国家奖学金,38 位学生获得国家励志奖学金。师生竞赛成绩:国赛 1 银 3 铜、省赛 2 金 2 银 7 铜;创新大赛 1 金 5 铜;专利 3 项。毕业生评价优良率 98%,对口就业率 95% 以上,2 个班级获省市"先进班级"称号。"大地测绘"实践团队获省大中专学生社会实践优秀团队。

(二) 建成省级示范专业

专业工学结合特色鲜明,已经成为江苏省地勘局、煤炭局、测绘局等部门人才培养基地。以该专业为基础组建了江苏地质职教集团,建立了校企沟通与互助、校校交流与学习机制。

(三) 开发了国家级数字化资源

主持和参与"地籍测量""控制测量""工程测量"三门课程的教学资源建设。另建有校级"数字化地形测绘"和"工程测量"等 5 门精品课程。

(四) 开展了广泛的技术服务

教师带领学生承担生产性任务。有 6 项成果获省市优质工程奖,学生开发的"墙面平整度激光检测仪"获省创新大赛一等奖和专利。

(五) 成果被广泛引用和采用

《高职工程测量专业"主体双元一体化"育人模式的实践》《五年制高职测绘专业工学结合人才培养的研究》等代表作被引 43 次,下载 698 次。

(六) 打造优秀教学团队

团队 16 人均为"双师型"教师。其中,正、副教授 7 人,测绘高级工程师 3 人,工程师 9 人。有"333 工程"培养对象,出国访问学者,国赛金牌教练,省"青蓝工程"带头人、优青教师,省级专业带头人,高校硕士生导师。近三年发表论文 58 篇,主持课题 15 项。

专业办企业：工程测量专业人才培养模式创新实践

工学结合始终是职业教育领域最热门的话题。针对工学结合人才培养实施中存在学校和企业主体分离、产教脱节和产学错位等问题，江苏省南京工程高等职业学校进行了有针对性的探索，并于2001年以工程测量教学团队创建股份制公司：南京大地测绘院，创建了"专业办企业"的人才培养模式。秉持"生产育人"理念，学校和企业两个主体深度融合，形成一体化人才培养（简称"双主体一体化"），在江苏率先设计"双主体一体化"工学结合人才培养模式，卓有成效地开展了专业办企业，进行了工程测量专业人才培养的实践。

一 成果简介

（一）建立"四合一"（系主任与测绘院院长合一、专业带头人与总工程师合一、专业教师与项目经理合一、学生与学徒合一）产学高度融合的管理体制，实现了专业建设与企业发展、课程内容与岗位要求、教材组织与项目任务、教学与生产的"四同步"。

（二）基于教学与生产对接，构建"三维"课程体系（素质课程、产学结合课程、生产课程）。根据测绘生产项目的特点，产学结合课程的二次开发实现了"三个转化"（技术设计转化为教学方案、生产过程转化为教学过程、生产质量监控转化为教学质量监控）。

（三）以"三个标准"（测绘行业标准、测绘行业国家职业标准和省级优质测绘工程标准）为依据，创新产学评价体系，学校和企业共同实行标准化考核和动态评价。

（四）建立"双师"培养与成长机制，教师职称评审试行工程系列优先原则，先有工程系列职称方可申报同级教师系列职称。本专业中级职称以上的教师除有工程和教师系列职称外，部分教师还考取了注册测绘师、注册房地产估价师和土地登记代理人等证书。

二 成果主要解决的教学问题及解决教学问题的方法

（一）成果主要解决的教学问题

1. 研究如何突破产学主体分离、难以融合的瓶颈

本成果实施"四合一"产学主体高度融合管理体制，制定操作章程，明确双主体的权利和义务。构建校企合作人才培养的运行机制，改革产学对接方法，重构实训基地功能，实现工学结合人才培养的"四同步"，提高人才培养的质量。

2. 探索如何破解专业建设产教脱节、教师成长途径窄的难题

本成果建立"双师"培养与成长机制，要求所有专业教师都要参与测绘工程生产项目。同时专业教师职称评审实行工程系列职称优先原则，取得工程职称后方可再申报同级教师职称。产教结合的实施为专业教师直接参加企业生产、有计划有目地培养教师实践能力、晋升工程系列职称和"双师型"教师培养创造了有利条件，克服了教师参与企业锻炼难或流于形式的问题。

3. 解决如何摆脱人才培养产学错位、时常学非所用的困境

构设"三维"课程体系，以测量工程项目为载体，依据"三个转化"，重点进行"地籍测量""控制测量"和"工程测量"等课程的二次开发，基于三个标准创新产学评价体系，实现了产学结合的无缝对接。

（二）成果解决教学问题的方法

1. 依托专业办产业

2001年3月，本着"围绕专业办产业、办好产业促专业"的宗旨，工程测量专业10名专任教师牵头成立股份合作制企业——南京大地测绘院。企业面向社会承接测绘项目。此后不断地引进教师，添置仪器，经过10余年的成长与发展，逐步形成了"四合一""四同步"产学高度融合的人才培养管理与运行机制。

2. 按照素质.产学合作、生产三个维度构建课程体系

以"学校教育与企业培养交替式、素质教育与职业培养渗透式.技术教育与技能培养并进式"为指导制定人才培养方案，同时着眼于培养学生的知识、能力、素质和学习迁移能力等，校企合作构建了工程测量专业的"三维"课程体系。

3. 依据"三个转化"开发产学结合课程

以工程测量、地籍测绘、地图编制等项目为载体，并结合每个生产项目的特点，适时修订和补充专业课程内容。产学结合课程内容的"三个转化"、师徒制、云课堂的方法以及行业专家的参与教学，不仅实现了专业教学与产业需求的无缝对接，而且极大地提高了学生的学习兴趣，有效地解决了教师难教、学生厌学的顽疾。

4. 基于三个标准制定产学评价体系

吸收"三个标准"中的规范操作、熟练程度、质量等级之精华评价学生,进行评价体系改革,建立产学互通的评价体系。三个评价标准的共同特征是质量标准,但又有所侧重,测绘行业标准侧重考查学生各种操作的规范性,测绘行业国家职业标准侧重考核学生操作的熟练程度,而省级优质测绘工程评选标准侧重学生成果质量差异的考核,实现了产学融通。

5. 鉴于双师要求改革教师成长路径

统筹规划,系统安排,建立流程,完善制度。通过工程项目,产、教与学结合培养教师,促进教师成长。本专业教师在分别参与、主持和获得一项省级工程项目优秀奖后可依次申报工程系列助工、工程师和高级工程师等职称。在此基础上再申报教师系列的助教(助讲)、讲师、副教授(高级讲师)和教授(正高级讲师),建立了师徒结对制度。

三 主要研究成果

(一)进行了工学结合人才培养模式的理论研究

梳理了工学结合人才培养模式的相关理论,探析了国内外工学结合人才培养模式的现状与问题,提出了工学结合人才培养模式下的专业人才培养方案、课程标准、师资培养、评价体系和管理机制等,系统建立了"双主体一体化"工学结合人才培养理论体系。

(二)制定了"双主体一体化"工学结合人才培养方案

依据"双主体一体化"工学结合人才培养模式,制定工程测量专业工学结合人才培养方案,校企合作统筹实施与安排"校内基础知识学习—校外专业认知和体验—校内专项能力培养—校外综合能力提升"的工学多轮循环交替式学习与培养。

(三)构建了工学结合人才培养"三维"课程体系

构建工程测量专业"三维"课程体系(素质课程、产学结合课程和生产课程各有侧重,素质课程注重国民素质教育;产学结合课程注重知识、能力和素质的协调发展,全面提升学生职业能力;生产课程注重企业文化、制度、技术规范和标准,并通过顶岗实习实施)。

(四)开发了项目化教学资源

形成了由传统的以教材为基础和进入课堂为目的的课程开发转变到以工程项目为基础和进入工地为目的的课程开发机制。项目化课程具有"学校教育与企业培养交替式、素质教育与职业培养渗透式、技术教育与技能培养并进式;成绩考核和能力评价动态化、教学组织与学习形式多样化(班组合作学习、在线资源学习);高素质、高技能、人人能成才和人人有岗位的培养目标"(简称"三式二化一目标")特征。出版教材5部,主持工程测量专业国家级数字化资源建设。

(五)促进了教学方法的变革

通过项目制、师徒制和云课堂,在生产中教会学生技术与技能,突破教学与生产结合不紧密的瓶颈;在市场项目与教学不能衔接时,以校园地形图测绘等典型项目课程,模拟真实项目,进行生产、管理与教学,并实现标准化考核。

(六) 推动了管理模式的变革

出台了12个与工学结合人才培养相关的规章制度,实施了工学结合人才培养"四合一""四同步"的运行与管理,取得政府、行业企业、学生及其家长的支持,变学校一方积极为学校、企业、学生家长等多方积极,保障人才培养的有序进行。

(七) 促成了新评价体系的出台

基于"三个标准"新评价体系真实反映了学生实际工作能力。学生经过专业学习后,可以获得毕业证书以及"工程测量员"等职业资格证书。参加过工程实践且表现优异的学生还可获得企业颁发的工程实践证书。

(八) 形成了实训基地建设的新思路

坚持"围绕专业办产业、办好产业促专业"的指导方针,建成融产、教、研、培、服务于一体的实训基地(含江苏省内首个职业院校 GPS CORS 站)。基地采用"讲练结合、精讲多练和助教助学"的实训教学模式。教师还利用实训基地设备承担了100多项工程项目,年创收近100万,实训基地现已具备"造血功能",为专业的可持续发展打下了坚实的基础。

(九) 开拓了教学团队建设的新视野

建立"双师型"教师成长机制,出台《双师培养与技术职务晋升相关规定》。团队建设获2012年江苏优秀教学团队称号。团队教师获江苏测绘地理信息局和江苏煤炭地质局优质工程奖10项,主持了6项省级课题,发表了《工程测量专业"主体双元一体化"育人模式的实践》和《测绘专业工学结合人才培养的研究》等论文,出版了全国测绘地理信息职业教育教学指导委员会"十二五"工学结合规划教材《计算机制图(CAD)》。

(十) 实现了校企合作的"三个转变"

以本专业为基础建立江苏地质职教集团,实现了校企合作的"转变":由被动合作转变为主动合作,克服学校一头热的难题;由合作的不可控转变为可控,克服了以往何时安排、如何安排和怎么安排等完全由企业掌控的难题;由单一合作转变为全过程、全方位的校企合作。

四 成果的创新点

(一) 体制创新

建立了"四合一"产学高度融合的管理体制。章程规定了组织机构产生办法、权利义务、议事规则等;主体责任明确:学校对人才培养质量起保障、考核、检查、监督等作用;企业负责市场开拓、提供项目任务、维护资质、进行资源的再分配等工作;从事生产和教学的教师(生产教学一体化)负责专业调研和市场分析、开发产学结合课程、组织生产与教学、进行质量评定与考核等。其决策层是董事会。

（二）教学实践创新

构建"三维"课程体系；依据"三个转化"开发产学结合课程，形成典型课程资源；改革教学方法，突破时空限制，使师生、学生与学生、教师与教师之间的互动和交流成为一种文化现象；课程内容的"三个转化"和师徒制、云课堂的教学方法，不仅实现专业教学与产业需求的无缝对接，而且大大提高学生的学习兴趣，破解教师难教、学生厌学的顽疾；真实的生产项目教学打破了传统的班级授课制，代之以项目分组制管理，形成制度与范式，实现了教学实践的创新。

（三）评价与考核机制创新

基于三个标准建立产学评价体系。以测绘行业标准、国家测绘行业职业标准、省级优质测绘工程评选标准为依据，建立产学互通评价体系。考核通过的学生深受用人单位欢迎。根据对"双师型"教师的需求，建立教师成长机制，设计专业教师成长路径；建立师徒结对、工程实践、职称评审等制度；规定教师职称评审试行工程系列优先原则，先有工程系列职称方可申报同级教师系列职称，技术职务高低取决教师参与工程项目的能力与业绩。教师团队对本成果理论贡献：代表作15篇（中文核心8篇），专著1部；实践贡献：8项工程获得10个省市工程质量奖。

五 成果的推广应用效果

（一）成果的应用提高了人才培养质量

近5年的毕业生中，取得中、高级工程测量职业资格证书的比例分别为100%和80%以上；获国家级奖学金56人次，省级以上技能大赛3金11银11铜；创新大赛1金5铜；国家专利4项；工测08031和04031班级分获江苏省和南京市"先进班级"称号；"大地测绘"实践团队获江苏省学生社会实践优秀团队；就业对口率95%以上，每年至少有10名毕业生进入事业编制。

（二）成果的运行培养了优秀团队

工程测量专业团队合计16人，现为江苏省优秀教学团队；正、副教授7人，测绘高工3名，工程师9名；有"333工程"培养对象、江苏省中等职业学校中唯一获得省政府奖学金资助的访问学者、国赛金牌教练、江苏省高校"青蓝工程"带头人和骨干教师、江苏省工程测量专业带头人和硕士生导师。《高职工程测量专业"主体双元一体化"育人模式的实践》等15篇代表作被引43次，下载698次，近5年发表论文58篇，主持课题15项，获奖教学成果8项。

（三）成果的实践提高了社会服务能力

工程测量专业师生近5年合计承担了100多项工程项目，有8项工程10人次获省测绘地理信息局和煤炭地质局优质工程奖;数字化测绘综合实训基地成为全日制人才培养、社会人员培训、对外服务生产和测量新技术创新的平台,也是企业文化和职业文化展示的窗口,已连续4年作为江苏测量国赛选手的培训基地。工程测量专业实训基地是实体型基地,已具备造血功能。

(四) 成果的辐射发挥了示范作用

通过江苏省中等职业教育师资培训中心骨干教师培训平台和江苏联合职业技术学院专业协作委员会平台,省内60多所职业院校学习借鉴本成果,50个专业办起了43个产业实体,实行"双主体一体化"运作,人才培养质量显著提升。教学团队主持"地籍测量"和"控制测量"2项国家示范性职业学校数字化资源建设,辐射全国工程测量及相关专业。成果得到河海大学、南京工业大学和郑州测绘学校等学校专家的一致好评。

(五) 成果的推广提升了专业知名度

工程测量专业建成江苏省职业教育示范专业。2010年以工程测量专业为主体,江苏省南京工程高等职业学校牵头省内外81家职业院校、高校和企事业单位,按照平等、互惠、互利的原则组建江苏地质职教集团。该专业成为孕育地质类人才的摇篮,是江苏、安徽和上海等省市测绘地理信息、煤炭地质和地质矿产勘查等局及其下属企业的人才培养基地。

五年制高职测绘专业"三进三出、四段三期"工学结合人才培养的研究

五年制高职是以专科学历层次高素质高技能人才为培养目标、招收初中毕业生、实施五年一贯制培养模式、融中等职业教育和高等职业教育于一体的职业教育。在我国经济飞速发展的今天,职业技术教育,尤其是五年制高职面临着新的机遇和挑战。五年制高职院校要想在竞争中取胜,就要不断改革和完善教育与教学,不断改革和创新人才培养模式,激发学生的学习欲望与创造力,使学生走上工作岗位之前既具备岗位所需的专业技能又养成良好的文化意识与素养,最终培养出高素质高技能的高质量人才。因此,进一步开展五年制高职人才培养模式的理论探索和教学实践很有意义。

一 工学结合人才培养的内涵及其特征

工学结合是将学习与工作结合在一起的人才培养模式。工学结合人才培养模式最早可追溯到1903年英国实施的"三明治"教育,并先后历经德国的"双元制"、美国和加拿大的"合作教育"、日本的"产学合作"和澳大利亚的"TAFE"模式等形式。1991年10月17日,国务院颁布的《关于大力发展职业技术教育的决定》文件中最早出现工学结合一词,并从2003年起,工学结合陆续出现在有关产学合作的研究报告中。2004年7月出版的《必由之路——高等职业教育产学研结合操作指南》将工学结合视为人才培养的新模式。2005年8月,教育部召开职业教育座谈会,原教育部长周济提出"大力提倡工学结合"。2006年11月,教育部发布的《教育部关于全面提高高等职业教育质量的若干意见》的精神核心就是"工学结合",是我国高职教育理论和实践的总结。

工学结合以职业为导向,充分利用校内外不同的教育环境和资源,将以课堂教学为主的学校教育和直接获取实际经验的校外工作有机结合,贯穿于学生的培养全过程。实施工学结合人才培养,重点要求学生在校内根据专业教学的要求以受教育者的身份参与各种以理论知识为主要内容的学习活动,在校外则以"职业人"的身份根据市场的需求参加专业实践。

这种培养模式能提高学生的综合素质和就业竞争能力，提高学校教育对社会需求的适应能力。因此工学结合必须由学校和企业共同实施完成，并做好下列6个结合：学生在校学习与企业工作相结合、理论知识学习与实践经历相结合、学生身份与企业员工身份相结合、全面素质培养和专业技能培养相结合、校内成绩考核与企业实践考核相结合、校园文化环境熏陶和企业文化环境影响相结合。

二 五年制高职测绘专业人才培养存在的问题

五年制高职测绘专业主要培养面向测绘行业，德、智、体等全面发展，具有与本专业领域相应文化水平，具有积极进取、团结合作精神和吃苦耐劳的工作作风，具有良好心理素质和职业生涯发展能力，掌握现代测绘专业理论、基础知识和专业技能，具有良好职业素质和职业能力，能从事测绘内外作业岗位一线需要的高素质技能型人才。测绘专业是一个应用与操作性很强的专业。学生不仅要学习测绘的基本理论和知识，更要具备在测绘生产和工程建设单位从事测绘工作的技能。当前五年制高职测绘专业培养的毕业生与社会需求不相适应，普遍存在以下几个问题。

(1) 普通本科院校测绘专业的教学重理论轻实践。这类院校重视理论研究及学术水平提高，其培养目标、教学计划和课程设置等都围绕专业教育进行，以培养理论研究和科技开发人才即"高级专门人才"为目标，存在学校与社会脱节、理论与实践脱节等问题。这些学校测绘教学因过分强调专业的系统性和完整性，常导致与社会对测量人员需求不相适应。如实际操作中所必须具备的理论不够用，而过分拔高的理论又占用大量学习时间，教学资源浪费和教学效率不高。同时，这些院校培养的部分毕业生，不愿意到施工一线，也不安心在施工一线工作。

(2) 高职院校测绘专业的教学条件与现代测绘技术的发展不相适应。这些学校大部分是从中专学校升格的，师资力量薄弱，办学方向不明确，并实施中专教育教学管理模式。近年来，现代测绘技术的发展已大大推动工程测绘的数字化、自动化和智能化的进程。生产部门已经基本普及全站仪，有些甚至已使用超站仪，有系统和全自动成图系统，测绘作业方式和施工管理向以信息技术为媒体的集成一体化方向发展。由于高职院校教学投入不足，致使教材更新、实训设备和教师知识更新远远得不到保证，基本停留在水准仪、经纬仪等传统时代，教学条件长期滞后于现代测绘技术的发展，毕业生毕业后要有一段相当长的适应期才能达到实际工作要求。

(3) 校企合作实施工学结合人才培养有误解、有难度。

第一，对实施工学结合人才培养的认识和理解有误。认为学生都到企业参加工作，必然减少理论学习课时，影响理论知识的学习，错误地认为这是原中等职业教育应该实施的教育模式。

第二，实施工学结合人才培养费用高，校企实施工学结合有难度。有家长，甚至部分师生认为学校把学生安排出去，主要是赚钱。实际上，学生进入企业，从实习到能进行一定的生产,有一个强化培训的过程,此过程中的主要食、宿、工作和学习费用绝大部分都由企业承担,因此愿意接受和参与人才培养的企业并不多,积极性更不高。

第三,学习安排和企业生产难协调。如当测绘单位急需学生参加工作的时间与学生专业学习时间相冲突时,学校很为难,有时候无法安排学生外出工作。再如,测绘企业对参与工程的一次性需求人数不大,学生在不同企业工作时间长短不一,班级整体学生很难一次性全部安排。

第四,指导教师和安全管理很难实施到位。校企双方都急需既懂工程技术又有一定教学能力的"生产型导师",但这样的人往往是学校和企业的骨干,很难要求他们随时都跟随在学生身边解决问题。此外,学生实习工作地点较为分散,校企双方难以完全承担学生的安全管理责任,也会增加校企合作实施工学结合人才培养的风险。

三 推进五年制高职测绘专业工学结合人才培养的对策

江苏省联合职业技术学院南京工程分院测绘专业的前身是于1998年9月创办的国土资源管理专业。在十多年的办学过程中,始终以服务测绘为目标,兼顾建筑、城乡规划和国土资源等领域对测绘高技能人才的需求,初步探索出了一条教学与生产实践相结合的专业发展道路,对"工学结合"的人才培养模式进行了探索与实践。

(1) 以先进的教学理念推动专业建设,吸收和借鉴平台和模块化战略开发人才培养方案。该专业建设吸收先进理念,倡导"生产育人,人人能成才"。吸收和借鉴平台战略,构建"一个平台、多个方向"(即普通测绘平台,地形地籍、工程测量和地理信息处理等方向)专业人才培养方案,形成"三进三出、四段三期"工学结合人才培养模式(见图3-7)。该模式包括三个阶段的校内专业学习(第一学年和第三学期、第五和第六学期、第八学期,此阶段校方以校内实训基地为主实施人才培养)和三个阶段的校外专业实践学习(第四学期,此阶段以校方为主,校企共同实施项目生产活动;第七学期,此阶段以企业为主,校企共同实施项目生产活动;第五学年,此阶段以就业单位为主的顶岗实习,校方负责监督,校企共同考核)。按测绘专业职业能力培养的递进特点,将其分为基本技能培养、岗位能力建立、岗位能力提升和岗位能力强化四个阶段。校内校外专业学习交叉进行,在整个教学活动中穿插与企业测绘生产项目紧密结合的三个生产实训期。

应用模块化战略从企业与学校、技术与技能、素质与能力等多纬度构建课程体系。目前已形成根据测绘新技术、新标准的需求及其变化及时调整课程设置,形成与工程项目紧密联系、互动灵活的理论与实训一体化专业课程体系构建机制。该课程体系横向上包括国民素质教育、专业本领教育和职业素质养成教育,纵向上强化技术教育与技能培养,具有"学校教育与企业培养交替式、素质教育与职业培养渗透式、技术教育与技能培养并进式;成绩考核和能力评价的动态化、教学组织与学习形式的多样化;高素质、高技能、人人能成才和人人有岗位的培养目标"(简称"三式二化一目标")人才培养特色。

4 五年制高职测绘专业"三进三出、四段三期"工学结合人才培养的研究

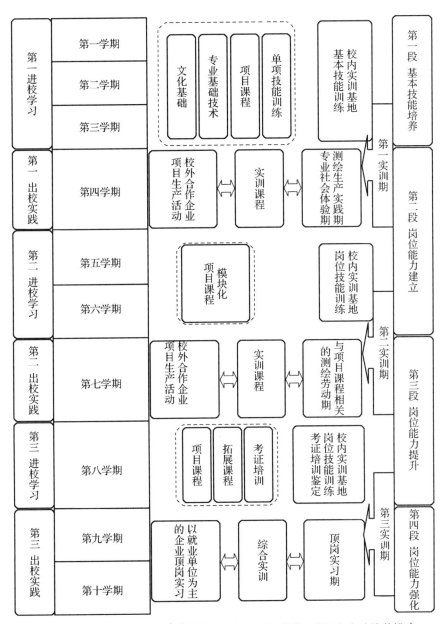

图 3-7 五年制高职测绘专业"三进三出、四段三期"工学结合人才培养模式

（2）推进工学结合人才培养模式，搭建"教学做合一"平台，加强实训基地建设，强化学生技能实践。建立健全工学结合人才培养组织，制定和实施一套行之有效的管理制度，理顺工学结合的学生、校企等各方关系，提升"工学结合"的实际效果。遵循"满足教学、适应生产、兼顾研究"原则，建好实训基地，并积极实施实训室开放式管理。借助本专业所属产学研实体南京大地测绘院和紧密结合型企业作为载体和真实情景下的数字化测绘实训基地为平台，使"三进三出、四段三期"落到实处。突出学生主体地位，重视和推进专业教学内容、教学方法和考核方式的改革，搭建"教学做合一"平台，广泛使用"项目教学法"和"理实一体化教

学"等,强化学生技能实践,着力培养学生获取知识、专业技能的能力。

(3) 改革和优化课程体系,按照"实际、实用、实践"原则组织教学,推进课程改革,实施课程综合化。着力构建以能力为本位、以职业实践为主线、以项目课程为主体的模块化专业课程体系,确定8门专业主干课程及其内容。按照"实际、实用、实践"原则组织教学,并采用模块化教学。以普通测绘为基础,以测量仪器操作和维修、测绘数据处理、数据分析和应用为核心,推进课程改革,整合和开发模块化项目课程(主要有"控制测量与平差""数字化地形测绘""地籍测量与管理""摄影测量与遥感""测绘综合应用"等)。学完以上课程,每个学生都可以参加考核一种相应测绘中级以上国家职业资格证书。

(4) 探索并实践"三位一体"的教学模式,加强教师团队建设,促进教师和学生的成长。2000年10月,我校注册成立南京大地测绘院,探索测绘专业教研室、南京大地测绘院、学生技能训练中心"三位一体"的教学模式。由测绘教研室的专业教师兼任测绘院负责人和技术人员。学生则担任实习成员和生产技术人员双重身份。高年级学生还可自发组织测绘协会,直接承担或参与测绘项目工程,培养学生主持项目的能力。对学生构建注重能力的动态考核评价体系,重视职业能力与素质教育。

四 实效分析

(1) 培养模式的实践促进了人才质量的显著提高。近3年,多家企业与我校建立长期用人关系,就业率为100%。中级和高级工取证率分别为100%和80%。郑夕飞同学获得8 000元国家奖学金,李桂云、吴建平和孙金成等20位学生获得5 000元国家励志奖学金。学生在省市级测绘大赛上获一、二、三等奖项7次。毕业生综合评价优良率达90%。毕业生主要就业单位有江苏省地质测绘院、江苏煤炭地质物测队和江苏省测绘工程院等,专业对口率达98%。其中,江苏煤炭地质物测队和江苏省岩土工程公司已经连续5年录用地质系的多名毕业生,有的毕业生在实践岗位很快被重用,多名毕业生作为有事业编制正式员工录用。

(2) 教育教学模式的实践促进了团队教师成长。专业负责人南亲江是江苏联合职业技术学院工程测量技术专业带头人。2名高级职称教师都具备高级工程师职称。已有3名研究生(另3人即将毕业),1名2010年度江苏政府留学奖学金项目人选,1名省高校访问学者,1名省级"青蓝工程"骨干教师推荐对象,并担任江苏联合职业技术学院工程测量竞赛主裁判,主干教师全是技师或工程师。承担"工学结合人才培养模式的研究与实践""数字化测绘实训基地建设的实践与研究"和"五年制高职测绘专业综合课程开发的研究"等课题。近几年,教师在《教育与职业》《国土资源遥感》《遥感技术应用》和《测绘科学》等核心期刊发表教研论文近30篇,参编教材多部。

(3) 真实项目的开展推进校企深度合作,提高了专业社会知名度。与江苏省地质测绘院和江苏煤炭地质物测队等12家企业开展合作,广泛开展技术应用和项目服务。我校教师承担的"吴江市同里测区1∶1 000航测数字化地形图测绘"和"金坛市城区1∶500城镇地籍更新调查及管理信息系统工程建设"同获2006年江苏省优质测绘工程项目三等奖。"刘大线航道整治工程测量"项目获得江苏省建设厅2007年优秀勘察设计项目一等奖。工程项目的开展促进了专业主干课程建设,目前已整合和开发的综合化项目课程有"控制测量与平差""数字化地形测绘"和"地籍测量与管理"等。2009年测量专业被江苏省教育厅评为江苏省高职示范专业,并被推荐参与国家级特色专业项目申报。2009年江苏选拔参加国家级测量选手测试在我校举行。该专业已经在省内外产生一定的影响力,未来发展的前景十分广阔。

(4) 实践教学体系的改革提升了实训基地设备建设的品位。遵循"满足教学、适应生产、兼顾研究"原则,建设了具有真实职业环境的数字化成图室、水准仪实训室、经纬仪实训室、全站仪实训室和测绘仪器检验维修室,建成了19个室外校内外实训基地,设备总值423.66万元。实训基地是教学生产型实训基地,是企业文化、行业企业精神、安全生产教育基地。实训室实行开放管理,其管理经验《职业院校开放式测量实验室建设的研究与探索》在国内核心期刊《实验室研究与探索》发表,并获得江苏五年制高职教育课程改革论坛二等奖。校内外完善的实训基地建设有力地促成了工程项目的承担。近3年,共承担20多个工程项目,合同总额超200万元。产生的利润再用于添置测量设备,实训基地已具有造血功能。

五 结语

我校五年制高职测绘专业工学结合人才培养模式改革始于2006年,经过几年的实践,取得了良好的人才培养效果。学生毕业后能够达到直接顶岗的要求,实现了五年制高职测绘专业毕业生零距离上岗的目的。其研究成果《五年制高职测量专业工学结合人才培养模式的探索与实践》获得我校2009年度教学成果特等奖和江苏联合职业技术学院一等奖。该研究成果具有很强的针对性和系统性,在五年制高职教育教学改革方面迈出重大步伐,有力地推动了五年制高职教育的发展,促进人才培养质量的提高,有普遍推广价值,也为同类院校工学结合人才培养模式改革提供了范例。

5 探索校企合作新路径,构建人才培养新模式

校企合作是符合职业教育办学规律的必由之路,学校和企业双主体应该是职业教育办学过程中关系不可分割、地位同等并列的教育担当者和责任人。校企合作的最高境界是产教融合,协同育人。各级政府都高度重视校企合作,国务院、教育部先后出台政策文件,大力发展职业教育,通过校企合作提升职业教育内涵,提高教育教学质量。经过十多年的校企合作磨合期,职业院校在探索中寻求对策和出路,通过组织协同、理念调适、政策配套、文化择优、利益双赢等整合,激活企业参与校企合作的积极性和内驱力。职业院校自身师资力量、实训条件、科研创新水平、资源开发能力等方面得到了长足发展。

笔者认为,在新的形势下有必要探索校企合作新路径,构建人才培养新模式,以大师—名师工作室建设为抓手,从点上建立校企长效合作机制;以生产性实训基地建设为切入点,从线上整体推进产教融合;以企业群建设(职教集团)为平台,从面上系统构建人才培养模式。通过以上措施,让校企合作走得更远,结出更丰硕的果实。

一 以大师—名师工作室建设为抓手,建立校企长效合作机制

(一) 大师—名师工作室建设

大师(技能)一般是指行业、企业某一领域技能拔尖、技艺精湛并具有较强创新创造能力和社会影响力的高技能人才,在带徒传技方面经验丰富,具有较高的社会知名度。名师(职教)即有名望的教师,具有扎实的专业、教育教学理论功底和较强的专业生产实践能力,教学效果好,学术造诣高,在教师队伍中起到领衔、示范、激励、凝聚和辐射等作用。大师—名师工作室的组织架构是以大师、名师为领衔人,将一批有相同专业背景、共同追求的企业工程技术人员、院校教师联合起来,形成共同学习、生产、研究与发展的专业共同体。建立大师—名师工作室,在院校和企业之间架起沟通与交流的桥梁,通过大师—名师引领,开展一系列

产、学、研、用、培等活动，能有效提高企业的研发能力，促进教师的专业化发展。

（二）大师—名师工作室的主要任务

大师—名师工作室这个专业共同体，试行双导师制，在企业设立研发与实践工作站，以大师为带头人，成为教师来企业实践与创新的落脚点，为教师参与生产实践、技术研修、研制人才培养方案和培养模式等提供咨询与交流的平台。主要任务是传绝技、带高徒，为企业和院校培养技能骨干；其次是组建混合技术创新团队，开展技术攻关和科技创新，解决生产技术难题，推动企业产业升级和技术进步。教师在工作站中的角色从观摩、参与到承担任务、主持项目，呈梯队成长。在学校设立专业教学与改革工作站，以名师为领衔人，是企业工程技术人员错时来校理论研修和传艺的场所。主要任务是推动职业院校与行业企业合作协同育人，共建技术工艺和产品开发中心、实验实训平台，开展项目课程的开发及实施、生产性实训的教学活动、技能大赛与创新设计项目的指导、专业建设与教学改革的推进、社会培训及技术服务、教师队伍培养等工作。

（三）制定大师—名师工作室发展规划并建立运行机制

大师—名师工作室发展规划，就是制定大师—名师工作室长期目标并将其付诸实施。大师—名师工作室发展规划一定要结合自身的发展需求，符合自身长远的发展战略。应包括指导思想、发展理念、战略定位、总体目标、发展具体目标、预期成果、研修学员分工与研修方向（发展定位）等内容。根据大师—名师工作室发展规划，每个成员制定个人的成长与发展规划。

大师—名师工作室特有的特征就是运行机制。这种运行机制是一种动态的人才培养与成长机制，为企业和学校带来人力资源红利和储备；其次是技术创新，推动企业产业升级和技术进步。企业和学校共同建立和完善大师—名师工作室运行机制，主要包括导师培养制、校企合作制、项目领衔制、成果辐射制、动态培养制、日常工作制度、例会制度、研修制度、考核制度等。

（四）建立大师—名师工作室运行保障机制

大师—名师工作室运行保障机制主要包括三个方面。一是组织保障。企业和院校建有相应管理机构并积极履行管理职能；大师—名师工作室建设列入企业和院校发展规划，有明确的推进计划、制度、措施，政策落实到位。二是条件保障。在企业和院校都有相对独立、规范标准的专用区域空间，具有自身专业特点和文化特色，并设有统一醒目的标志标识；配备办公和专用设备设施，以及必要的图书资料。三是经费保障。有一般性经费预算和决算；有项目专项经费，主要用于产学研开发、专业和课程建设、专项培训等。

二 以生产性实训基地建设为切入点整体推进产教融合

生产性实训与传统的生产实习不同的是，它不仅要让学生参与产品生产、技术维修与社会服务等生产性过程,培养学生的实践技能,还要培养学生参与生产管理、质量管理、成本与运营管理等管理活动。它是提高学生综合职业能力的一种实践性教学模式。生产性实训基地的建设不仅满足学生的生产性实训,同时,教师通过参与生产、技术开发与技术服务,实现职业教育的服务社会功能。生产性实训基地的建设、运行与管理水平直接反映职业院校的办学特色和人才培养质量。以生产性实训基地建设为切入点整体推进产教融合,是进一步深化职业教育内涵建设、确保职业教育可持续发展的迫切需要。教育行政部门应建立生产性实训基地的建设、运行与管理的评估、考核与评价机制,建、用、管三管齐下,评估职业院校的生产绩效和人才培养绩效,形成倒逼机制,促进职业院校积极探索生产性实训基地的建设。在此基础上,职业院校进行实质性课程改革,重构课程体系和人才培养模式,实现供和需的有效对接。

（一）生产性实训的特征[1]

生产性实训的主要特征是实训教学的生产性,围绕校企合作、工学结合来展开。主要体现在实训的内容以企业生产任务为中心,将技能训练融入生产;打破传统的班级管理模式,按照生产要求建立车间式生产管理组织;学徒可能是来源于一个专业群,或是一个跨专业的组合;按产品质量标准和规范要求完成产品生产或服务,不再是纯消耗性的实习;具有真实的生产或服务环境、企业文化和职场体验条件。

（二）生产性实训基地的表现形式与功能定位

生产性实训基地的表现形式可分为校内生产性实训基地和校外生产性实训基地。校内是开展校内生产性实训的重要场所,是校企合作、工学结合的基本平台,其基本功能是生产、教学、培训与职业技能鉴定;拓展功能是发挥科研、技术服务、创新创业、国际交流合作、示范辐射等作用。校内生产性实训基地是企业生产旺季的调节器和生产淡季的蓄水池。

校外生产性实训基地完全是由企业建设的生产基地或校企共建的生产基地。校外生产性实训基地是以营利为目的的市场行为,其基本功能是为学生提供顶岗实习岗位和就业机会,承担部分校内生产性实训基地功能。

（三）生产性实训基地建设的基本路径

生产性实训基地建设一定要以校企合作为基础、产教融合为愿景,以"共建、共管、共享、双赢"为原则。学校作为人才培养供给侧,一定要把人才培养的社会效益放在首位,舍得投入,充分调动行业、企业参与建设的积极性。

生产性实训基地建设首先必须要考虑满足生产条件,具备基本功能,在条件许可的情况下实现其拓展功能;其次要有适应企业生产的工程技术人员配制;最后要有产、供、销一条龙的营销机制。校企合作的低级形式就是"来料加工"型,两头在企;中级形式就是产品贴牌,接受企业质量监督,产、供、销一条龙服务;高级形式就是专业办企业,以职业院校专业教师为主体,利用专业的人、财、物优势创建股份制企业,建立院系主任与企业法人、专业带头人与企业总工程师、专业教师与企业项目经理、学生与企业学徒高度融合的产学管理体制,实现专业建设与企业发展、课程标准与岗位要求、教材内容与项目任务、教学过程与生产过程、教学质量监控与生产质量检查"五同步"。

(四) 生产性实训基地建设的投入与运行模式

生产性实训基地建设的投入运行模式主要有院校主导型、企业主导型和共建共享型。其中,院校主导型由院校投入与管理。院校依据雄厚的办学基础和企业在市场体系中的实践运营理论,将生产性实训基地建成为真正的生产实体和技能训练中心,使生产和教学同步进行。企业主导型就是以企业的生产与运作为主,一种是引企入校,院校提供场地和一定的资金,企业通过人、财、物的投入建立在校内生产基地;一种是在企业建立生产性实训基地,通过技术服务、技术开发、"订单式"培养等工学结合项目的实施使学生在真实的工作环境中锻炼自己的适应能力和实际操作能力。共建共享型就是组合学校生产性设备和企业的大型设备、学校的实训场地和企业的生产场地,共同建设优势互补的生产性实训基地。

三 组建多方参与的职教集团(核心:企业群),创建人才培养融合方式,构建人才培养模式

职业教育集团化办学是职业教育管理体制、运行机制和人才培养模式的重大创新,是强化企业重要主体作用,解决人才培养供给侧与产业需求侧"两张皮"问题的重要举措。院校通过集团化办学建立企业群,若干个成员企业有着相同或相近的经营范围,因而职业岗位和工种具有趋同性,为创建校企"融合式"、构建人才培养模式提供了可能。

院校从集团化办学企业群需求侧分析入手,充分发挥行业企业在人才培养过程中的主导作用,积极推进人才培养供给侧改革。江苏地质职教集团创建了四种人才培养融合方式,根据人才培养融合方式的不同,构建与之对应的四种人才培养模式。

(一) 定制式融合方式

当用人单位某个岗位或工种需求超过 20 名时,由校企共同确定培养目标,共同制定人才培养方案,共同进行整建制订单培养,毕业前进入企业参加预就业式顶岗实习。

与之相对应的人才培养模式是现代学徒制:通过职教集团内校企深度融合,将教师班级授课和企业师徒传授技能有机结合。这种融合方式可分为招生即融合(订单超过 20 名)方式和经过一定的学程后融合方式。所谓招生即融合方式,就是企业根据用工需求与院校实行联合招生(招工)、联合制定人才培养方案,嵌入企业课程,实施工学交替等模式进行培养,实质上就是现代学徒制模式[2];所谓学程后融合方式,就是一些新兴企业或在短期内快速发展的企业,技能型人才紧缺,一般会在学生顶岗实习前的一个学期来院校寻求支持,签订用人协议,整建制编班进行企业岗位能力的培养,技术规范的学习,企业精神、文化的熏陶,企业工作制度与流程的遵守等培训。

（二）结合式融合方式

职教集团内的企业按照人才规格与等级进行分类，有一些特定的岗位或工种年需求量都较少，无法进行单独订单培养，将这些企业的零星需求集中起来融合编班，进行分类培养、个性化指导。

与之相对应的人才培养模式是小师傅制：针对结合式培养特点，运用分类教学法，聘请在各个企业顶岗实习期满表现优秀的学生（或准员工）为"小师傅"，配合指导教师对零星人才进行岗位能力培养训练，参与指导后期参加顶岗实习的学生，形成"企业师傅—高年级学生（准员工）—低年级学生"有效传递岗位技能的教学模式，使学生更快地适应岗位。

（三）联合式融合方式

在人才培养过程中，部分学生和企业职工有升学的愿望，企业也有不同学历的配制需求，职业院校受到办学层次的限制，无法满足学历提升和学历多样化需求。在这种情况下，职业院校进行需求融合，和高层次学历教育的本科院校进行联合培养，充分利用职教集团内高校办学资源进行校际合作，联合开展学历教育。

与之相对应的人才培养模式是双导师制：为有升学愿望的学生和企业职工配备校内导师、高校导师，即"双导师"。通过校际合作，联合进行学历教育的人才培养模式。江苏地质职教集团先后与南京师范大学、南京理工大学、南京工业大学、中国地质大学（武汉）联合举办函授教育、专接本教育、网络教育等。目前，江苏地质职教集团理事长单位江苏省南京工程高等职业学校每年为本科院校输送继续教育学生1 000余人。

（四）集中式融合方式[3]

依托政府部门、行业协会、骨干企业，集中开展技术技能型紧缺人才培养和员工培训工作。

与之相对应的人才培养模式是政行校企联动制：学校与政府部门、行业协会、骨干企业合作，集聚各方资源，面向行业企业开展职工集中培训和职业技能鉴定工作。以江苏地质职业教育集团为例，根据地矿行业人才需求，与江苏省地质勘查局合作开展全局钻探技师培训，与江苏煤炭地质局合作开展全局新职工岗前培训，与南京、苏州、无锡、淮安等地勘察设计行业协会合作，开展相关工种初级工、中级工、高级工、技师、高级技师的培训和鉴定工作，以及上岗证书培训工作，形成行业企业用人需求与职业院校人才培养、培训工作的有效对接，形成培训品牌。

四 结束语

学校和企业能否深度合作培养人才，取决于学校有没有大师级人才，取决于学校生产性实训基地能否服务于企业成为企业生产的后备军和蓄水池，学校和企业的合作能走多远？取决于学校的资源整合能力。以江苏省南京工程高等职业学校为例，牵头组建江苏地质职业教育集团,建立集团网站,共建共享生产、科研、培训、人才需求等信息化平台。基于信息化平台,建立人才需求报送制度,针对企业人才需求多样化的特点,创建人才培养融合方式,构建不同的人才培养模式,形成了基于集团化办学的人才培养体系,校企合作做到了应社会所需,与市场接轨,探索和推进了新型校企合作路径与模式,促进了校企资源共建共享,形成发展合力,为职业教育事业发展带来一片新的春天。

参考文献

[1] 石令明,傅昌德. 校企合作框架下的高职生产性实训研究[J]. 教育与职业,2008(9):26-28.
[2] 张振伟. 基于"现代学徒制"视角的高技能人才培养模式探究[J]. 成人教育,2015(10):58-61.
[3] 李新红,殷小芬,南亲江. 职教集团化办学的研究与实践[J]. 江苏教育,2017(12):12-16.

第四辑

技能培养与教学模式

《基于学生技能学习的差异性分层递进教学模式的研究》课题研究报告

为了贯彻教育部《关于职业教育教学改革创新工作会议》精神,进一步落实江苏省职业教育课程改革行动计划,积极探索符合当前需要的教学方法与模式,本课题组在认真学习领会《江苏省职业教育教学改革研究课题管理办法》《关于组织开展第一期江苏省职业教育教学改革研究课题申报工作的通知》(苏教科院职函〔2010〕19号)等文件的基础上,于2011年3月28日正式向江苏省教育科学研究院申报了《基于学生技能学习的差异性分层递进教学模式的研究》课题,经专家组审议,江苏省教育科学研究院批准,本课题被列为第一期江苏省职业教育教学改革研究立项课题,课题编号为:ZYA13。获准立项后,本课题组即组织相关人员展开研究实践。两年间,课题组两次参加了由南京市职业教育教研室组织的课题交流活动,并在会上做经验交流。同时,课题组加强自身学习与实践,多次召开课题研究探讨会议,确定目标,交流经验,规划进程。在课题组全体成员的辛勤努力和课题组所在学校、兄弟院校相关部门的大力配合与支持下,现已完成各项研究,并已全面达成预期目标。现将课题研究进展、过程及研究成果汇报如下。

一 研究的背景与意义

(一) 研究的背景

2010年,国务院颁发《国家中长期教育改革和发展规划纲要(2010—2020年)》,这份时间跨度十年的纲领性文件明确提出:职业教育要"以服务为宗旨,以就业为导向,推进教育教学改革"。因此,改革教育教学模式既是国家层面的行政要求,也是当前职业教育发展迫切的需要。

根据《教育部关于"十二五"期间加强中等职业学校教师队伍建设的意见》(教职成〔2011〕17号)的要求,"到2015年,专任教师生师比降到20:1以下,专业教师中兼职教师的比例占到30%以上,全国中等职业学校专兼职教师总量达到135万人左右"。然而,由于历史和现实的原因,目前,在中等和高等职业教育中仍然存在生师比过高、"双师型"教师和兼职教师比例偏低、教师实践教学能力不足的问题。

近几年来,教育部一直要求"加快普及高中阶段教育,合理确定普通高中和中等职业学校招生比例,今后一个时期总体保持普通高中和中等职业学校招生规模大体相当"。在此背景下,各职业学校想尽办法扩大招生规模,而教师——尤其是专业教师、实习指导教师的储备却跟不上扩招的步伐,加上教育经费投入不足的现实影响,就逐渐造成了当今师生比不但没能下降反而日益上升的趋势。如此形势导致的后果至少有以下三点:

一是教学质量难以保证。当代教育体制本来就是批量生产人才的一种模式。当下,一个专任教师平均每周授课普遍都在12个课时以上,而一个班级的学生人数至少在40人以上。除教学工作外,教师还要参加企业实践、科研工作、学生管理以及学校时常下达的各项迎评、创建任务。如此强度下,即便所有职教教师都具备了"爱岗敬业、无私奉献"的高尚情操,恐怕也很难做到对学生的精雕细琢。

二是粗放式教学影响了职业教育的美誉度。教育的功能之一就是服务社会,然而,如果因为以上原因导致人才培养质量降低,那么,所谓培养"高素质劳动者和技能型人才",所谓"以服务为宗旨,以就业为导向",这些愿景也只能停留在美丽动人的口号上。职业教育在当代教育体系中本已是最薄弱最边缘的环节,如果在国家大力倡导和支持的背景下,仍然将这种粗放式的教学延续下去,无疑是不可取的。

三是有悖于"以人为本"的观念。中国当代的价值观强调"以人为本",而一个教师如果深陷在繁重的教学工作中——当这种繁重已超过一个正常人的负荷的话,那么,不仅毫无职业乐趣可言,反而是对人的一种摧残。2013年1月7日,金陵中等专业学校机修专业教师陈青,在他离自己33周岁的生日还有十天的时候,溘然长眠。人民网在报道此事的时候,简洁明了地表述,"他是被累死的"。尽管此后,行政主管部门对他追授了许多荣誉,但一个鲜活的生命却永别人世,我们到底应该因此而感动,还是应该感到遗憾并深思?

(二)研究的意义

本课题研究的价值体现在以下几个方面:

1. 由于本课题聚焦的重点在学生技能学习和训练上,因此课题组对当前职业学校技能培养模式、方法和效果做了系统而具体的调查,并对现状进行了分析。

分层教学能使教师更好地利用教学资源,充分调动不同层次的学生的学习积极性和主动性,使教师避免课堂教学缺乏针对性、平均着力、浪费教学资源等现象的发生。

2. 其实践意义在于:① 放大教师的教学功能,在当前职业学校教师教学任务普遍比较繁重的情况下,利用高年级同学或同年级中技能掌握比较好的同学,参与教学或技能训练,在一定程度上无疑可以缓解教师的教学压力。更重要的是,可以改变粗放型的教学现状,让更多的同学能够得到手把手的指导,从而提高课堂教学的效率,缓解当前师生比不合理的现状。② 通过分层递进教学模式的实施,加强学生的实践操作水平,切实提高学生的专业技能。③ 通过分析高职校学生在动觉智力上的差异性,探索出一条更适宜于高职学生自身发展的培养模式,并针对不同类型的群体施以不同的教学方式,最终达到殊途同归的目的。

3. 在普及推广方面,探索出一条能够适应不同专业、具有一定普及意义的教学模式,并在同类学校中具有推广价值。

二 核心概念界定

本课题的名称为《基于学生技能学习的差异性分层递进教学模式的研究》,旨在研究职业学校学生在技能训练中所体现出来的差异性,并由此探索出分层递进的教学模式,从而提高职校技能训练的效率,放大教师的作用。

本课题在研究之初,所涉及的概念有以下几种:

1. 差异性

本课题所指的差异性是指职业学校学生职业技能的差别。

20世纪80年代,美国著名发展心理学家、哈佛大学教授霍华德·加德纳博士提出多元智能理论。20多年来该理论已经广泛应用于教育实践与研究中。霍华德·加德纳博士指出,人类的智能是多元化而非单一的,主要是由语言智能、数学逻辑智能、空间智能、身体运动智能、音乐智能、人际智能、自我认知智能、自然认知智能八项组成,每个人都拥有不同的智能优势组合。

通过学习该项理论,并联系职业教育实际,我们认为,职业院校的学生尤其在动觉智力上存在个体差异。这种差异来源于两个方面:一是学习者动作技能的习得有快有慢,存在个体差异;二是学校在传授技能上,有先后顺序的安排,形成了各个年级职业技能上的差异。

2. 分层递进

"分层递进"教学模式,是在"分层教学法"理论指导下的一种课堂教学策略。在充分认识和尊重学生个体差异的基础上,构建开放的分层教学体系,并依据专业的特点和需要,提出合理的分层教学方法,以缩小各层之间的差距,促进学生的最大发展。

3. 岗位能力

岗位能力是指由岗位技能、理论知识、职业操守等累加起来的综合能力。

4. 模式

本课题中的模式是指基于学生技能的差异性,不同层次的学生合作学习的框架结构。

随着课题研究的不断深入,课题组在实践与探索中,又涉及以下几个方面的概念:

1. 教学模式

所谓教学模式,就是在一定教学思想指导下,为实现教学目标而建立起来的比较稳定的教学操作程序及理论化了的教学结构。

2. 分层教学的理论

主要来源于布鲁姆的"认知层次目标"理论、卡罗尔的"学校学习模型"理论以及前苏联教育家维果茨基提出的最近发展区理论。布鲁姆认为"教学可以在所有学生都能学好的思想指导下,以集体教学为基础,辅之以及时的反馈,为学生提供个性化的帮助,从而使学生都能达到课程目标所规定的掌握标准";卡罗尔认为"对于各方面存在差异的学生如果提供足够的时间或是学习机会,再具备合适的学习材料和教学环境,那么,几乎所有学生都可能达既定的目标";维果茨基认为"学生的发展有两种水平:一种是已经达到的发展水平;另一种是学生可能达到的发展水平"。这两种水平之间的距离,就是"最近发展区",要正确地认识学生现有发展水平和其潜在的发展可能,合理组织教学,使教学建立在学生通过一定努力可能达到要求的智力发展水平和知识水平上,并据此确定知识的广度、深度和教学的进度,以促进每个学生都得到发展。

综合来讲,"分层教学"是指针对学生知识、能力结构和学习需求的不同类型而分群体选择不同的教学目标和内容,实施不同的教学方式,从而让不同层次的学生都能得到充分发展的一种教学模式。关于分层教学的理论体现了以下几个方面的特征:第一,以人为本,主张发展学生的个性,促进他们的自我实现。第二,因材施教,尊重每个学生的个性潜能,组织教学,使每个学生能得到更好的发展。第三,承认个体差异,这种差异表现在个体的气质、性格、能力和学习方法等方面。因此分层教学方法的运用与因材施教的思想是一脉相承的,更是因材施教思想的一种具体体现。

其方法是,在团体教学中,根据学生的学习状况、技能水平、特长爱好将学生分组,利用学生的差异性,让一部分技能水平较高的同学指导技能水平较低的同学,在互帮互学中共同促进职业技能水平和学业水平的进步,并培养其团体合作意识,使教师的指导作用得到放大。

3. "学教互动"教学模式

该教学模式是根据学生学习可能性的特点与水平,将不同的学生分为若干层次或类型,既考虑到个体之间存在的差异,又考虑到他们具有的某些共同性,通过着重培养一部分接受能力比较快的同学,让他们技能水平快速提高,以协助教师参与教学,指导技能水平较低的同学。部分"学生"转移到"教师"的角色中来,打破"学生"与"教师"之间的壁垒,形成良性互动的模式。

4. 学生助教

所谓"学生助教",就是在高年级先行教学、先行训练的学生中挑选技能水平高、操作熟练、动作协调的学生,然后将这些学生有效地组织起来参与教学,在学校技能培养上发挥作用。这样,既能有效缓解职业院校专业教师不足,弥补教师在技能训练、动作技能方面的某些缺陷,同时学生之间学习交流,学者在交流上没有障碍,易于沟通,教者充满着自信,热情有余。这样一种学教互动模式,使学生在互帮互学中共同促进职业技能水平的提高和学业水平的进步,从而提升技能培养的整体水平,提高技能教学的有效性。

5."主体双元一体化"

主体双元是指在工学结合育人模式中,有两个主体,即一元是学校,另一元是企业。在教学过程中,通过校企双方合作办学、合作育人、合作就业、合作发展实现主体双方互利共赢,最终让学生受益。

三 课题研究的依据

(一) 政策依据

1. 2010年教育部制定《中等职业教育改革创新行动计划》,对中等职业学校的师资建设有这样的描述:"逐年增加中等职业学校教师数量,力争使全国专任教师平均生师比达到20∶1,'双师型'教师比例达到35%;兼职教师占专业教师总量比例达到25%;师德素养、理论水平和实践能力等综合素质普遍提高。"同时,关于人才培养模式也做出了具体的要求,"创新职业教育人才培养模式,以产业为引领、就业为导向、素质为基础、能力为本位,基本形成多途径多形式实现工学结合的局面,'校企一体'改革取得明显进展;动态更新专业、课程和教材,专业建设管理规范化和教育教学信息化的水平明显提高;建立健全职业教育课程衔接体系,职业学校毕业生直接升学制度和在职继续学习制度进一步完善"。

2. 2011年教育部颁布《教育部关于"十二五"期间加强中等职业学校教师队伍建设的意见》(教职成〔2011〕17号),提出要创新性地解决生师比过高的问题。"教育规划纲要发布之后,我国职业教育改革发展进入加快建设现代职业教育体系、全面提高技能型人才培养质量的新阶段。实现职业教育科学发展,进一步保证规模、调整结构、加强管理、提高质量,对中等职业学校教师队伍建设提出了更高的要求。面对新的形势和要求,中等职业学校教师队伍要进一步扩大规模、优化结构、提高素质,加快解决生师比过高、'双师型'教师和兼职教师比例偏低、教师实践教学能力不足的问题。因此,必须要把中等职业学校教师队伍建设摆在职业教育事业发展更加重要的位置,采取切实有力的措施,加强规划,加大投入,深化改革,努力开创职业教育教师工作的新局面。"

3. 江苏省教育厅2005年颁布《江苏省职业教育课程改革行动计划》,专门指出实施分层教学的必要性,"职业学校要贯彻因材施教原则,积极实施分层教学,努力体现职业教育特色。根据不同专业以及学习者不同兴趣、个性发展和终身学习的需要,大力开发具有学校特色的选修课程,积极探索并实施分层教学,不断改进教学方式,指导并帮助学习者增强学习信心,培养学习兴趣,激发学习热情,不断改进学习行为、习惯和方式,使学习者想学、会学、乐学。重视和加强艺术教育、体育和信息技术教育,培养学习者高尚的审美情趣、健康体魄和信息素养与信息处理能力"。

4.《江苏省中长期教育改革和发展规划纲要》中就职业教育强调了技能培养的重要性,"突出以诚信敬业为重点的职业道德教育。以职业能力为核心,改革教学方法和管理机制,强化学生技能训练。完善职业院校学分制和弹性学制。全面推行工学结合、校企合作、顶岗实习的人才培养模式。建立健全技能型人才到职业院校从教制度和职业院校教师赴企业实践、学生顶岗实习制度,建设有职业教育特点和行业企业特色的专业文化、校园文化。定期开展教学质量评估,把毕业生的职业道德、职业能力、就业质量和用人单位满意度作为考核职业院校工作的主要指标"。

5. 2012年11月,江苏省政府办公厅转发省教育厅《关于进一步提高职业教育教学质量的意见》的通知(苏政办发〔2012〕194号),该通知中强调,要不断深化人才培养模式改革,改革教育教学模式。坚持"做中学、做中教""推行项目教学、场景教学、主题教学和岗位教学。注重因材施教,完善分层教学制、走班制、学分制和导师制。健全学习困难学生帮助机制,建立拔尖学生特殊培养制度。控制职业学校班额,每班原则上不超过35人,并积极开展小班化教学试点和现代学徒制试点。制定职业学校优质课堂标准,建立课堂教学质量分析、评比和反馈制度"。

(二)理论依据

1. 关于差异性

20世纪80年代,美国著名发展心理学家、哈佛大学教授霍华德·加德纳博士提出多元智能理论,每个人都拥有语言智能、数学逻辑智能、空间智能、身体运动智能、音乐智能、人际智能、自我认知智能、自然认知智能不同的智能优势组合,有人会在某一两项智能方面表现得特别优秀。

加德纳还认为,每个人都同时拥有相对独立的八种智能。而这八种智能在每个人身上都以不同方式进行不同程度的组合,使得每个人的智力各具特点,这就是智力的差异性。这种差异性是由于环境和教育所造成的,不同环境和不同教育条件下个体的智力发展方向和程度有着明显的差异性。

2. 关于分层教学

孔子是我国伟大的教育家,他主张"有教无类""因材施教",具体一点即"自行束脩以上,吾未尝无诲焉"。就是说,无论贫富、贵贱、智愚,只要带一束"干肉"作为"学费",只要有志于学,都可以收为弟子,施以教诲。那么,怎么教呢?孔子提出了关于教育的原则方法,那就是"因材施教"。因材施教,就是对接受教育者区别对待。孔子曾经说过:"中人以上,可以语上也;中人以下,不可以语上也。"(《论语·类读》第191章,山西古籍出版社)

苏联的教育学家巴班斯基的"最优化教学理论"也是分层教育实践的理论根据。巴班斯基最优化理论中,"最优化"的内涵是指一个学校、一个班级乃至一个学生在一定条件制约下,所能取得的最大成果;"最优化"是指,在一定时间内,在教学教育和发展三个方面都能达到他可能达到的最好水平(但不得低于大纲规定的最好水平)。它不等于"理想的",也不等于"最好的"。教学过程最优化有他自己的方法体系,这个方法体系包括以下八个基本方法:① 综合规划学生的教学(教育和发展)任务。② 深入研究学生,具体落实任务。③ 依据教学大纲,优选教学内容,分出内容重点。④ 根据具体情况选择最合理的教学方法。⑤ 采取合理形式,实行区别教学。⑥ 创造必要条件。⑦ 随时调整教学活动。⑧ 分析教学效率,节省师生时间。就我们现在的教学安排看,这个方法体系中的第五条"采取合理形式,实行区别教学"的方法正是我们的做法——"分层教学"。巴班斯基指出:对学生进行区别教学,是教学过程最优化的重要方法。

3. 关于分层递进理论

上海学者胡兴宏等在20世纪90年代初提出了分层递进教学的设想。胡兴宏认为,课堂教学是一种以群体教学为主的教学形式,不可能完全顺应每一个学生的特点与水平,要预防与克服学业不良,大面积提高教学质量,需要教学去适应每一个学生,做到因材施教。将某些重要特征相似的学生归为一类或一层,有助于针对这一层学生的共同特点和基础开展教学活动,既能提高教学效率,又可在群体中增加个别化施教的因素,更主要的是鼓励学生由较低层次向较高层次递进。这既是教学的基本目标,也是激发学生学习的重要手段,而不是给学生贴上标签,来束缚他们的思想。

美国教育心理学家加涅的学习层级理论认为,学生的学习存在着层级关系,从任何特定的学习目标出发,都可以找到一些作为学生先决条件的更简单的学习目标。换句话说,一个特定的终点任务,可以分解为一系列的从属任务或子任务。所有的子任务分层次排列,低度水平任务必须在较高水平任务掌握之前完成。低层次学生在很大程度上是由于他们持续地拖欠子任务而难以实现终点任务。加涅提出的教学设计策略强调教学分析的基础性和先导作用,即根据学生的特点,确定教学目标(评估分析教学需求)、分析学习任务(分析确定由低到高不同层次的学习任务)、确定起点行为和特征(选择合适的教学起点)、拟定业绩目标(将教学目标转化为具体详细的业绩目标),其作用在于揭示出教学中影响学生学习过程的各种可控因素,使教师更好地把握这些因素,促进学生的内部学习过程。加涅的学习层级理论和教学设计策略对于分层递进教学的选用史具有理论指导作用。

4. 关于学生助教

美国非常重视研究生助教制度的价值,1993年启动了"未来师资培训计划",对促进研究生助教教学发展提出了更多与可行的举措。研究生助教的第一定位是助理教师。作为助理教师,研究生助教在教师和管理人员的指导与监督下完成相应教学任务,但不对某项教学任务负最终责任。加利福尼亚大学圣地亚哥分校(University of California,San Diego)的研究生助教手册明确规定,某门课程教学内容和学生成绩的最终评定与裁判是教师的责任。研究生助教的第二定位是学生,即教学学徒,该定位自20世纪90年代以来日益凸显。加利福尼亚大学圣地亚哥分校就将研究生助教定位为教学学徒。作为教学学徒,研究生助教需要通过参加辅助性或基础性教学活动学习教学,通过教师的指导与帮助学习教学,不断积累教学经验和提高教学技能。研究生助教的第三定位是信使,即信息桥梁,作为信息桥梁,研究生助教在空间和心理位置上大约居于教师与本科生之间,这使他们更便于听到本科生的心声,了解本科生的需求和学习中遇到的问题,从而把这些信息传递给教师。

研究生助教承担的本科生课程辅助教学工作内容包括:辅导答疑、批改作业、指导实验及批改实验报告、协助完成研讨课、考试监考以及课程主讲教师指定的其他辅导工作。清华大学则规定,助教的工作内容包括但不限于如下方面:① 随堂听课,了解教学进度、要求和学生学习情况;② 在主讲教师的指导下,完成批改作业、为学生答疑、小组和个别辅导、准备上课的教具装置、参与课程监考判卷、指导实验课程、收集和准备教学资料等教学辅助工作。

(三) 实践依据

1. 本科院校学生助教现状分析

在国外,不少大学实行研究生担任助教制度,取得了很好的成效。比较有代表性的是美国。1899年,哈佛大学创设研究生助教制度,其目的是提供助教金以帮助研究生修读学位和减轻教授繁重的教学任务。后来,许多大学都纷纷效仿。20世纪60年代,美国高等教育进入了大众化阶段,遇到的重要问题之一是师资紧张。因此,大学不得不扩大班级规模以接纳日益增多的学生,并用大量研究生助教,承担本该属于教授的教学工作,如组织小组讨论、辅导实验甚至承担整门课程的教学等。研究生助教逐渐成了真正意义上的助理教师。在一些有名气的大学里,教授们的工作主要集中在研究及指导研究生上面,很多大学本科的课程实际上是由助教担任的。

在我国,1988年原国家教育委员会制定了《高等学校聘用研究生担任助教工作的试行办法》,推行研究生助教制度。高教司负责同志在谈到精品课程的队伍建设时表示:"要鼓励和支持博士生、博士后以及硕士生从事教学和实验辅导工作"。西安交通大学在我国率先开展了研究生助教工作,并制定了实施办法和细则,规定了研究生助教的条件、工作职责、权利和义务、考核标准等。随后清华大学也出台了研究生助教工作实施办法。至此,高等学校聘用研究生担任助教工作在我国拉开了序幕。

2. 高职院校学生助教现状分析

在高职院校有关学生助教的2篇文章中,一篇是针对高职学生理论学习的特点,运用学生助教模式对《电子商务概论》课程进行改革,提高其理论学习的效率。另一篇是针对高等教育大众化后,招生人数迅速增加,学校师资的增长速度远小于学生的增长速度,导致师资力量紧张的现状。由于护理专业相关课程课后操作练习辅导方面矛盾突出,因而,选拔优秀学生协助老师参与操作练习与辅导工作。

3. 中等职业教育学生助教现状分析

中等职业教育有关学生助教的一篇文章是以语文、数学课为例,在同一专业同一年级的学生中组建成助教小组,然后将学生助教成员分散在本班的各小组内,进行语文、数学助教小组的试验,旨在促进学生文化课学习上的文理贯通,同时培训学生助教的合作精神及协作能力。中等职业教育另一篇文章从教学主客体这一角度出发,针对在技能教学中,班级人数一般在45人以上,学生偏多,"点对面"教学的主客体关系难以应付"点对点"释疑、纠错、评价的需要,课堂掌控难度大等突出矛盾,聘任高年级学生中的技能高手或本班的优秀学生担任助教,探索在职业高中推行助教制,力求实现技能教学的效率最大化。学生助教的运用分为第二课堂学生助教制和导生制两种。第二课堂学生助教的职责是根据教师的要求,协助教师或单独对第二课堂的学生技能训练、管理和指导,保证主讲教师布置的技能训练任务完成。本班学生助教制,即导生制的组织形式是教师上课时先选择一些年龄较大或较优秀的学生进行教学,然后,由这些学生做导生,每个导生负责把自己刚学的内容教给一组学生。导生不但负责教学,而且还负责检查和考试,是教师的助手。

综上所述,国内外本科院校普遍推行了研究生助教模式,建立了一整套助教制度,在学科教学方面发挥了积极作用。高职院校有关老师在课程理论教学或课程理论教学后的实践训练方面对学生助教模式作了零星的探索。中等职业学校毛传赋老师的《试论"助教制"在职高专业技能教学中的实施》一文,针对技能教学学生偏多的现状,提出了聘任高年级学生或本班的优秀学生担任助教,协助教师或单独对学生技能训练、管理和指导。从大量的文献资料中尚未检索到有人从一个专业的整体优化出发,基于技能培养的时空性,探索"学生助教"模式。但是,各类研究成果对基于技能培养的时空性,"学生助教"模式的研究具有重要的参考价值和积极的指导意义。

四 研究基础

(一) 同类研究(文献综述)

在同类研究方面,北京教育科学研究院的《中职学校文化基础课分层次互动式教学模式的实验与研究》,就中职文化基础课中的数学、语文、英语三门课程对学生实行"分层次互动式教学模式"。即对在某门课程的教学中,把同年级学生按照一定标准分层组班教学,在教学过程中,通过学生不同学习阶段在不同层次的流动,使学生获得最适合自己的学习条件,从而提高每个学生的学习效果。

哈尔滨市利民第二中学的吴志强、赵东辉等教师发表了《分层教学的实践研究》论文,他们从"教"与"学"两个方面入手,在"教"方面研究的内容是:

1. 分层教学的备课策略研究;
2. 分层教学的课堂组织实施策略与方法研究;
3. 分层练习、分层作业的实施策略研究;
4. 分层辅导、分层测试的实施策略研究;

5. 研究新课程标准下的新的教学方法对学生学习的影响。

在"学"方面研究的内容是：

1. 研究分层教学对学生学习能力、水平的影响；

2. 研究分层教学中学生兴趣爱好、思维品质、心理素质等非智力因素对学习的影响及教师有效的干预策略；

3. 研究新课标下新的学习方式对各层学生的影响程度及干预策略。

该课题组通过研究与实践，发现学生的学习方式、生存状态大有改善，学生学习水平已有不同程度的提升。学生们学习兴趣浓了，更善于与同学、教师对话和交流了，更善于用怀疑、批判的眼光来看待知识了，更善于搜集、处理课堂中获取的信息，更善于独立发表自己的见解了。学生学习效率明显提高，思维品质得到了明显改善。

课题组通过大量的文献检索发现，近年来，国内外对差异性及分层互动的教学模式已经开展研究，但主要是在理论层面进行探索。在实践上，则主要在基础教育或中职公共课教育领域知识层面有所尝试，在技能培养方面还没有涉及，更没有进行过系统的研究和探索。

课题组从中国知网搜索到有关"教学模式""分层教学""学生助教"等有关本课题的外沿及核心内容方面的文章160余篇。其中，关于"教学模式"，有的从教师内涵转变方面阐述，有的则综述了国内外现有的教学模式，如湖南农业大学周勇老师的《高等职业教育教学模式研究综述》；有的从工学结合的角度思考，如天津市教育科学研究杨延老师的《工学结合——创建中国特色职业教育教学模式的根本路径》。确实，在职业教育范畴大家对各种教学模式的探索非常热闹，也体现出了创新的思维。那么，本课题所研究的方式应该也是值得探索和尝试的。

关于"分层教学"方面的论文大多还处于"设想""理论探索"等阶段。如，江苏广播电视学校龚亚群老师的《分层教学的必要性及其理论依据》、上海市教育科学研究所胡兴宏老师的《关于"分层递进教学"的设想》、郑州铁路职业技术学院邢华燕老师的《分层递进教学的实施与思考》，他们都认为分层递进无疑是一种比较科学的教学模式，但仅仅停留在探索阶段。

关于"学生助教"方面，我们下载了50余篇文章并进行了研读。涉及本科院校的文章有40余篇，其中选拔研究生做助教的文章近40篇（含国外研究生助教模式的文章5篇），选拔高年级学生做助教的文章4篇；涉及高职院校选拔高年级学生做助教的文章2篇；涉及中等职业教育有关学生助教的文章2篇。针对技能教学学生偏多的现状，各位专家提出了聘任高年级学生或本班的优秀学生担任助教的办法。但尚未检索到有人从一个专业的整体优化出发探索"学生助教"模式。因此，基于专业整体优化实行"学生助教"模式的研究具有积极的意义。

（二）实践基础

我校在以往的教学实践中，已经做过分层递进教学模式的尝试，比如，工程地质勘查专业和电子应用技术专业,将一部分接受能力比较快、动手能力比较强的同学遴选出来,让其协助教师指导低年级同学进行实训操作,起到了良好的效果。

信息技术专业学生进行的"分层递进"教学模式实践,把已经掌握了这些知识的学生归为提高层,接受能力强的分为中间层,其余的就归为基础层。把不同层次的学生混合编成5—6人的学校小组,挑选一名提高层学生担任学习组长,带领成员共同学习。通过互帮互学,提高层学生既能帮助基础层学生学习,又能进一步强化自身的技能,达到熟能生巧的境界,还能解放教师,让教师集中精力做其他的教学工作。事实证明,我校2011年的计算机考工实训中,信息系的11061班通过"分层递进"教学模式,考工通过率达到了99.2%,比正常授课的11071班通过率高出8.5%。

(三) 前期调研

为了掌握当前职业教育对学生技能培养的客观现实,课题组制做了调查表,在江苏省、江西省、广东省等省内外近100家职业学校进行了技能培养情况及实效的调查,前期调研主要了解的信息是:学生编班、师资质量、教师配备、教师工作量、中(高)级工一次通过率。通过调查收集的信息,课题组通过认真分析发现了以下几个问题:

一是学生班级人数严重超编。有些学校班级最多达70人,平均班级人数在45人以上;而学生人数越多的班级,中(高)级工一次通过率就相对较低。

二是职业学校教师队伍数量不足。职业学校由于专业和实习的需要,应当编配比普通学校更多的教师,但实际上职业学校的教师编制却比普通学校少。

三是教师队伍结构不合理。职业学校教师主要从师范院校等普通高校招录,缺乏企业工作经验和专业技能。中等职业学校中"双师型"教师严重缺乏;具备高级职称的教师也普遍缺乏;即便有高级职称的教师,也大多在行政管理岗位上,在教学上发挥的作用与其职称不相称。

四是实习指导老师工作量太大,一个实习指导老师的周课时数一般都在16节左右,甚至更多。

五是在教学过程中,忽视人的发展的不均衡性和差异性,不能满足个体多样化教育需求。大多数中等职业学校都是以传统的班级授课制进行教学,不考虑学生之间的差异,造成课堂教学难以进行,技能培养目标难以实施。

六是教学方法落后,大多数的理论与实践教学仍以灌输式进行,学生的学习主要是在课堂听讲完成的。即便在实训室,也是看得多,做得少,学生大多时间都是在当观众,忽视了学生的主观能动性。

五 研究目标与内容

(一) 研究目标

在理论方面,探索高职院校学生在动觉智力上存在的差异性,构建"分层递进教学模

式"。改革传统的班级授课教学形式,在集体教学条件下实现如下功能:

(1) 分析差异,利用差异,为学生创造适合自身的学习条件。

(2) 依据学生技能掌握的差异性,对学生进行合理分层,引导一部分掌握情况比较好的学生指导另一部分学生,或利用高年级的学生指导低年级的学生,从而提高教学效率,并通过关注学生的发展,帮助学生选择适合自身的教育。

(3) 尊重学生学习个性,激发学生学习能动性,培养学生学习自主能力,从而探索出一条崭新的教学模式。

(4) 为高(中)职学校各专业的技能培养提供新的范式。

在实践方面,通过放大教师的指导作用,提高课堂教学,尤其是实训课的教学效率。其预想的方式是,根据我校生源的现状,将其合理分层,打破传统班级授课制的界限,以分组的形式,加强师生互动和学生之间的互动;打破年级的界限,挑选一部分高年级同学,配合教师辅导低年级同学进行技能训练;选拔在技能大赛中获得佳绩的学生,协助教师对低年级学生进行实习指导;在教学过程中努力体现动态平衡性,即不同的起点,经过不同的过程,达到同样的教学效果;强调教师与学生的相互适应性,通过尝试不同的教学手段,刺激学生学习的兴奋点,从而改变学生被动接受、疲于应付的现状,最大限度地调动学生自主学习、自觉学习的积极性。

(二) 研究内容

1. 目前技能培养现状的调查研究

通过问卷调查和走访的方式了解兄弟学校对学生技能培养的现状,并做出相应的分析,发现问题,思考对策。

2. "分层递进"技能培养模式的实践与研究

在横向上,在本校不同的专业各选择一个班级,根据学生技能掌握的差异性,对学生实施分层递进教学模式。

在纵向上,分别基于"课程学习""年级差异""信息技术""技能大赛""顶岗实习"等层面开展分层递进教学模式。

3. "分层递进"技能培养模式运行与管理的研究

在研究与实践的基础上,形成该教学模式的运行、管理和评价机制,并运用归纳法,归纳总结出"分层递进"技能培养模式的典型案例和基本范式,以期形成具有普适意义的教学模式。

六 研究思路、过程与方法

(一) 研究思路

研究的基本思路及过程:

1. 研究准备阶段(2010.12—2011.3)

(1) 填写课题申报书,完成课题设计。

(2) 完善开题报告。

(3) 准备开题。

2. 研究实施阶段(2011.5—2012.9)

(1) 文献收集:收集与课题相关的文献资料和已有的研究成果,对其归纳总结,选择其中有益的部分以供研究所用。

(2) 调查研究:通过对学生的调研,制定分层的原则和实践细则;通过对教师的调研座谈,整合相关课程,建立专业课程体系,制定合理的教学模式。

(3) 教学实践:在充分论证和充分调研的基础上,修订的人才培养方案进入教学实践层面。

(4) 适度调整:根据教学实践的具体情况以及出现的实际问题,对培养方案进行调整和修正。

(5) 根据研究目标、研究内容进行试点、跟踪。

3. 课题总结阶段(2012.10—2012.12)

(1) 撰写研究报告。

(2) 准备结题。

遵循"确定重点、由点及面、层层推进、普及推广"的原则,在调查研究的基础上,积累较为科学的研究资料,并予以总结,最终形成书面报告、论文等形式。

(二) 研究过程

本课题研究期限为 2 年,2011 年 5 月开题,2012 年 12 月结题。全部研究分为专题研究、综合研究、对外推广三个阶段。

2011 年 2 月至 2012 年 2 月为专题研究阶段,具体研究进度由各子课题组确定,阶段成果为各子课题研究报告、论文等。

2012 年 2 月至 2012 年 12 月为综合研究阶段,最终成果分理论成果和应用成果两部分。理论成果以论文形式在省级以上刊物发表,应用成果以工作形式付诸于我校教学实际并取得一定成效。

2013 年 1 月至 2013 年 3 月为对外交流与推广的阶段,主要是和兄弟院校做经验交流,并将课题研究成果向兄弟院校积极推广。

其间,课题组两次参加了由南京市职业教育教研室组织的课题交流活动,并在会上做经验交流。同时,课题组加强自身学习与实践,多次召开课题研究探讨会议,确定目标,交流经验,规划进程,并组织成员到教学现场相互观摩学习。

(三) 研究方法

1. 调查研究法:通过问卷、访谈等方法,了解五年高职学生职业素质的现状,捕捉问题、分析原因,为课题研究提供依据。

2. 文献研究法:通过查阅报刊、杂志、著作、网络等,及时了解国家职业教育发展的方针政策,了解当前与本课题密切相关的研究进展和新动态,及时吸收和借鉴相关经验,为课题的顺利开展提供资源支持。

3. 行动研究法:在实际教育教学活动中,针对课题提出的问题进行实践操作,边实践边总结,致力于实际问题的有效解决。

4. 个案分析法:对课题研究范围的单一对象(某一个专业、某一班级、某个学生)进行深入全面的研究,揭示规律和本质。

5. 会议研讨法:课题组成员针对课题研究进展,定期或不定期地开展经验交流与总结,同时,加强校际合作,密切与行业企业的联系,及时掌握信息,科学规划课题的进展。

七 课题组人员分工与管理

(一) 人员分工(表4-1)

表4-1 研究人员分工表

时间	成果名称	成果形式	负责人
阶段成果	职业院校技能培养教学模式的现状调查与研究	调查报告	南亲江、陈章余等
	分层递进教学模式下人才培养方案	方案	南亲江等
	针对高职生分层递进教学模式的实践	实践研究报告	刘琳、黄震、陈章余等
	基于课程学习的"分层递进"教学实践与研究	论文、报告	赵志建等
	基于年级差异的"分层递进"教学实践与研究	论文、报告	黄震、陈章余等
	基于信息技术的"分层递进"教学实践与研究	论文、报告	赵志建、刘琳等
	基于技能大赛的"分层递进"教学实践与研究	论文、报告	南亲江、王化旭等
	基于顶岗实习的"分层递进"教学实践与研究	论文、报告	张跃东、陈章余等
	中期分析报告	报告	南亲江、王化旭等
	基于学生技能学习的差异性,分层递进教学模式的研究	论文	南亲江等
最终成果(限3项)	课题总报告	报告	王化旭等
	系列论文	论文	南亲江等
	调查报告	调查报告	陈章余等

(二) 组织管理

1. 我校是国家改革与发展示范校建设单位,是江苏省课程改革实验学校,创新教学模式、优化教育手段是课程改革的使命之一。因此,本课题得到了学校领导和相关部门的大力支持。

2. 课题组成立了联席会议制度,定期或不定期地组织研讨,专题研讨具体的阶段性问题,并向南京市职业教育研究室汇报阶段性成果。

3. 本课题的成员大多具备高级职称,并且有两位是江苏省联合职业技术学院的专业带头人,在教学管理和教学实践上都有较为丰富的经验,在校内有能力组织有效的教学改革行动。

八 主要研究成果

本课题研究的成果主要体现在三个方面:完成了对职业院校技能培养的现状分析与研究、构建了"分层递进"教学模式的几种类型、提炼出职业院校技能培养模式的基本特征。

（一）职业院校技能培养教学模式的现状研究

为了更好地调查各职业院校技能培养状况,江苏省南京工程高等职业学校在江苏联合职业技术学院的协助下,并依托我校作为国家共建共享电气技术协作组组长的便利条件,共向省内外调查了 20 所学校,其中五年制高等职业学校 14 所,中等职业学校 6 所;省内学校 16 所,省外 4 所。在省内学校中,有苏南学校 7 所,苏中学校 4 所,苏北学校 5 所。调查报告主要是分析各院校学生编班情况、班级人数、技能培养的课时数、实习实训配备教师数以及中(高)级工一次通过率。

1. 各院校编班情况(不含 2 所卫生类学校)(表 4-2)

表 4-2 各院校班级数变化分析

序号	五年级	四年级	三年级	二年级	一年级	班级变化趋势
1	15	18	27	17	18	
2	19	16	21	26	24	
3	29	31	29	28	27	
4	5	5	5	5	6	
5	4	4	4	4	4	
6	13	12	13	13	12	
7	23	24	26	31	28	
8	21	22	56	55	49	
9	12	11	13	11	14	
10	15	29	19	19	19	
11	28	26	30	28	39	
12	19	15	13	19	15	
13	20	17	18	17	17	
14	2	2	3	2	2	
15			32	26	21	
16			16	14	12	
17			25	33	34	
18			18	14	15	

从本次调研情况看,各院校班级数量总体都趋于稳定,普遍变化不大,这说明各个院校已经走过规模扩张的时期,采取保规模、抓内涵的发展策略。其中有几所院校班级人数呈减少趋势,这说明在生源逐步减少的情况下,自身吸引力不强,导致学生越来越少。如何强化内涵建设,增强自身吸引力,这决定了该院校的长远发展。

2. 各年级每班级人数情况(表4-3)

表4-3　职业院校班级人数抽样分析表

年级	最多人数	最少人数	平均人数
一年级	65	13	43.793 75
二年级	61	13	42.456 25
三年级	70	15	44.025
四年级	66	15	42.613 333 33
五年级	65	21	42.76

通过调研1 678个班级,从各院校班级的平均人数来看,都在43人左右。这表明各职业院校的班级人数规模和传统的编班(45人标准班)模式类似,说明我们现有的职业院校的师生比距离国家要求还有较大差距,与职业院校的技能培养要求(小班化教学)矛盾还较为突出。

同时由表4-3可以看出各班级人数分布极其不均衡。这说明各职业院校在招生过程中,由于专业的冷热不均,导致热门专业的班级人数众多,冷门专业人数少。这种现象进一步加剧了职业院校中技能培养师生比严重不足的矛盾。另一方面冷门专业因人数少,学校投入经费不足,实验实训条件长期得不到改善。此种情况也不利于促进学生技能水平的提升。

另外我们还可以由表4-3看到四五年级最少人数比一二年级的最少人数多。如果把职业院校的高年级班级的学生流失问题考虑在内,我们可以得出近几年专业冷热不均现象变得更为严重。

3. 配备教师数与一次通过率问题

在技能培养方面,我们以工科类专业为主,文科类专业为辅,重点调研了超过35人的班级,了解各班教师配备情况(表4-4)。

表4-4　技能教学师生比与教学效果对照表

班级人数	平均配备任课教师数	平均总课时	平均配备实习教师数	平均一次通过率
60人以上	1	92	1.5	83.25%
50—59人	1.9	127.3	2.3	87.3%
41—49人	1.3	118.8	1.9	89.1%
36—40人	1	124.1	1.7	91.4%
30—35人	1	96	1.5	91.6%

因本次调查问卷设计问题,在实际使用中,造成了部分学校填表人对问题的理解不同,造成部分数据无效。但我们仍可从上述表格中得出结论:实训实习学时多、师生比较高的班级在技能考核中一次通过率较高。

4. 结论

当前,职业教育培养的学生与社会对技能型人才的要求距离较大,其中一个很重要的原因是高等职业教育还没有完全形成自己的特色,尤其在制订培养计划过程中,不同程度上习惯于借鉴本科专业的培养计划;课程体系参照本科相关专业进行适当压缩,还没有完全脱离"公共课、专业基础课、专业课"的三段式教学;课程设计、毕业设计等做法还带有明显的本科痕迹。职业教育与普通高等教育之间的关系尚未理顺。职业教育重点是加强对学生动手能力的培养,以提高学生的岗位职业能力,它与普通高等教育共同构成了我国现行高等教育体系。但是,两者也存在着很大的差别。职业技能的养成不是靠教师的讲授、学生的"纸上谈兵",而是要在真实的岗位环境中,通过"手把手"的指导、学生系统的训练,才能逐步提升学生的职业技能。

在当前生源数逐年下降的今天,全国各职业院校发展的总体规模已经基本形成,职业院校要调整招生思路,稳定各班学生数,均衡发展,稳定学生班级人数在30人左右,提升职业院校的办学质量,增强专业自身吸引力,提高学生就业层次。当前学生人数相差过多,要增加实习实训课时数,或者在课后开放实验实训场所,以供学生自主学习。同时在教学过程中要分层指导学生,对"吃不饱"的学生在课外给予强化指导,使学生水平得到进一步提升;对"吃不了"的学生,按专业培养要求,组织他们与技能突出的学生一对一结对,在课堂中互帮互助,共同提高。这种模式也很好地解决了当前各职业院校师生比严重不足的问题,对提升职业院校教学质量有较好的借鉴指导作用。

(二) 构建了"分层递进"教学模式的几种类型

根据美国心理学家加德纳博士的多元智能理论,职业学校学生在动觉智力上存在着客观的差异性。美国教育家布鲁姆也认为,学生是具有独立人格、巨大潜能和个性差异的人。这些都为构建"分层递进教学模式"提供了理论依据。另一方面,现代职业教育特别重视培养学生鲜明的个性、独立的人格和技能的掌握,使之能够适应未来信息社会、知识经济社会的需要。据此,课题组前期预想的方式是:根据生源的现状和学生的学业水平、技能掌握水平将其合理分层,打破传统班级授课制的界限,以分组的形式,加强师生互动和学生之间的互动,从而让不同层次的学生都得到充分发展的一种教学模式。

基于这些共识,课题组通过认真调研、深入研究并结合实践,构建了四种"分层递进"教学模式,并付诸实施。这也是开题时预期达成的四个子课题。

1. 基于课程学习的"分层递进"教学

在同一年级或同一班级中,通过教学和测试及时发现动手能力强、接受能力快的学生。然后,以1∶5—1∶10的比例进行分组,即每5—10个学生中产生一个"尖子生",担任学习小组长。遴选出这部分同学后,对他们进行重点培养,其主要形式是"开小灶",单独集中授课10节左右。这部分学生经过引导性训练后,技能水平得到了显著提高。当然,培养"尖子生"并非最终目的,最终目的是让他们参与辅导更多的同学,从而实现共同进步,达成教学目标。于是,在接下来的课堂学习中,采用小组合作学习、组长具体指导、老师巡回指导的形式。由于组长对练习的内容已经在课余时间反复练习,非常熟练,他们会非常热心地指导小组成员,从而保证了每个学生都能过关,进入下一阶段学习。

2. 基于年级差异的"分层递进"教学

即打破年级的界限,在同一专业中挑选一部分高年级同学,配合教师辅导低年级同学进行技能训练。其过程主要分两个阶段:一是观摩。组织低年级学生观摩技能突出的高年级学生的技能实践操作过程,并由高年级学生向低年级学生讲解操作原理和注意事项,此举不仅可以增加高年级学生的操作熟练程度,还可以激发低年级学生的学习兴趣,增强他们的自信心。二是指导。从高年级学生中选出技能突出的学生指导低年级的学生,充当教师的助手。这些高年级的学生一般已获得相应的技能证书,操作水平足以胜任。另外,学生之间易于沟通,他们互帮互学,共同提高了技能水平,也减轻了教师的工作强度。

3. 基于信息技术的"分层递进"教学

这是一种突破专业壁垒的学生分层教学实践。如信息技术专业,由于《信息技术》课程是高职新生学习计算机知识的入门课和能力培养的启蒙课程,也是所有专业学生的基础课。而信息技术专业的学生显然在这门课程的掌握上具备专长,因此,由信息技术专业系部选拔优秀的学生对其他专业的学生进行实习辅导,让他们做个"小老师"。这样,"小老师"在教学实践中提高了自信心,增强了责任感,也在实践中起到了"教学相长"的效果。

4. 基于技能大赛的"分层递进"教学

技能大赛的层层选拔形成了金字塔,学校为了培养他们付出了大量的资源与精力。这些参赛学生经过长期的打磨都是训练有素、技艺精湛,而获得国赛、省赛奖的同学更是宝贵的资源。以江苏省南京工程高等职业学校为例,学校每年有二十几位学生在省赛获得奖牌,他们分布在各个专业,组织这些技能大赛获奖选手协助教师对低年级同学进行入门指导,完全可以胜任;对于那些获得市赛以上级别奖牌的学生,可以安排他们配合任课教师进行基本技能(初级工)的培养和训练,也起到了良好的效果。

5. 研究的拓展

随着研究的深入,我们发现"分层"不仅可以从课程、年级、专业、技能大赛方面入手,还可以利用经过顶岗实习的学生充当教师的帮手,以"学生助教"的身份参与指导技能训练。因此,我们在原有的基础上,又延伸并拓展出一个新的模式:基于顶岗实习的"分层递进"

教学。

顶岗实习也是教学的一个环节,而经过顶岗实习的学生在专业认识、职场体验、技能掌握上较之未实习的同学要成熟得多。组织优秀的实习生参与指导低年级同学,他们不仅可以在技能上对低年级同学有指导的作用,而且他们用经历企业实际工作的体会现身说法,更能给低年级同学以心灵的触动,从而潜移默化地形成职业素养,起到事半功倍的效果。

以上五种模式体现了在教学过程中的动态平衡性,即不同的起点,经过不同的过程,达到同样的教学效果;强调教师与学生的相互适应性,通过尝试不同的教学手段,刺激学生学习的兴奋点,从而改变学生被动接受、疲于应付的现状,最大限度地调动学生自主学习、自觉学习的积极性。

这五种模式既是一种并列的关系,又呈现出逐层递进的关系。其并列关系体现在它们是"分层"的五种形式,可以同时存在和运用;其递进关系体现在课程学习—年级差异—专业差异—技能大赛—顶岗实习,这是学生学习的几个不同的层面或阶段,存在着逐级递进的关系。另外,还是一种从低级阶段的互助学习模式到高级阶段的学生助教模式的递进。

综上所述,职业院校技能培养的结构框架如图4-1所示:

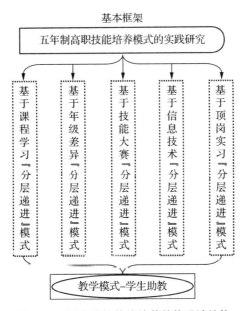

图4-1 职业院校技能培养整体设计结构

由图4-1可见,五种依次递进的教学模式最后形成的是"学生助教"这一相对稳定、成熟的形式。

在国外,不少大学实行研究生担任助教制度,并取得了很好的成效,具有代表性的是美国。1899年,哈佛大学创设研究生助教制度,由校方提供助教金以帮助研究生修读学位和减轻教授繁重的教学任务。后来,许多大学都纷纷效仿。1988年我国推行研究生助教制度。教育部和一些重点高校十分重视和支持研究生助教工作。

最近,在一些中、高职院校中,也开展了类似的实践。课题组从中国知网搜索到有关学生助教的文章60余篇,其中,涉及高职院校选拔高年级学生做助教的文章2篇,涉及中等职业教育有关学生助教的文章2篇。

基于这些已有的探索和理论基础,课题组在江苏省南京工程高等职业学校五年制高职电气自动化技术、信息技术、工程测量技术等专业实施了"学生助教"的实践。

学生助教的选拔是一件非常严肃的事情,事关学校人才培养质量的提升和育人环境的改善,必须高度重视这项工作。以江苏省南京工程高等职业学校为例,为做好学生助教的选拔、聘用与管理工作,学校出台了《江苏省南京工程高等职业学校实训(实验)学生助教岗位设置与管理细则》,从助教岗位的设置和原则、助教岗位的申请与聘任、助教岗位的职责、助教工作的考核与津贴的发放等六个方面做出了规定。做到严格标准,规范管理,充分调动和发挥学生助教的积极性和创造性。

此举引来部分学生的积极申报,学校认真组织考核,选拔出来的学生助教大多是在各级各类技能大赛中取得好成绩的优秀学生,他们动手能力强,做事认真。在参与教学前首先要对他们进行教育学和心理学方面的简要培训,其次是教学业务培训,让其熟悉教学工作。对学生助教的培训主要由教学部门或任课老师承担。

学生助教上岗以后,负责实践、实验教学的准备与指导,实践、实验报告的批改,以及答疑、讨论等工作,指导实践、实验教学的组织形式以小组合作学习为主,1名助教指导5—10名学生为宜。他们指导低年级学生中级工、高级工考前训练,经过学生助教指导过的班级,职业技能考核鉴定通过率明显提升。此外,学生助教还负责组织学习兴趣小组,课余时间培养学生的专项技能,参加各级各类技能大赛,成绩突出者给予奖励。

因此,基于学生技能学习的差异性分层递进教学模式,既是一种教的模式,也是一种学习模式,是真正意义上的完整的教学模式。所谓"教的模式",即通过优秀学生、技能高手或学生助教协助教师答疑、解惑、传技,放大教师的作用,提高教育教学效果,从而提高教育教学质量;所谓"学习模式",是指在学生之间建立一种学习架构,通过学生之间先会带动后会,相互学习,相互探讨,相互促进,共同提高的一种学习模式。同时,也是一种符合我国职业教育现状与国情的职教模式,有一定的推广应用价值。

(三)提炼出"分层递进"教学模式的基本特征

课题组在研究和实践的过程中,分别就五种"分层递进"教学模式选取了相对应的五种不同的操作模式。在不断深入实践的基础上形成了各自完整的实施方案,并总结出五种"分

层递进"教学模式的基本特征,现简述如下:

1. 链式教学模型——基于课程学习的"分层递进"教学

以"C语言程序"课程为实验,实施"学教互动,分层递进"教学模式组织教学。

该课程实践性强,教师在课堂上应结合实例讲解,并指导学生上机,使学生及时掌握所学的内容。除了保证实验以外,还要认真完成项目实训,学生助教认真引导学生完成实训任务。项目实训和实验都要求安排在计算机实验室进行,一人一机。

教法:先用10节课左右的时间进行入门知识的学习,介绍课程性质、意义。教师以工程实践及C语言应用的成就,引起学生的学习兴趣。其后,通过教学和测试及时发现逻辑思维能力强、对学习编程有兴趣有潜力的学生。然后,按照班级学生人数比例选拔培养"尖子生",比例在1∶5—10之间,即每5—10个学生中产生一个"尖子生",担任学习小组长。教师为选拔的"尖子生"单独集中授课10节左右。在每次上课前,先给他们提前布置学习任务,他们率先学会相关技能,在实验、实训教学环节发挥学习小组长的作用,带领小组成员共同完成学习任务。

学法:采用小组合作学习、组长具体指导、老师巡回指导的学习形式;认真完成平时作业和课程实验,巩固所学知识,检查自己在学习中存在的问题;积极参加课程的网上教学活动,利用讨论、交流形式解决学习中的疑难问题;认真完成项目实训任务,用所学知识分析、解决实际问题。

考核:

(1)考核依据

"C语言程序设计"课程标准

(2)课程总成绩的组成

采用期末考核成绩与形成性成绩相结合的方式。

形成性成绩:占考核总成绩的40%,其中平时作业占8分、实验占7分、项目实训占25分。

期末考核:采用笔试,占总成绩的60%,由学校统一命题,考试方式为闭卷。

(3)形成性考核的要求及形式

形成性考核内容:平时作业、实验、项目实训的完成情况。可以以小组为单位进行考核。

以下为一组试验成绩对比表(表4-5、表4-6)

从以下两份对照表中可以看出,实施"学教互动、分层递进"教学模式组织教学的班级,较未实施该模式组织教学的班级均分提高了21%,且班级学生成绩全部及格。

表 4-5　江苏省南京工程高等职业学校总评成绩登记表

2009—2010学年第2学期

开课部门：电子工程系　　班级：电子08091　　任课教师：张跃东　　学分：4
课程名称：计算机语言(4学期)　　课程性质：必修课　　考试方式：考试　　填报日期：2010-06-02

学号	姓名	平时	期中	期末	总评	学号	姓名	平时	期中	期末	总评
80111101	胡翠	93	86	60	78	80111136	陈媛媛	85	90	84	86
80111102	郝鹏	83	41	85	71	80111137	孙成翔	75	70	61	68
80111103	李伟	83	62	78	75	80111138	仝路	65	74	55	64
80111104	张欣	80	35	76	65	80111139	张鹏	98	98	99	98
80111105	徐进	93	76	75	81	80111140	王莉莉	95	56	90	81
80111106	朱震威	94	41	64	66	80111141	丁森	77	30	80	63
80111107	尚进	85	75	80	80	80111142	吴梦莹	90	39	77	70
80111108	孙一展	78	46	42	54	80111143	孟炎	98	96	95	96
80111109	程启旭	79	54	67	70						
80111110	赵春停	75	56	56	61						
80111111	蒋士杰	76	55	66	66						
80111112	黄东东	98	89	87	91						
80111113	谢旺	83	47	67	66						
80111114	李明将	85	66	70	73						
80111115	张珊	85	70	72	78						
80111116	李军军	95	70	66	76						
80111117	尤阳光	75	49	70	65						
80111118	金烨	82	41	48	56						
80111119	糜长艳	85	60	76	73						
80111120	陈宴	94	80	80	84						
80111121	张静	80	35	76	65						
80111122	周青	93	76	75	81						
80111123	白杨	93	60	84	80						
80111124	冯锦锦	91	80	47	70						
80111125	于辉	93	86	60	78						
80111126	张震	83	41	85	71						
80111127	韩燕冰	83	62	78	75						
80111128	焦宝丽	95	95	82	90						
80111129	张灿	93	72	80	82	全班平均分	人数	百分比	统计	人数	
80111130	李加	74	70	70	71	(90—100)	5	11.6	应考	43	
80111131	张昕	93	35	67	65	(80—90)	9	21.0	实考	43	
80111132	徐亮	70	54	41	54	(70—79)	14	32.6	缓考	0	
80111133	赵安科	70	50	35	50	(60—69)	11	25.5	作弊	0	
80111134	赵鑫	88	76	80	81	(40—59)	4	9.3	旷考	0	
80111135	张杨杨	98	97	100	98	40分以下			均分	73.9	

1 《基于学生技能学习的差异性分层递进教学模式的研究》课题研究报告

表4-6 江苏省南京工程高等职业学校总评成绩登记表

2010—2011学年第2学期

开课部门:电子工程系　　　　班级:电子09092　　　任课教师:朱雅中　　　学分:4
课程名称:计算机语言(4学期)　课程性质:必修课　　　考试方式:考试　　　填报日期:2011-06-27

学号	姓名	平时	期中	期末		总评	学号	姓名	平时	期中	期末		总评
090006201	郭聪	65	44	55		55	090006236	董露祥	60	34	54		50
090006202	韩柏辉	68	43	48		53	090006237	钱书敏	60	56	0		35
090006203	熊康	70	68	35		55	090006238	全辉明	80	50	35		53
090006204	陈益飞	62	52	48		56	090006239	殷小猛	50	30	23		33
090006205	王智成	50	41	50		47	090006240	韩硕	50	6	0		17
090006206	张星宇	50	0	4		17	090006241	孟炎	75	70	61		68
090006207	沈伟	62	66	62		63	090006242	孙鹏	65	74	55		64
090006208	吴逸晨	70	54	41		54	090006243	张硕硕	68	58	44		55
090006209	孙嘉伟	70	50	35		50	090006244	戴文	70	50	45		54
090006210	李冥	69	60	66		65	090006245	朱同庆	80	50	35		53
090006211	吴林	89	64	69		74							
090006212	吴凤琳	63	59	52		57							
090006213	丁梦欣	50	51	50		50							
090006214	张庆	92	82	88		87							
090006215	王静	48	43	48		47							
090006216	徐雨桐	93	90	87		90							
090006217	王田	60	51	50		53							
090006218	吴杨梦玲	95	78	89		88							
090006219	丁树婷	50	41	40		43							
090006220	崔颜笑	50	26	0		23							
090006221	王其袁	70	60	44		57							
090006222	吴玮康	80	54	41		57							
090006223	张鹏	87	64	26		56							
090006224	高超	84	82	68		77							
090006225	吴强	80	56	57		64							
090006226	余乐洪	50	20	0		21							
090006227	潘洋	87	60	32		57							
090006228	任文清	78	68	26		54		全班平均分	人数	百分比	统计		人数	
090006229	王家庆	50	28	37		38		(90—100)	1	2.22	应考		45	
090006230	尹暄博	69	54	40		53		(80—90)	2	4.44	实考		45	
090006231	宋豪	76	86	10		53		(70—79)	2	4.44	缓考		0	
090006232	陶冬冬	50	16	17		27		(60—69)	5	11.11	作弊		0	
090006233	沈冰	58	50	47		51		(40—59)	27	60.00	旷考		0	
090006234	顾岳康	70	54	41		55		40分以下	8	17.78	均分		52.93	
090006235	查成诚	85	90	0		53							

145

由此建构的教学模型如下图所示：

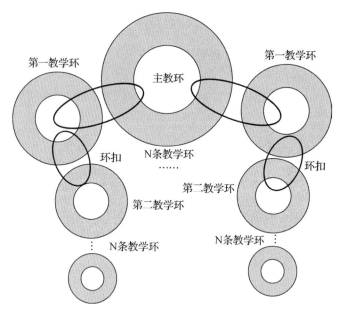

图 4-2　基于课程学习链式技能培养模型

2. 阶梯式教学模型——基于年级差异的"分层递进"教学

以五年制高职电气自动化技术专业为试验点，开展基于年级差异的"分层递进"教学模式。

该专业培养的目标是：具有本专业综合职业能力，能够掌握专业理论知识和工艺技术方面的职业技能，掌握电气设备的安装、调试、运行、维护、生产管理以及供配电系统的安装、维护、运行管理能力，掌握先进的 PLC 和工业计算机自动控制技术以及电力电子设备的维修技术，掌握楼宇电气项目的设计、施工和预决算以及楼宇自动化设备安装、运行、维护的基本技能，成为生产、建设、服务和管理一线需要的高素质技能型专门人才。

阶梯式技能培养模型由高一级的技能掌握者指导低一级的技能学习者，呈现灰领—蓝领—深蓝的依次阶梯型辅导模式。

教法：在时间的编排上，力争做到各个年级的实践项目基本同步。一般要求高年级学生的实践项目要适当超前，以保证全面完成实践任务，把学有余力的学生组织起来指导低年级学生。

学法：

（1）通过认识实习，让学生较早地接触专业生产实际，加深对专业了解，增强专业意识和劳动观念，培养初步的实际工作能力和专业技能，为后续有关专业课程的学习奠定基础。

（2）单项训练→多项训练→综合性训练。

（3）企业见习：在企业见习阶段，要求学生针对企业岗位和用人要求进行见习，见习完进行毕业设计。毕业设计的内容以专业技术工艺设计、工程施工方案为主,同时安排一定的选修课程,给予一定的学分。

(4)顶岗实习阶段:在顶岗实习阶段视实际工作需要,利用机动周为学生安排一定时间返校集中学习。学习新知识、新技术、新工艺,或听取企业技术人员、管理人员的专题讲座。

考核:转变单一评价模式。注意使用多元评价方式,使终结性与过程性评价相结合、个体评价与小组评价相结合、理论学习评价与实践技能训练评价相结合。

建立多样化评价方式。除书面考试以外,还采用观察、口试、现场操作、提交学习读书笔记、案例分析报告、图文制作等方式,进行整体性、过程性和情境性评价。有些课程,可与社会性评价相结合,如参加考工、考级、职业资格取证等。

理实一体化和项目课程的考核。理实一体化课程的考核办法:学生学习过程评价(平时表现等)占课程评定成绩的20%,课程教学中学生每项实践项目考核成绩的平均分占课程评定成绩的40%,课程结束期终考核成绩占课程评定成绩的40%。项目课程的考核办法:学生学习过程评价(平时表现等)占课程评定成绩的20%,课程教学中学生每项实践项目考核成绩的平均分占课程评定成绩的30%,课程结束期终考核成绩占课程评定成绩的40%,实践中积极性、创造性、创新性等占课程评定成绩的10%。

3. 辐射式教学模型——基于信息技术的"分层递进"教学

《信息技术》课程是高职新生学习计算机知识的入门课和能力培养的启蒙课程,也是所有专业学生的基础课。而信息技术专业的学生在这门课程的掌握上具备专长,因此由信息技术专业系部选拔优秀的学生对其他专业的学生进行计算机操作辅导,让他们以自己的专业特长辐射到其他专业的学生。

教法:聘任高年级学生中的技能高手或本班的优秀学生担任"学生助教"。

学生助教分为第二课堂学生助教制和导生制两种。第二课堂学生助教的职责是根据教师的要求,协助教师或单独对第二课堂学生的技能训练、管理和指导,保证主讲教师布置的技能训练任务完成。导生制的组织形式是:教师上课时先选择一些性格比较沉稳或表现较优秀的学生进行教学,然后,由这些学生做导生,对非信息技术专业的学生进行上机操作,同时,还负责检查和考试,充分做好教师的助手。

学法:以小组学习为主,学生助教牵头组建学生团队,带领学生团队,做好课前学习准备,带动组员在课堂上积极汇报讨论,同时担任讨论课堂主持,协助教师掌控讨论。辅导员配合教师在课外协调学生助教及其团队学习,共同助力教学改革的落实。在此过程中,学生助教承担了主要的教学和管理。

考核:建立多样化评价方式,除了书面考试以外,还采用观察、口试、现场操作、提交学习读书笔记、案例分析报告、图文制作等方式,进行整体性、过程性和情境性评价。有些课程,可与社会性评价相结合,如参加考工、考级、职业资格取证等。

4. 塔式教学模型——基于技能大赛的"分层递进"教学

技能大赛从校级比赛到全国技能大赛,层层选拔,获得国赛、省赛奖的同学,成为工匠型人才,是学校的宝贵资源。用这批学生反哺教学,起着事半功倍的效果。

教法:本教学模式在实施过程中主要有两种形式,一是前一届获得优异成绩的同学指导下一届参赛同学,如江苏省南京工程高等职业学校取得国赛金、银牌的学生张晓龙、李德鹏等同学,一位在工业产品设计方面空间思维能力强,动作娴熟,技艺超群;一位在建筑工程算量方面思维敏捷,手脑并用,精准高效。他们配合任课教师对参加下一届省赛的学生进行强化训练,取得了事半功倍的效果。二是省赛获得奖牌的同学配合任课教师对下一年级的同学进行中级技能(中级工)的培养。通过他们的努力,相关专业的中级技能(中级工)考核通过率显著提升。以学校工测08级两个班为例,一个班只有一位老师带技能训练考核,另一个班级除了安排一位老师外,还安排了2位在省级技能大赛中获奖的学生带。前者中级技能(中级工)考核通过率为76%,而后者中级技能(中级工)考核通过率为100%,且均分值高。

学法:以技能大赛获奖同学为"学生助教",分小组讨论学习,并利用课余和周末时间,积极开展第二课堂;学校举办技能节,广泛发动全校师生参与大赛活动,并通过大赛这种活动形式在全校范围内进一步掀起强化技能训练的高潮。

考核:以考证通过率和参加技能大赛的成绩进行考核。

5. 锯齿式教学模型——基于顶岗实习的"分层递进"教学

"工学交替、顶岗实习"是学生职业能力形成的关键教学环节,也是深化"工学结合"人才培养模式改革、强化学生职业道德和职业素质教育的良好途经。针对顶岗实习的全过程设定详细的实习管理制度,让这些参加顶岗实习的同学在返校的时候在技能、职业素养方面得到切实的提高,然后组织他们协助教师辅导低年级的同学。

九 研究的成效

(一)常态教学,成绩提升

通过实行"分层递进"教学模式,不仅大大缓解了教师的工作强度,在教学效果上更是取得了明显的成效,学生的实训成绩得到了明显的提升。如2011年的计算机考工实训中,信息系11061班用"分层递进"教学模式,通过率为99.2%,比正常授课的11071班通过率高出8.5%。以下为两个班成绩单的对比:

1 《基于学生技能学习的差异性分层递进教学模式的研究》课题研究报告

实行"分层递进"教学模式的信息系_____班(表4-7):

表4-7 信息系11061班成绩册

序号	班级	姓名	鉴定职业	级别	鉴定科目	成绩
1	11061	常林	办公软件应用(OfficeXP)	四级	实操单项	实操:92.0
2	11061	樊天宏	办公软件应用(OfficeXP)	四级	实操单项	实操:72.0
3	11061	龚志强	办公软件应用(OfficeXP)	四级	实操单项	实操:78.0
4	11061	顾东旭	办公软件应用(OfficeXP)	四级	实操单项	实操:79.0
5	11061	黄星善	办公软件应用(OfficeXP)	四级	实操单项	实操:86.0
6	11061	解生乾	办公软件应用(OfficeXP)	四级	实操单项	实操:88.0
7	11061	金科	办公软件应用(OfficeXP)	四级	实操单项	实操:65.0
8	11061	刘高攀	办公软件应用(OfficeXP)	四级	实操单项	实操:80.0
9	11061	刘蒙蒙	办公软件应用(OfficeXP)	四级	实操单项	实操:89.0
10	11061	陆一峰	办公软件应用(OfficeXP)	四级	实操单项	实操:77.0
11	11061	马睿	办公软件应用(OfficeXP)	四级	实操单项	实操:87.0
12	11061	全晓萌	办公软件应用(OfficeXP)	四级	实操单项	实操:75.0
13	11061	沙飞	办公软件应用(OfficeXP)	四级	实操单项	实操:79.0
14	11061	施瑞瑞	办公软件应用(OfficeXP)	四级	实操单项	实操:79.0
15	11061	王程	办公软件应用(OfficeXP)	四级	实操单项	实操:55.0
16	11061	王钧	办公软件应用(OfficeXP)	四级	实操单项	实操:90.0
17	11061	吴佳烙	办公软件应用(OfficeXP)	四级	实操单项	实操:94.0
18	11061	杨晨鹏	办公软件应用(OfficeXP)	四级	实操单项	实操:95.0
19	11061	杨磊	办公软件应用(OfficeXP)	四级	实操单项	实操:91.0
20	11061	尹立兵	办公软件应用(OfficeXP)	四级	实操单项	实操:74.0
21	11061	于添	办公软件应用(OfficeXP)	四级	实操单项	实操:71.0
22	11061	郁赛金	办公软件应用(OfficeXP)	四级	实操单项	实操:87.0
23	11061	张桂清	办公软件应用(OfficeXP)	四级	实操单项	实操:90.0
24	11061	张立成	办公软件应用(OfficeXP)	四级	实操单项	实操:76.0
25	11061	赵强	办公软件应用(OfficeXP)	四级	实操单项	实操:91.0
26	11061	周围	办公软件应用(OfficeXP)	四级	实操单项	实操:98.0
27	11061	成晨	办公软件应用(OfficeXP)	四级	实操单项	实操:91.0
28	11061	符启文	办公软件应用(OfficeXP)	四级	实操单项	实操:89.0
29	11061	龚宇	办公软件应用(OfficeXP)	四级	实操单项	实操:91.0
30	11061	刘玉娇	办公软件应用(OfficeXP)	四级	实操单项	实操:91.0
31	11061	吴凌云	办公软件应用(OfficeXP)	四级	实操单项	实操:75.0
32	11061	许佳蕾	办公软件应用(OfficeXP)	四级	实操单项	实操:82.0
33	11061	鄢晶晶	办公软件应用(OfficeXP)	四级	实操单项	实操:72.0
34	11061	张培培	办公软件应用(OfficeXP)	四级	实操单项	实操:77.0

续表 4-7

序号	班级	姓名	鉴定职业	级别	鉴定科目	成绩
35	11061	张馨	办公软件应用(OfficeXP)	四级	实操单项	实操:92.0
36	11061	冯越	办公软件应用(OfficeXP)	四级	实操单项	实操:86.0
37	11061	赵竟成	办公软件应用(OfficeXP)	四级	实操单项	实操:66.0
38	11061	陆禄	办公软件应用(OfficeXP)	四级	实操单项	实操:80.0
39	11061	任志花	办公软件应用(OfficeXP)	四级	实操单项	实操:78.0
40	11061	王丽	办公软件应用(OfficeXP)	四级	实操单项	实操:70.0
41	11061	张雪	办公软件应用(OfficeXP)	四级	实操单项	实操:78.0
42	11061	官绪成	办公软件应用(OfficeXP)	四级	实操单项	实操:63.0
43	11061	胡鹏	办公软件应用(OfficeXP)	四级	实操单项	实操:97.0
44	11061	华克亮	办公软件应用(OfficeXP)	四级	实操单项	实操:95.0
45	11061	黄峰	办公软件应用(OfficeXP)	四级	实操单项	实操:83.0
46	11061	姜成	办公软件应用(OfficeXP)	四级	实操单项	实操:72.0

未实行"分层递进"教学模式的信息系11071班(表4-8):

表 4-8 信息系 11071 班成绩册

序号	班级	姓名	鉴定职业	级别	鉴定科目	成绩
1	11071	朱小强	办公软件应用(OfficeXP)	四级	实操单项	实操:85.0
2	11071	倪振华	办公软件应用(OfficeXP)	四级	实操单项	实操:87.0
3	11071	张家铖	办公软件应用(OfficeXP)	四级	实操单项	实操:84.0
4	11071	张鲁	办公软件应用(OfficeXP)	四级	实操单项	实操:86.0
5	11071	金志文	办公软件应用(OfficeXP)	四级	实操单项	实操:67.0
6	11071	朱苏江	办公软件应用(OfficeXP)	四级	实操单项	实操:69.0
7	11071	毛巧	办公软件应用(OfficeXP)	四级	实操单项	实操:69.0
8	11071	陈光旭	办公软件应用(OfficeXP)	四级	实操单项	实操:80.0
9	11071	常杰	办公软件应用(OfficeXP)	四级	实操单项	实操:87.0
10	11071	王新	办公软件应用(OfficeXP)	四级	实操单项	实操:89.0
11	11071	李婷	办公软件应用(OfficeXP)	四级	实操单项	实操:89.0
12	11071	王经纬	办公软件应用(OfficeXP)	四级	实操单项	实操:83.0
13	11071	王龙	办公软件应用(OfficeXP)	四级	实操单项	实操:89.0
14	11071	秦栋颖	办公软件应用(OfficeXP)	四级	实操单项	实操:95.0
15	11071	林琰	办公软件应用(OfficeXP)	四级	实操单项	实操:81.0
16	11071	吕飞	办公软件应用(OfficeXP)	四级	实操单项	实操:98.0
17	11071	胡有键	办公软件应用(OfficeXP)	四级	实操单项	实操:85.0
18	11071	谈士帅	办公软件应用(OfficeXP)	四级	实操单项	实操:75.0

续表 4-8

序号	班级	姓名	鉴定职业	级别	鉴定科目	成绩
19	11071	唐洋	办公软件应用(OfficeXP)	四级	实操单项	实操:70.0
20	11071	钱剑	办公软件应用(OfficeXP)	四级	实操单项	实操:75.0
21	11071	时正阳	办公软件应用(OfficeXP)	四级	实操单项	实操:92.0
22	11071	王燕	办公软件应用(OfficeXP)	四级	实操单项	实操:83.0
23	11071	于爱强	办公软件应用(OfficeXP)	四级	实操单项	实操:80.0
24	11071	卞辰阳	办公软件应用(OfficeXP)	四级	实操单项	实操:86.0
25	11071	严青祥	办公软件应用(OfficeXP)	四级	实操单项	实操:69.0
26	11071	周小庆	办公软件应用(OfficeXP)	四级	实操单项	实操:95.0
27	11071	樊正东	办公软件应用(OfficeXP)	四级	实操单项	实操:91.0
28	11071	贾志双	办公软件应用(OfficeXP)	四级	实操单项	实操:57.0
29	11071	贾韦康	办公软件应用(OfficeXP)	四级	实操单项	实操:83.0
30	11071	赵恒轩	办公软件应用(OfficeXP)	四级	实操单项	实操:98.0
31	11071	黄鑫	办公软件应用(OfficeXP)	四级	实操单项	实操:47.0
32	11071	陈健峰	办公软件应用(OfficeXP)	四级	实操单项	实操:82.0
33	11071	顾磊磊	办公软件应用(OfficeXP)	四级	实操单项	实操:90.0
34	11071	曹禹	办公软件应用(OfficeXP)	四级	实操单项	实操:42.0
35	11071	陈道旭	办公软件应用(OfficeXP)	四级	实操单项	实操:51.0
36	11071	陈明	办公软件应用(OfficeXP)	四级	实操单项	实操:67.0
37	11071	程子杰	办公软件应用(OfficeXP)	四级	实操单项	实操:85.0
38	11071	高波	办公软件应用(OfficeXP)	四级	实操单项	实操:74.0
39	11071	贺中强	办公软件应用(OfficeXP)	四级	实操单项	实操:80.0
40	11071	潘志强	办公软件应用(OfficeXP)	四级	实操单项	实操:92.0
41	11071	齐梁	办公软件应用(OfficeXP)	四级	实操单项	实操:82.0
42	11071	秦连兵	办公软件应用(OfficeXP)	四级	实操单项	实操:67.0
43	11071	邱阳阳	办公软件应用(OfficeXP)	四级	实操单项	实操:69.0
44	11071	全政宇	办公软件应用(OfficeXP)	四级	实操单项	实操:72.0
45	11071	沈振亚	办公软件应用(OfficeXP)	四级	实操单项	实操:14.0
46	11071	吴君超	办公软件应用(OfficeXP)	四级	实操单项	实操:90.0
47	11071	吴迁	办公软件应用(OfficeXP)	四级	实操单项	实操:44.0
48	11071	伍启超	办公软件应用(OfficeXP)	四级	实操单项	实操:50.0
49	11071	夏宇晨	办公软件应用(OfficeXP)	四级	实操单项	实操:84.0
50	11071	谢泽霖	办公软件应用(OfficeXP)	四级	实操单项	实操:82.0

又如,基于信息技术的"分层递进"教学模式,课题组在建工系实验。由信息系10人小组负责指导的班级通过率为92.6%,未进行"分层递进"教学模式的教学班通过率仅为22.1%。

以下是两个班级成绩单的对比表(表4-9和表4-10)(建工11014班未分层,11013班实行"分层递进"教学模式)

表4-9 建工系11014班成绩册

班级:建工11014　　学期:2011—2012第一学期　　任课教师:吴亚洲　　正常班　　比较试验

学号	姓名	课程名称	课程代码	课程类型	考核方式	总评成绩
110001401	夏良姿	计算机办公软件应用(中级)	1.00E+01	必修课	考试	50
110001402	陈轼	计算机办公软件应用(中级)	1.00E+01	必修课	考试	67
110001403	丁维龙	计算机办公软件应用(中级)	1.00E+01	必修课	考试	50
110001404	董磊	计算机办公软件应用(中级)	1.00E+01	必修课	考试	73
110001405	孙庆鹏	计算机办公软件应用(中级)	1.00E+01	必修课	考试	96
110001406	徐磊	计算机办公软件应用(中级)	1.00E+01	必修课	考试	30
110001407	禹弘亚	计算机办公软件应用(中级)	1.00E+01	必修课	考试	59
110108401	曹熠	计算机办公软件应用(中级)	1.00E+01	必修课	考试	66
110108402	陈博	计算机办公软件应用(中级)	1.00E+01	必修课	考试	81
110108403	陈加炜	计算机办公软件应用(中级)	1.00E+01	必修课	考试	92
110108404	陈佳毅	计算机办公软件应用(中级)	1.00E+01	必修课	考试	68
110108405	陈杰	计算机办公软件应用(中级)	1.00E+01	必修课	考试	73
110108406	陈铭	计算机办公软件应用(中级)	1.00E+01	必修课	考试	66
110108407	陈鑫	计算机办公软件应用(中级)	1.00E+01	必修课	考试	77
110108408	陈宇豪	计算机办公软件应用(中级)	1.00E+01	必修课	考试	53
110108409	储森韬	计算机办公软件应用(中级)	1.00E+01	必修课	考试	79
110108410	丁巍	计算机办公软件应用(中级)	1.00E+01	必修课	考试	84
110108411	顾佳建	计算机办公软件应用(中级)	1.00E+01	必修课	考试	92
110108412	顾伶杰	计算机办公软件应用(中级)	1.00E+01	必修课	考试	67
110108413	季佳炜	计算机办公软件应用(中级)	1.00E+01	必修课	考试	24
110108414	江佳陈	计算机办公软件应用(中级)	1.00E+01	必修课	考试	83
110108415	姜文	计算机办公软件应用(中级)	1.00E+01	必修课	考试	84
110108416	蒋昕阳	计算机办公软件应用(中级)	1.00E+01	必修课	考试	82
110108417	金泉	计算机办公软件应用(中级)	1.00E+01	必修课	考试	76
110108418	李本山	计算机办公软件应用(中级)	1.00E+01	必修课	考试	56
110108419	李祥	计算机办公软件应用(中级)	1.00E+01	必修课	考试	88
110108420	刘传欣	计算机办公软件应用(中级)	1.00E+01	必修课	考试	76
110108421	刘涛	计算机办公软件应用(中级)	1.00E+01	必修课	考试	43
110108422	刘腾	计算机办公软件应用(中级)	1.00E+01	必修课	考试	51
110108423	陆伟杰	计算机办公软件应用(中级)	1.00E+01	必修课	考试	67

续表 4-9

学号	姓名	课程名称	课程代码	课程类型	考核方式	总评成绩
110108424	潘金浩	计算机办公软件应用(中级)	1.00E+01	必修课	考试	73
110108425	钱柿成	计算机办公软件应用(中级)	1.00E+01	必修课	考试	54
110108426	秦佳华	计算机办公软件应用(中级)	1.00E+01	必修课	考试	80
110108427	沙宋杰	计算机办公软件应用(中级)	1.00E+01	必修课	考试	74
110108428	沈帆	计算机办公软件应用(中级)	1.00E+01	必修课	考试	71
110108429	沈亚东	计算机办公软件应用(中级)	1.00E+01	必修课	考试	73
110108430	石志远	计算机办公软件应用(中级)	1.00E+01	必修课	考试	78
110108431	孙晨雨	计算机办公软件应用(中级)	1.00E+01	必修课	考试	55
110108432	王充	计算机办公软件应用(中级)	1.00E+01	必修课	考试	56
110108433	向镇原	计算机办公软件应用(中级)	1.00E+01	必修课	考试	70
110108434	许文涛	计算机办公软件应用(中级)	1.00E+01	必修课	考试	75
110108435	杨辉	计算机办公软件应用(中级)	1.00E+01	必修课	考试	89
110108436	叶晓天	计算机办公软件应用(中级)	1.00E+01	必修课	考试	44
110108437	余非凡	计算机办公软件应用(中级)	1.00E+01	必修课	考试	56
110108438	张奥然	计算机办公软件应用(中级)	1.00E+01	必修课	考试	72
110108439	张泽	计算机办公软件应用(中级)	1.00E+01	必修课	考试	71
110108440	朱启明	计算机办公软件应用(中级)	1.00E+01	必修课	考试	76
110108441	朱亚文	计算机办公软件应用(中级)	1.00E+01	必修课	考试	80
110108442	朱一凡	计算机办公软件应用(中级)	1.00E+01	必修课	考试	90
110108443	韩双之	计算机办公软件应用(中级)	1.00E+01	必修课	考试	80
110108444	李海晴	计算机办公软件应用(中级)	1.00E+01	必修课	考试	93
110108445	宣茹曼	计算机办公软件应用(中级)	1.00E+01	必修课	考试	58

表 4-10　建工系 11013 班成绩册

班级:建工 11013　　学期:2011—2012 第一学期　　任课教师:吴亚洲　　试验班

学号	姓名	课程名称	课程类型	考核方式	总评成绩
110001301	曹婷玉	计算机办公软件应用(中级)	必修课	考试	93
110001302	吴强	计算机办公软件应用(中级)	必修课	考试	69
110001303	严俊宇	计算机办公软件应用(中级)	必修课	考试	90
110001304	姚明安	计算机办公软件应用(中级)	必修课	考试	63
110001305	陈浩	计算机办公软件应用(中级)	必修课	考试	60
110001306	曹月晨	计算机办公软件应用(中级)	必修课	考试	56
110001307	徐磊	计算机办公软件应用(中级)	必修课	考试	69
110001308	仲景祥	计算机办公软件应用(中级)	必修课	考试	86

续表 4-10

学号	姓名	课程名称	课程类型	考核方式	总评成绩
110108301	丁坤	计算机办公软件应用(中级)	必修课	考试	67
110108302	符接	计算机办公软件应用(中级)	必修课	考试	87
110108303	顾志祥	计算机办公软件应用(中级)	必修课	考试	87
110108304	官绪斌	计算机办公软件应用(中级)	必修课	考试	71
110108305	黄陈滔	计算机办公软件应用(中级)	必修课	考试	62
110108306	黄智	计算机办公软件应用(中级)	必修课	考试	92
110108307	姜豪锋	计算机办公软件应用(中级)	必修课	考试	92
110108308	李晨	计算机办公软件应用(中级)	必修课	考试	90
110108309	李宏宇	计算机办公软件应用(中级)	必修课	考试	66
110108310	李楷文	计算机办公软件应用(中级)	必修课	考试	54
110108311	李政睿	计算机办公软件应用(中级)	必修课	考试	86
110108312	刘闯	计算机办公软件应用(中级)	必修课	考试	77
110108313	刘徽	计算机办公软件应用(中级)	必修课	考试	63
110108314	刘涛	计算机办公软件应用(中级)	必修课	考试	96
110108315	刘雪鹏	计算机办公软件应用(中级)	必修课	考试	63
110108316	鲁忍浩	计算机办公软件应用(中级)	必修课	考试	94
110108317	陆明康	计算机办公软件应用(中级)	必修课	考试	50
110108318	陆文	计算机办公软件应用(中级)	必修课	考试	79
110108319	吕刚烨	计算机办公软件应用(中级)	必修课	考试	67
110108320	毛文轩	计算机办公软件应用(中级)	必修课	考试	92
110108321	倪晓庆	计算机办公软件应用(中级)	必修课	考试	74
110108322	王斌	计算机办公软件应用(中级)	必修课	考试	80
110108323	王飞	计算机办公软件应用(中级)	必修课	考试	64
110108324	王佳玮	计算机办公软件应用(中级)	必修课	考试	61
110108325	王嘉玮	计算机办公软件应用(中级)	必修课	考试	94
110108326	王愉	计算机办公软件应用(中级)	必修课	考试	84
110108327	徐军浩	计算机办公软件应用(中级)	必修课	考试	89
110108329	徐子非	计算机办公软件应用(中级)	必修课	考试	69
110108330	许锐诚	计算机办公软件应用(中级)	必修课	考试	80
110108331	薛晓	计算机办公软件应用(中级)	必修课	考试	75
110108332	余星锋	计算机办公软件应用(中级)	必修课	考试	71
110108333	张恒	计算机办公软件应用(中级)	必修课	考试	79
110108334	张珉华	计算机办公软件应用(中级)	必修课	考试	91

续表 4-10

学号	姓名	课程名称	课程类型	考核方式	总评成绩
110108335	张溢阳	计算机办公软件应用(中级)	必修课	考试	96
110108336	赵越	计算机办公软件应用(中级)	必修课	考试	81
110108337	周聪	计算机办公软件应用(中级)	必修课	考试	67
110108338	朱超	计算机办公软件应用(中级)	必修课	考试	78
110108339	朱俊	计算机办公软件应用(中级)	必修课	考试	94
110108340	朱明志	计算机办公软件应用(中级)	必修课	考试	98
110108341	朱仕成	计算机办公软件应用(中级)	必修课	考试	71
110108342	陈雯	计算机办公软件应用(中级)	必修课	考试	82
110108343	华志婕	计算机办公软件应用(中级)	必修课	考试	91
110108344	姬月	计算机办公软件应用(中级)	必修课	考试	73

(四) 技能大赛,屡创佳绩

用前一届参加技能大赛获得优异成绩的学生参与指导下一届参赛学生,把他们的技能和成功的经验传授给下一届参赛的学生,从而形成良性发展,使得学校在国赛和省赛中屡获佳绩。以下图表(表 4-11、图 4-3)为近 4 年来江苏省南京工程高等职业学校技能大赛情况统计。

表 4-11 江苏省南京工程高等职业学校技能大赛情况统计表

奖项	市技能大赛				省技能大赛				国赛			
	2009 年	2010 年	2011 年	2012 年	2009 年	2010 年	2011 年	2012 年	2009 年	2010 年	2011 年	2012 年
金牌	7	3	11	17	2	4	8	10	0	0	1	2
银牌	8	15	19	14	2	2	7	11	0	0	1	1
铜牌	10	39	26	30	2	4	4	4	0	0	0	3
总分	54	81	108	126	14	24	50	66	0	0	6	13

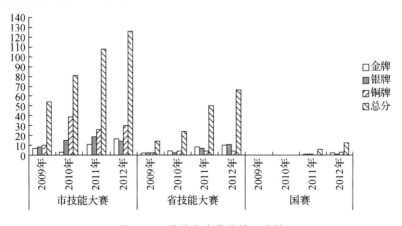

图 4-3 技能大赛获奖情况走势

(五) 学生助教,好评如潮

在"学生助教"的实施方面,2012年,江苏省南京工程高等职业学校建筑工程系聘请了3名学生助教,电子工程系聘请了2名,地质工程系聘请1名。针对他们在教学中所起到的作用即效果,课题组设计了调查表,在实验的班级进行摸底调查,其调查结果如表4-12。

表4-12 配备学生助教教学效果调查统计

项目	综合能力培养	技能认知	技能提升	学习效率	交流沟通	教学互动	助教认同	助教水平	助教责任	助教管理	助教必要	被选助教
A	37.5	35	35	27.5	40	35	30	40	57.5	22.5	22.5	65
B	50	52.5	57.5	62.5	60	60	55	30	32.5	60	67.5	25
C	12.5	10	5	5	0	5	15	22.5	10	15	10	10
D	0	2.5	2.5	5	0	0	0	7.5	0	2.5	0	0

注:A:代表问卷中的第一选项,意为很好、很大、很强、非常好、有必要、很乐意等关键词
　　B:代表问卷中的第二选项,意为好、大、强、必要、乐意等次一级关键词
　　C:代表问卷中的第三选项,意为较好、较大、较强、较必要、较乐意等再次一级关键词
　　D:代表问卷中的第四选项,意为差、小、弱、没必要、不乐意等关键词

由调查可见,学生对"学生助教"普遍是认同的态度,并且在交流沟通上比教师更有优势。应该说,实行"学生助教"对促进教学取得了良好的效果。

(六) 建章立制,形成文件

1. 由于本课题在研究与实践方面获得的成效比较显著,本课题组所在的单位江苏省南京工程高等职业学校,就"学生助教"专门出台了相关文件,已纳入形成常态化管理机制。而技能学习也实行了学分制管理,我校百家湖校区出台了《技能学分制度实施条例》。

2. 组织学校技能节,为参加当年的技能大赛选拔人才,并在其中发现好的苗子,以将其培养成"学生助教",参与到常规教学和实训指导中来。为此,我们形成了学校技能节的实施方案。

(七) 积极推广,广获认同

我校张宇杰老师在实践"分层递进"教学的基础上,结合专业知识,参加2012年江苏省职业学校专业技能课程"两课"评比,荣获"研究课"奖项。

我校闫永慧老师在实践"分层递进"教学的基础上,结合专业知识,参加2011年江苏省职业学校专业技能课程"两课"评比,荣获"研究课"奖项。

(八) 撰写论文,成果丰硕

本课题组成员围绕课题内容积极开展各方面的研究,两年来,在省级以上学术刊物发表论文共计13篇,其中,中文核心期刊论文2篇,省级刊物论文11篇,取得了丰硕的成果。论文发表情况统计如表4-13。

表 4-13　发表论文统计

序号	成果名称	成果形式	作者	发表刊物/出版单位（时间、名称）	获奖或采用情况
1	《基于学生技能学习的差异性分层递进教学模式的研究》报告	总报告	南亲江、王化旭	南京工程高等职业学校 2012 年 12 月	在学校推广应用
2	《基于技能培养的时空性，"学生助教"模式的实践研究》	论文	南亲江、吴玉金	职教论坛/江西科技师范学院 2013 年第 3 期	在学校推广应用
3	《基于"分层递进"教学模式的技能大赛实践研究》	论文	南亲江、王化旭	职教通讯/江苏技术师范学院 2012 年第 12 期	第七届省职教论坛二等奖
4	《基于专业课程教学"学教互动，分层递进"模式的实践》	论文	南亲江、王化旭	职业教育研究/天津职业技术师范大学 2013 年第 2 期	在学校推广应用
5	《职业院校信息技术教学中"分层递进"模式的实践研究》	论文	赵志建	才智/吉林省行政学院 2012 年第 5 期中旬刊	在学校推广应用
6	《基于年级差异"分层递进"技能培养模式的实践研究》	论文	黄震	经济视角/吉林大学 2012 年第 4 期	在学校推广应用
7	《五年高职应用电子技术专业"分层递进"教学模式的探索与实践》	论文	陈章余	科教导刊/湖北省科学技术协会 2012 年第 10 期	在学校推广应用
8	《链式教学模型在职业学校实验实习教学中的建构与实践》	论文	刘雪雪	职教通讯/江苏技术师范学院 2012 年第 9 期	校际交流
9	《职业学校计算机技能培养模式探讨》	论文	赵志建	信息与电脑/北京电子控股有限责任公司 2011 年 10 月	在学校推广应用
10	《对职业院校技能大赛的辩证思考》	论文	彭年敏	职业教育研究/天津职业技术师范大学 2012 年第 9 期	在学校推广应用
11	《对高职计算机课程教学体系建立的深层思考》	论文	朱亚东、陈玉	职教论坛/江西科技师范学院 2012 年第 8 期	在学校推广应用
12	《职业学校设立技能学分制度简论》	论文	刘建明	职业教育研究/天津职业技术师范大学 2012 年第 9 期	在学校推广应用
13	《高职工程测量专业"主体双元一体化"育人模式的实践》	论文	南亲江、丁莉东	无锡职业技术学院学报/无锡职业技术学院 2012 年第 3 期	在学校推广应用
14	《五年高职"工学交替、顶岗实习"管理模式探索与实践》	论文	陈章余	科协论坛/湖北省科协 2012 年 11 期	在学校推广应用
15	江苏省南京工程高等职业学校实训（实验）教学学生助教岗位设置与管理细则	文件	教务处王建	江苏省南京工程高等职业学校 2012 年 9 月	在学校推广应用
16	江苏省南京工程高等职业学校技能学分制度实施条例	文件	刘建明	江苏省南京工程高等职业学校 2012 年 9 月	校中专部试行

九　需要进一步研究和探讨的问题

由于在职业学校中开展"分层递进"教学模式的改革与实践还是一个新兴事物，我们课题组实际上是在做一种探索性的研究。因此，在一些方面还需要做进一步的探讨：

(1) 为了切实缓解师资压力,提高教学质量,各个专业的人才培养方案还应该进一步的调整,课程设置与课程改革还有待于更加科学化、规范化。

(2) 在江苏省内,职业教育有五年制高职和三年制中职,在实施的过程中应该有所区别。在这一点上,研究需要针对两个群体特点、培养目标的不同,进一步调整,以显示实施的不同。

(3) 如何在实行"分层递进"教学模式的过程中体现校企合作,工学结合,这也是课题组需要进一步思考和研究的问题。

总之,作为一种探索式的教学模式改革,还需要在各个方面进行不断完善与总结,以便在教学实践中发挥更大、更好的作用。

注:

(1) 本文是江苏省职业教育教学改革研究课题(第一期)《基于学生技能学习的差异性分层递进教学模式的研究》的课题研究报告。

(2) 本人与王化旭为课题主持人,课题组核心成员有赵志建、陈章余、黄震、朱亚东、刘建明、吴玉金、王建、刘雪雪等。

基于现代学徒制学生助教模式的系统设计与实践

现代学徒制是在传统学徒制的基础上进行改革和创新,融入学校教育教学元素,通过校企合作,教师与师傅联合传授知识与技能,构成现代职业教育人才培养模式。然而,现代学徒制在我国还处于试点和探索阶段,尚未形成有效的体制和机制。借鉴现代学徒制理论和实践,将职业院校高年级(或同年级)学生中技能水平高、动手能力强、操作熟练、动作协调的学生(或技能大赛层层选拔出来的学生)组织起来,聘任为"小师傅",担任学生助教,协助任课老师开展合作学习和技能训练,并且建立完整的运行体系。在实践中,这种助教模式体系促进了人才培养质量的快速提升,成为现代学徒制的有效实现形式。

一 建立学生助教梯队机制的重要意义

现代学徒制是在进入工业化以后,由传统的学徒制和学校教育制度相融合演变而来的。其主要特征表现在学生和学徒身份的相互交替,职业课程在校外实训基地实施及企业工程技术人员兼职承担学校课程教学,这应该是一种常态的教学安排,但同时也是目前职业院校都面临的难题,是制约职业教育现代学徒制发展的瓶颈。

建立学生助教可持续发展的梯队机制,聘任学生中的"小师傅",担任学生助教,有利于工和学的合理衔接,有利于改革教学组织方式和教学管理模式,有利于根据学生发展的需求组织教学,有利于实行柔性化、动态化教学管理,这是现代学徒制的有效实现形式,同时也在实践层面丰富了现代学徒制理论。

学生助教模式起源于美国,最初是为资助研究生修读学位及分担教授们部分教学任务。到了20世纪60年代,美国高等教育逐步进入大众化,师生比例严重失调。因此,雇用了大量的研究生作为教授们的助教,很多大学本科的课程实际上是由助教们完成的。1988年,我国制定了《高等学校聘用研究生担任助教工作的试用办法》,推行了研究生助教制度。西安交通大学、清华大学率先推行了这项制度,到目前为止各重点高校都建立了研究生助教制度,在学科教学与专业建设方面发挥了积极作用;职业教育实质上是一种就业导向教育,是向受教育者传授从事某种职业所必需的知识、进行职业技能的专门化训练。其目的是培养具有一定文化水平和专业技术技能的人才。与基础教育、高等教育有着明显的边界和分工。我国职业教育进入90年代后逐步实现了大众化,师资短缺的问题日益突出,已不能适应职业教育的人才培养需要,直接影响了职业教育的人才培养质量。曾经有职业院校的老师对学生助教模式做了零星的探索,但未能从理论和实践上进行系统地设计和总结。江苏省南京工程高等职业学校近年来对学生助教模式进行了深入地探索与实践,出台了相关政策文件和制度,构建了系统化学生助教体系和助教模型。实践证明,学生助教模式有效地提高了职业教育人才培养质量。

二 职业院校学生助教模式系统设计的思路

（一）职业院校学生助教模式内涵的界定

职业教育的学生助教模式是借鉴现代学徒制的理论与实践,聘请获得社会认可(各级各类技能大赛获奖)的学生为"小师傅",担任助教,协助任课老师开展合作学习和技能训练。这种模式主要适用于职业院校职业技能培养的专业课程教学。其基本特征是基于职业院校专业教学的时空性,将学生中的技能"状元"组织起来,经过专门化的教学训练后担任学生助教。这部分学生中,有的学生动作技能超过老师,发挥这些"小师傅"的作用,将有效地弥补校外实训基地兼职教师不能承担课程教学和学校教师在动作技能方面的某些缺陷(例:教练员和运动员之间的关系)。此外,学生助教与学生之间是同龄人,在学习交流上没有障碍,易于沟通;对于学生助教来说,以师者为自豪,自信心强,全心全意为学生服务的热情很高。这种学和教互动的模式,使学生们在互帮互学中共同提高职业技能和学业水平。学生助教模式的实践,丰富了现代学徒制理论,构建了新型职业教育师生关系,促进了职业教育人才培养质量的快速提升。

（二）职业院校学生助教模式的理论依据

1. 以人为本理论

以人为本,即:一切为了人,一切依靠人。学校教育,就是要以学生为本。教学工作是学校的中心工作。在教学活动中,人是最活跃、最积极的因素,教学工作必须坚持以人为本、以人为中心、以人为重点。为达到这一目的,要善于从学生的"需要"入手,通过调节、满足需要来激发、引导、强化学生的行为动机,激励学生,促使学生从主观上主动达到教学目标的行为,以此来提高教学的效果。正如美国心理治疗学家、现实治疗法的创始人威廉·格拉瑟所指出的那样,"一所好的学校就可以被定义为:在那里,几乎所有的学生都相信,如果他们下工夫来学习,就能使他们的内在需求得到应有的满足,而让他们的持续学习变得有意义。"(《了解你的学生:选择理论下的师生双赢》)

2. 教学最优化理论

教学最优化理论是原苏联著名教育家、教学论专家巴班斯基提出的。在巴班斯基的最优化理论中,"最优的"不等于"理想的""最好的"。"最优的"是指一所学校、一个班级在具体条件制约下所能取得的最大成果。巴班斯基指出:"教的最优化必须落实到学的最优化,只有把教的最优化和学的最优化有机地融合在一起,才能保证教学最优化。教师教学最优化的基本内容之一是使学生学习负担最优化。""教学最优化"理论强调,要达到教学最优化的目的,就必须分析学生状况和教学任务的差别,分别采用个别教学、分组教学、集体讲授或集体谈话等不同的形式。教学最优化理论为学生助教模式的实施提供了重要的理论依据。

3. 现代学徒制度理论

"学徒制"是一种在实际工作过程中以师傅的言传身教为主要形式的职业技能传授形式,通俗地说即"手把手"教。制度化的学徒制出现在中世纪,"学徒制"一词始于13世纪前后。现代学徒制旨在提高理论和专业技能的、以学生为主体的、以专业设置与课程改革为纽带的、学校教师与企业职工共同参与的、在具体指导中又学习又提高的、校企深度合作的、三位(学生、教师、员工)一体的人才培养新型教育模式。现代学徒制人才培养模式,根本宗旨就是校企共同育人,培养具有较高的专业理论与专业技能并能促进经济社会发展的人才。学校的教师学生、企业的职工都应该是培养的对象,学生是徒,是学徒制的主体,但不是全体,教师职工既是师又是徒,他们在教育和指导的过程中,自身也在接受学习,不断提高。学生年轻,思维敏捷,接受快,提高快,从这一方面来说,教师必须向他们学习。而"能者为师,学者为徒"是现代学徒制的全局体现,学生也可以为师,辅助教师进行教学。

(三) 职业院校学生助教模式系统设计的原则

1. 整体性原则

作为一种教学模式的推广,形成学校的特色和亮点,需要从一个学校的整体教学工作出发,既要考虑到公共平台课程(如信息技术等)又要考虑专业课程,既要考虑到专业课的时空特性又要考虑实训课和顶岗实习,进行系统设计和构建。

2. 规范性原则

作为学校的一种教学模式,必须形成一整套完整的组织保障体系和工作制度,从学生助教的选拔、任用、考核与奖惩到建立动态调整机制,都有一套完整规范的操作流程,形成长效机制。

3. 人本性原则

学生助教模式应坚持以生为本的理念,从学生、专业、学校的实际出发,方案设计既要符合学生的认知规律,又要符合学校的实际情况,切实可行。

4. 发展性原则

作为一种教学模式的设计,应充分考虑到学生的差异性,在关注学生整体发展的同时,更应关注学生个体的成长,特别是对"学习困难"学生的帮扶工作,促进学生职业能力的普遍提升,实现学生整体发展。

三 学生助教模式的构建与实践

我们在多年教学实践基础上,形成了五种学生助教教学模式,即:基于课程教学的"小组合作教学模型"、基于年级差异的"阶梯式教学模型"、基于信息技术的"辐射式教学模型"、基于技能大赛训练的"塔式教学模型"、基于顶岗实习的"锯齿式教学模型"。

(一)小组合作教学模型——基于课程学习的"分层递进"教学

在课程教学中,通过教学和测试及时发现动手能力、接受能力强的学生。然后,以1∶5—1∶10的比例进行分组,即每5—10个学生中产生一个"尖子生",担任学习小组长,并扮演助教角色。遴选出这部分学生后,对他们进行重点培养,其主要形式是"开小灶",单独集中授课10节课左右。这部分学生经过引导性训练后,技能水平得到了显著提高。当然,培养"尖子生"并非最终目的,最终目的是让他们参与辅导更多的学生,从而实现共同进步,达成教学目标。于是,在接下来的课堂学习中进行分组,学生助教负责对本小组同学的具体指导和考核工作,老师负责巡回指导和全面考核工作。由于学生助教对练习的内容已经非常熟练,他们会非常热心地指导小组成员,从而保证了每个学生都能过关,进入下一阶段学习。由此建构的教学模型如图4-4所示。

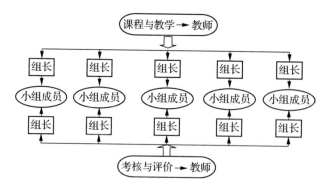

图4-4 基于课程学习的合作教学模型

(二)阶梯式教学模型——基于年级差异的"分层递进"教学

就一个专业或专业群而言,职业技能培养的时空特性为学生助教的实施提供了可能。这就需要打破年级的界限,在同一专业(群)中挑选一部分高年级学生担任助教,配合教师辅导低年级学生进行技能训练。这些高年级学生一般已获得相应的技能证书,或者在各级各类技能大赛中有突出的表现。他们的操作水平足以胜任助教一职。另外,学生之间易于沟通,他们在互帮互学中共同提高了技能水平,也减轻了教师的工作强度。

基于职业技能培养的时空特性,从低年级的入门指导,到中年级的专项技能训练,再到高年级的综合技能训练和顶岗实习,在时间的编排上尽量做到各个年级的实践项目基本同步,或者高年级学生的实践项目适当超前,在保证全面完成实践任务的前提下,把学有余力的学生组织起来指导低年级学生。由此建构的教学模型如图4-5所示。

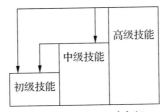

图4-5 基于年级差异的阶梯式教学模型

(三) 辐射式教学模型——基于信息技术的"分层递进"教学

这是一种突破专业壁垒的学生分层教学实践,如信息技术专业,由于《信息技术》课程是高职新生学习计算机知识的入门课程和能力培养的启蒙课程,也是所有专业学生的基础课。而信息技术专业的学生显然在这门课程的掌握上具备专长,因此由信息技术专业系部选拔优秀的学生对其他专业的学生进行实习辅导,让他们做"小老师"。这样,"小老师"在教学实践中提高了自信心,增强了责任感,也在实践中起到了"教学相长"的效果。由此建构的教学模型如图4-6所示。

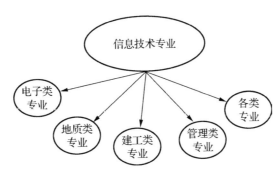

图4-6 基于信息技术专业与非专业之间辐射式技能培养模型

(四) 塔式教学模型——基于技能大赛的"分层递进"教学

技能大赛的层层选拔形成了学生专业技能水平的金字塔,学校为了培养他们付出了大量的资源与精力。这些参赛学生经过长期的打磨练就一身本领,而获得国赛、省赛奖的学生更是宝贵的资源。江苏省南京工程高等职业学校从一年一度的惠及所有学生的学校技能节开始,校级优秀选手推荐参加市级比赛;市级获奖选手参加省级比赛;省级获奖选手参加全国技能大赛。而各级选手又分别由不同层次的助教学生协助教师或单独进行指导。如:国赛奖牌获得者指导下一届国赛参赛选手,省赛奖牌获得者指导下一届省赛参赛选手,市赛奖牌获得者指导下一届市赛参赛选手,各个层次的助教学生配合任课教师对低年级学生进行入门指导、基本技能(初级工)的培养和训练,收到了良好的效果。由此建构的教学模型如图4-7所示。

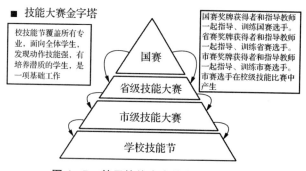

图4-7 基于技能大赛的塔式教学模型

(五)锯齿式教学模型——基于顶岗实习的"分层递进"教学

顶岗实习是现代学徒制的一种表现形式,也是学生职业能力形成的关键环节,通过顶岗实习强化学生职业道德和职业素质教育。与学校深度合作的企业每年都要吸收一批学生参加顶岗实习。先期参加顶岗实习的学生经过一段时间的训练后,能够独当一面地开展工作。在顶岗实习的重叠期内成为下一级顶岗实习学生的"小师傅",由此建构的教学模型如图4-8所示。

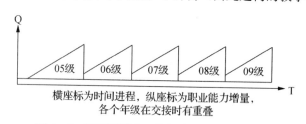

图4-8 基于顶岗实习的锯齿式技能培养模型

四 学生助教模式的实践成效

(一)教师的教学功能得到了放大。学生助教参与教学或技能训练,在一定程度上缓解了教师的教学压力,让更多的学生能够得到手把手的指导,从而提高了课堂教学的效率和整体水平。

(二)实现了"补遗学习"。通过学生助教、同伴互助,延伸课堂教学,切实在整体上提高了学生的专业技能。

(三)弥补了师生沟通不足。实践教学中采用"学生助教"模式,"小师傅"和学生们在一起谈学习、谈工作、谈生活、谈理想,打成一片。建立了新型的师生、生生关系,学生的综合素质得到明显提高。

(四)常态教学,成绩提升。"学生助教"模式,大大缓解了教师的工作强度,在教学效果上更是取得了明显的成效。据统计，中级工考核通过率达到了100%，高级工考核通过率达到了90%，学生的实训成绩得到了明显的提升。

（五）技能大赛，屡创佳绩。技能大赛的层层选拔形成了金字塔，请前一届参加技能大赛的获奖选手指导下一届参赛同学，将他们的技能和成功的经验传承下来，形成良性循环发展，使得学校在国赛和省赛中屡获佳绩。

（六）建章立制，规范管理。江苏省南京工程高等职业学校专门出台了《学生助教岗位设置与管理细则》，学生助教的选拔、聘用与管理形成一套完整的程序和制度，有效地保证了学生助教模式持续的推进。

（七）催生技能人才，赢得社会美誉。留校助教学生顾吴华创建了电子科技社团，指导学生获得各级各类奖项达21项，并获得优秀科技辅导员称号。学生助教为学校催生技能型教师，还为企业输送技术人才。学生助教建筑工程系的汪戬、信息系的张小龙、电子工程系的刘冬等成为企业技术骨干，获得企业的一致好评，为学校赢得美誉。

五 结束语

在职业院校中开展"学生助教"模式的改革与实践还是一个新兴事物，我们还需要在各个方面进行不断完善与总结。尤其是在现代学徒制的模式框架下，如何建立过程性和发展性评价为核心的评价机制，如何培养学生对产业文化、行业文化、企业文化的领悟能力，对职业规范的理解，对职业风范的把握，以及创新创业意识的激发，需要进一步探索，以便在教学实践中发挥更大、更好的作用。

基于技能培养的时空性,"学生助教"模式的实践研究

职业院校专业课程教学的主要任务是培养学生岗位职业能力,其中操作技能的培养是核心。目前,我国职业教育实训条件还不够完善、师生比普遍偏低,影响了操作技能培养的质量。笔者所提出的基于技能培养的时空性,采用"学生助教"模式,意思是说:在高年级先行教学、先行训练的学生中挑选技能水平高、操作熟练、动作协调的学生参与教学,协助任课老师(助教)指导低年级学生进行技能训练。这种模式将有效缓解专业教师不足,弥补教师在技能训练以及动作技能方面的某些不足。同时,高低年级学生在互帮互学中共同促进职业技能水平的提高和学业水平的进步,有利于提高职业教育的整体技能水平。"学生助教"模式的实践,试图探索出一条具有中国特色的职业教育之路。

一 技能培养的时空性与"学生助教"模式概述

职业院校为培养技能型人才,根据社会需求,构建实施性人才培养方案,按照岗位职业资格标准制定课程标准,安排教学进程,组织教学,通过有效的质量监控和考核评价,培养合格的技能型人才。其中专业技能培养是职业院校人才培养的核心,也是职业院校人才培养竞争力、服务地方经济社会发展能力的重要标志。所谓技能培养的时空性,是指职业院校在培养学生技能方面所显示出来的时间特性和空间特性。所谓时间特性,就是技能培养在时间编排上,按照专业基本技能、专业专项(核心)技能、专业综合(岗位)技能这样一个路径,由易到难,由浅入深,循序渐进地组织教学,将各个技能模块安排在不同的学期、年级完成;所谓空间特性就是技能培养在空间上,根据学制和入学的先后,在同一个时间域,各个技能模块在不同的年级同时展开,构成了职业院校专业技能培养由专业基本技能、专业专项(核心)技能到专业综合(岗位)技能的空间立体组合。这种时空性组合为"学生助教"提供了可能。所谓"学生助教",就是在高年级先行教学、先行训练的学生中挑选技能水平高、操作熟练、动作协调的学生参与教学(助教)。这部分学生中,有的学生在动作技能方面甚至超过教师,老

师的动作可能已经远不如学生那么协调。把这些学生有效地组织起来,参与教学,在学校技能培养上发挥作用,将有效缓解职业院校专业教师不足,弥补教师在技能训练、动作技能方面的某些缺陷。同时,学生之间学习交流,学者没有障碍,易于沟通,教者充满自信,热情有余。这样一种学教互动模式,使学生在互帮互学中共同促进职业技能水平的提高和学业水平的进步,从而提升技能培养的整体水平,提高技能教学的有效性。

二 "学生助教"模式现状述评

笔者从中国知网搜索到有关学生助教的文章60余篇,下载了50余篇并进行了研读。这些文章涉及本科院校的有40余篇,其中选拔研究生做助教的文章近40篇(含国外研究生助教模式的文章5篇),选拔高年级学生做助教的文章4篇,涉及高职院校选拔高年级学生做助教的文章2篇,涉及中等职业教育有关学生助教的文章2篇。

(一)本科院校学生助教现状分析

在国外,不少大学实行了研究生担任助教制度,取得了很好的成效。比较有代表性的是美国。1899年,哈佛大学创设研究生助教制度,其目的是提供助教金以帮助研究生修读学位和减轻教授繁重的教学任务。后来,许多大学都纷纷效仿。20世纪60年代,美国高等教育进入了大众化阶段,遇到的重要问题之一是师资紧张。因此,大学不得不扩大班级规模以接纳日益增多的学生,并雇佣大量研究生担任助教,承担本该属于教授的教学工作,如组织小组讨论、辅导实验,甚至承担整门课程的教学等。研究生助教逐渐成了真正意义上的助理教师。在一些有名气的大学里,教授们的工作主要集中在科学研究及指导研究生,很多大学本科的课程实际上是由助教担任的。

在我国,1988年,原国家教育委员会制定了《高等学校聘用研究生担任助教工作的试用办法》,推行研究生助教制度。教育部和一些重点高校十分重视和支持研究生助教工作。西安交通大学在《研究生助教工作的组织与实施办法》中明确规定:按照本科教学工作的需求,在大面积基础课、学科大类基础课、专业基础课、实验课中设置研究生助教。研究生助教承担的本科生课程辅助教学工作内容可以包括辅导答疑、批改作业、指导实验及批改实验报告、协助完成研讨课、考试监考以及课程主讲教师指定的其他辅导工作。清华大学则规定,助教的工作内容包括:随堂听课,了解教学进度、要求和学生学习情况;完成批改作业、为学生答疑、小组辅导和个别辅导、准备上课的教具装置、参与课程监考判卷、指导实验课程、收集和准备教学资料等教学辅助工作;有助教经验且评估优良的研究生,可独立承担基础课程的辅导课、习题课及讨论课等教学任务。

(二)高职院校学生助教现状分析

在高职院校有关学生助教的2篇文章中,一篇是针对高职学生理论学习的特点,运用学生助教模式对《电子商务概论》课程进行改革,提高其理论学习的效率。另一篇是针对高等教育大众化后,招生人数迅速增加,学校师资的增长速率远小于学生的增长速率,导致师资力量紧张的现状,选拔优秀学生协助老师参与操作练习辅导工作。

(三)中等职业教育学生助教现状分析

中等职业教育有关学生助教的一篇文章是以语文、数学课为例,在同一专业同一年级的学生中组建成助教小组,然后将学生助教成员分散在本班的各小组内,进行语文、数学助教小组的试验,旨在促进学生文化课学习上的文理贯通,同时培训学生助教的合作精神及协作能力。中等职业教育的另一篇相关文章从教学主客体这一角度出发,针对在技能教学中,班级人数一般在45人以上,学生偏多,"点对面"教学的主客体关系难以应付"点对点"释疑、纠错、评价的需要,课堂掌控难度大等突出矛盾,聘任高年级学生中的技能高手或本班的优秀学生担任助教,探索在职业高中推行助教制,力求实现技能教学的效率最大化。学生助教的运用分为第二课堂学生助教制和导生制两种。第二课堂学生助教的职责是根据教师的要求,协助教师或单独对第二课堂的学生技能训练、管理和指导,保证主讲教师布置的技能训练任务完成。本班学生助教制,即导生制的组织形式,教师上课时先选择一些年龄较大或较优秀的学生进行教学,然后由这些学生做导生,每个导生负责把自己刚学的内容教给一组学生。导生不但负责教学,而且还负责检查和考试,是教师的助手。

综上所述,国内外本科院校普遍推行了研究生助教模式,建立了一整套助教制度,在学科教学方面发挥了积极作用;高职院校有关老师在课程理论教学或课程理论教学后的实践训练方面对学生助教模式作了零星的探索;中等职业学校毛传赋老师《试论"助教制"在职高专业技能教学中的实施》一文,针对技能教学学生偏多的现状,提出了聘任高年级学生或本班的优秀学生担任助教,协助教师或单独对学生技能训练、管理和指导。从大量的文献资料中尚未检索到有人从一个专业的整体优化出发,基于技能培养的时空性,探索"学生助教"模式,但是,各类研究成果对基于技能培养的时空性,"学生助教"模式的研究具有重要的参考价值和积极的指导意义。

三 基于技能培养的时空性,"学生助教"模式的实践

(一)优化技能培养方案

基于技能培养的时空性,试行"学生助教"模式,需要对专业人才培养方案进行系统的优化和组合,比如说各个年级初、中、高级技能训练,在时间上需要同步,空间上需要整合。根据"分层"与"递进"的辨证关系,建构"面向全体、分层施教、学教互动、动态考核、共同进步"的教学体系。

(二)关于"学生助教"的选拔、聘用与管理

学生助教的选拔是一件非常严肃的事情,事关学校人才培养质量的提升和育人环境的改善,必须高度重视这项工作。以江苏省南京工程高等职业学校为例,为做好学生助教的选

拔、聘用与管理工作,出台了《江苏省南京工程高等职业学校实训(实验)学生助教岗位设置与管理细则》,从助教岗位的设置和原则、助教岗位的申请与聘任、助教岗位的职责、助教工作的考核与津贴的发放等6个方面作出了规定。做到严格标准,规范管理,充分调动和发挥学生助教的积极性和创造性。

(三)"学生助教"模式的运行

选拔出来的学生助教大多是在各级各类技能大赛中取得好成绩的优秀学生,他们动手能力强,做事认真。在参与教学前首先要对他们进行教育学和心理学方面的短期培训,其次是教学业务培训,让其熟悉教学工作。对学生助教的培训主要由教学部门或任课老师承担。

学生助教上岗后负责实践、实验教学的准备与指导,实践、实验报告的批改、答疑、讨论等工作。指导实践、实验教学的组织形式以小组合作学习为主,1名助教指导5—10名学生为宜。此外,学生助教还负责组织学习兴趣小组,课余时间培养学生的专项技能,参加各级各类技能大赛,成绩突出者给予奖励。

江苏省南京工程高等职业学校首先在五年制高职电气自动化专业试行学生助教模式,组织省级技能大赛获奖学生担任助教,指导低年级学生中级工、高级工考前训练。经过学生助教指导过的班级,职业技能考核鉴定通过率明显提升,继而学校出台学生助教相关政策,在全校推广应用。

四 基于技能培养的时空性,"学生助教"模式的成效

基于技能培养的时空性,"学生助教"模式的推广应用,有效缓解了专业教师不足,减轻了专业教师的课业负担,提高了学生技能学习的效率。以江苏省南京工程高等职业学校工测08级两个班为例,一个班只有一位老师带技能训练,另一个班除了一位老师外,还安排了2位在省赛中获奖的学生,前者中级工考核通过率为76%,而后者中级工考核通过率为100%,且均分值高。

学生进行基本技能的入门训练是最基本、最难做的一项教学工作。俗话说:师傅领进门,修行靠个人。一个师傅能带10个以内的学生,能够关注到每个个体,带多了效果就会明显减弱。如2011级建工专业识图与测绘课程的实践环节,主讲老师邀请了09级4位学生参与指导,每人指导1个实习小组,被指导的学生上手很快。又如学校计算机应用专业的学生,到了三年级的时候基本上都能取得办公自动化高级工证书,用他们去参与指导非计算机类专业一年级办公自动化中级工的训练,以师傅带徒弟的形式,职业技能考核鉴定通过率提高到100%。

将学生助教这一模式引入职业院校教学中,聘请优秀的高年级学生担任助教,并纳入教学、教辅人员管理范畴,是职业教育教学改革的一种尝试,其效果如何既要看班级学生整体职业能力是否提升,还要看这种模式是否能够为广大的受助学生所接受。为此,我们对已经

推行这一模式的电气自动化专业两个班级进行了问卷调查,设计了 12 个问题。问卷调查结果表明:学生认为配备学生助教使其在职业能力培养方面有收获和收获很大的占 87.5%,对其技能的掌握有帮助和帮助很大的占 87.5%,对其技能的提高有作用和作用很大的占 92.5%,与学生助教较容易交流沟通和更容易交流沟通占 100%,在课堂训练上遇到问题向学生助教请教的占 70%,在心理上能够接受"学生助教也是老师"的占 85%,认为学生助教的责任心强的占 57.5%,认为学校有必要配备学生助教的占 90%,学校配备学生助教整体技能水平获得学生认可的占 70%,认为配备学生助教在实训管理方面较之前有进步、秩序好的占 82.5%,如果被推选为学生助教,有 65% 的学生很乐意,认为对今后发展会有很大帮助。从调查的结果来看,学生普遍认可这一模式。

五 结束语

基于职业教育技能培养的时空特性,采用"学生助教"模式,将部分学有专长的高年级学生组织起来,配合任课老师指导低年级学生,实行学教互动,参与助教的学生有荣誉感,热情高,全身心投入指导;被指导的学生不仅在技能学习上乐于与"学生助教"交流、沟通,而且在生活、兴趣、爱好等多方面亦有着共同语言,在互帮互学中共同促进职业技能水平和学业水平的进步,陶冶人的情操,促进人的全面发展。因此,这种教学组织形式适合于我国职业教育的基本国情,值得推广应用。

基于专业技能教学"学教互动，分层递进"模式的实践

 一　"学教互动，分层递进"的基本含义

在传统的专业课程教学中，往往由于课程内容的理论性较强，学生难以接受。为了增强专业课程教学的有效性，提高教学效果，各职业院校在教育部课程改革理念和改革创新行动计划的指导下，正如火如荼地开展课程改革。构建以能力为本位、以职业实践为主线、以项目课程为主体的模块化专业课程体系已成为职业教育课程改革的共识。"学教互动，分层递进"教学模式是"十二五"期间江苏省第一期职业教育教学改革研究课题内容，其概念界定为：在团体教学中，根据学生的学习状况、技能水平、特长爱好将学生分组，利用学生的差异性，让一部分技能水平较高的同学指导技能水平较低的同学，在互帮互学中促进技能水平和学业水平的共同进步，并培养其团体合作意识，使老师的指导作用得到放大。

 二　实施"学教互动，分层递进"教学模式的动因

（一）差异性客观存在

根据美国教育家、心理学家霍华德·加德纳的多元智力理论，人的智力组成是多元的，职业院校的学生尤其体现在动觉智力上存在个体差异。这种差异来源于三个方面：

一是学习者自身的差异。学习者动作技能的习得有快有慢，存在个体差异。在相同的教学资源条件下，即使同一个老师指导，也很难达到同样的技能培养目标。要达到同样一个目标，指导教师花费在各个体学习者身上的指导时间和各个体学习者所用的训练时间是不相同的。就像玩魔方一样，有的人很快就掌握了规律，有的人花上数倍时间也玩不出结果来。

二是教学安排形成的差异。学校在传授技能上，有先后顺序的安排，形成了各个年级职

业技能上的差异,先学者先掌握,后学者后掌握。

三是由教学资源导致的差异。教学资源不仅体现在师资、设备、工位等"硬件"方面,也体现在教师投入精力多少、训练时间长短、设备可利用时间多少等隐性的方面。如,师均指导的学生少,教师指导得法,技能学习的效果就好,反之就差。教学资源丰富,设备台(套)数满足学生实习训练需要,技能学习的效果就好,反之就差。

(二)现状产生驱动力

我国职业教育的现状是国家总体教育经费投入不足,教师到企业实践较少,动手能力不强。行业企业没有承担职业教育的法定责任,学校在办学过程中则要充分考虑到办学成本和效益,因此,师生比普遍偏低,一个教学班级一般都在40人以上。同样的,一个实习指导教师也要指导40人以上,教师教得很累,学生学习效率低下,严重制约了职业教育的发展。因此,有必要根据我国的国情,探索出一条具有我国特色的职业教育技能培养模式。

(三)模式阐释

"学教互动,分层递进"教学模式根据学生的学习状况、学习能力、技能水平将学生按能力搭配分组,在一些特定的情况下可以对部分学生先行教学,先行训练,培养学生学习小组的组长、技能能手。利用学生的这种技能差异性,让部分技能水平高、操作熟练、动作协调的学生参与教学,打破传统的教学组织形式——班级授课制,继而代之以能力分组制,利用学生教学生,确立学生的中心地位,实行学教互动,在互帮互学中共同促进职业技能水平和学业水平的进步。从而提升技能培养的整体水平,提高技能教学的有效性。

三 "学教互动,分层递进"教学模式实践

"学教互动,分层递进"教学模式是在"分层教学法"理论指导下的一种课堂教学实践。在这一模式中,学生既是学习者,又可以在某一阶段成为实习指导教师,具有双重身份,实现学与教的角色转换。学生的自信心和潜能将会得到极大的调动和发挥。以江苏省南京工程高等职业学校为例,先后在高职电气自动化技术专业的"C语言"课程和高职工程测量技术专业的"地形测量技术"课程教学中开展了探索和研究。

案例一:"C语言"课程教学

"C语言"课程不仅要培养训练学生的逻辑思维能力,还要培养学生的操作与动手能力。在多元智能理论的指导下,我校通过实践"学教互动,分层递进"教学模式完成了对学生二元智力的培养训练。

在"C语言"课程教学中,老师不仅要在课堂上传授基本理论知识,更重要的是要在课堂上手把手地教学生编制程序。在过去的教学实践中,这门课程的教学效果并不好,即使在大学本科院校也会出现两极分化现象,一部分学生学得特别好,能够融会贯通,另一部分学生一门课程上完也没有入门。

"学教互动,分层递进"教学模式的具体做法是,首先用 10 节课左右的时间进行入门知识的学习,介绍课程性质、意义,教师以工程实践及 C 语言应用的成就,引起学生的学习兴趣。其后,通过教学和测试及时发现逻辑思维能力强、对学习编程有兴趣有潜力的学生。然后,按照班级学生人数比例选拔培养"尖子生",比例在 1∶5—1∶10 之间,即每 5—10 个学生中产生一个"尖子生",担任学习小组长。教师为选拔的"尖子生"单独集中授 10 节课左右,这部分学生经过引导性训练后,学习目标明确,有很强的自豪感、荣誉感及学习动力。在每次上课前,先给他们提前布置学习任务,他们会在课余时间全身心地投入学习中去。在程序编写和运行调试过程中,遇到的各种错误和难题他们会通过请教老师、相互交流探讨、查阅相关资料等多种途径解决,学习主动性非常强,由此也提高了他们的逻辑思维能力。

在课堂练习的时候,采用小组合作学习、组长具体指导、老师巡回指导的形式。由于组长对练习的内容已经在课余时间反复练习,非常熟练,他们会非常热心地指导小组成员,从而保证了每个学生都能过关,进入下一阶段学习。在他们教学的过程中和其他同学一起也同时提高了操作与动手能力,从而实现了二元智力的培养训练。

我们从 2011 年上半年开始在 08 级一个班中试行"学教互动,分层递进"教学模式,培养了张杨杨、张鹏、孟炎三个同学为学习小组长。从试行的结果来看,全班 43 名学生只有 4 人没有通过程序考试,通过率达到 88%,效果令人满意。在总结经验的基础上,2011 年下半年开始,作为江苏省职业教育教学改革研究课题的重要内容,我们在 09 级两个班中进行比较研究,其中在电气 09091 班推行"学教互动,分层递进"教学模式,电气 09092 班按照传统的教学模式组织教学,期末考试由第三方出卷,统一测试。考核结果是:电气 09091 班测试通过率为 96%,只有 2 个人没有通过学业测试;电气 09092 班一大半同学不及格,通过率仅为 22%。之后,我们于 2012 年上半年统一调整了该专业的教学计划,按照"学教互动,分层递进"教学模式在这个班重新开设了"C 语言"课程。

案例二:"地形测量技术"课程教学

"地形测量技术"课程重点培养学生的动手操作能力。江苏省南京工程高等职业学校工程测量技术专业每个班级的学生数都比较多,连续多年都在 60 人左右,在教室上理论课还能正常进行,一到操作课老师根本关注不了每一个学生,仪器损坏率也很高。该课程"学教互动,分层递进"教学模式的实践与"C 语言"课程相似,技能培养的基本路径是:

设定目标,指导入门。依据生产单位的平均劳动生产效率和规范精度要求设定技能目标。对每项技能安排入门指导,教会学生操作步骤、动作要领,以学习小组为单位,自主训练,从而达到目标。如水准测量的任务:对闭合回路 1km,有地形起伏,进行图根点水准施测。在满足精度要求的条件下,30 分钟完成施测为优秀,35 分钟完成施测为良好,40 分钟完成施测为合格。

开放设施,自主训练。学校的实训场地对学生开放,学习小组自主安排自己的练习时间,通过在课余时间的自主训练来实现目标。我校工程测量技术专业"地形测量技术"这门课程,分成若干个技能模块,从低年级开始,逐步学会水准仪、经纬仪、全站仪、GPS 的操作与使用、数字化成图技术等技能,由浅入深,环环相扣,学生技能的获得以自主训练为主。

竞赛考核,动态评价。根据能力培养目标和培养路径,在各个小组之间开展技能竞赛,对每个学生进行成绩考核认定。如果学生对取得的成绩不满意,可以持续训练,申请参加低一年级的技能竞赛,摒弃了一次考核定终身的传统做法,充分体现了以人为本的育人理念。

采用"学教互动,分层递进"教学模式虽然在培养学习小组长上花费了一些精力和时间,但是在授课的时候,学习小组长帮助老师分担了很多繁重的指导任务,老师主要是帮助学习有困难的学生突破难点,相对而言要轻松得多,达到了事半功倍的效果。

四 结束语

"学教互动,分层递进"教学模式改变了传统的"传递—接受"教学模式,打破了传统的班级授课制,继而代之以能力分组,利用学生教学生,体现了学生的中心地位,调动了学生的学习积极性,更符合现代教育理念中的师生关系,也体现了灵活的教学组织形式。通过"学教互动,分层递进"教学模式实践,学生学技能的兴趣明显提高,尤其在技能培养方面,学生学习的自主性明显增强。在互助互学的教学实践中,还提高了学生的团结合作意识、与人相处能力以及综合素质,因此,不失为一种好的教学模式,值得推广应用。

职业院校信息技术教学中"分层递进"模式的实践研究

进入21世纪,以计算机技术和网络技术为代表的信息技术,已逐步渗透到社会的各个领域,正在改变着人们的生产与生活方式、工作与学习方式。通过对职业院校学生信息技术水平的差异性分析,以及信息技术专业和非信息技术专业在计算机应用能力目标定位的差异性,开展"分层"教学模式实践研究,以促进学生更好地学好信息技术这门新兴课程,提高学生的计算机应用能力。

一 信息技术在职业教育中的重要性

随着时代的进步,信息技术突飞猛进,计算机已广泛应用到各个领域,并不断改变人们的学习、工作和生活方式。目前,信息技术对人们的影响,首先表现在日常学习生活方面,信息技术已经成了人们不可或缺的一种手段,如查找资料、了解新闻、网上购物、网上娱乐以及远程教育等,大大方便了人们的生活,丰富了人们的学习内容。其次,在通信服务方面的应用,信息技术已经成为人们逐步依赖的信息交流手段,如手机通话、发送短信、收发电子邮件、通过论坛发表看法以及通过网络视频功能进行远程可视通话等。再则,在金融和商业中,可以开网上会议,网上洽谈生意,通过建立办公自动化管理系统,了解企业每天的生产运转情况,采用计算机辅助设计,更准确地把握未来真实的产品,在科学技术方面,可以通过计算机仿真技术模拟现实中可能出现的状况,便于验证各种科学的假设。天文工作者还可以将通过太空望远镜、人造卫星等收集的太空信息存入计算机系统,由计算机分析数据并描绘出星球模型、模拟其活动状态,使得千年难得一见的天文现象得以再现。

信息技术的发展也为实现教育的信息化提供了良好的技术准备和物质基础。高职教育一个重要的任务是培养学生的信息素质,使他们具有主动获取信息的能力,能够根据自己的学习目的去搜索整理必要的信息,具有处理信息的能力。信息技术在高职教育中的核心是"应用",将现有成熟的信息技术与职业教育的实际相结合,通过创新的方式将信息技术应用到职业教育中,发挥信息技术与教育结合的优势,开发、整合和共享优质职业教育资源,增加学生学习的兴趣,拓宽信息来源渠道,改善学习方法,提高学习效率。

"信息技术"课程是高职新生入校的第一门计算机课,是新生学习计算机知识的入门课和能力培养的启蒙课程,为更深层次的专业知识学习和能力培养提供计算机工具的基本课程。

二 职业院校学生信息技术水平的差异性分析

在长期的教学过程中发现,新生信息技术水平的差异性问题导致了教与学两方面的困难。因此,根据相关资料,结合实际教学过程中的实际情况,对新生的信息技术水平差异性问题进行了调查研究。在江苏省南京工程高等职业学校2016级新生中分别挑选计算机专业和非计算机专业学生各100名进行问卷调查。调查结果显示:

1. 重视程度不够,地区差异明显。只有31.1%的学生认为他们中学重视信息技术教育,56.2%的学生认为他们中学不重视信息技术教育。城市重点中学重视程度高,达到62.7%,城市一般中学和乡镇中学重视程度只有12%。

2. 专业与非专业的差异较大。计算机专业85.3%的学生接触过计算机,25.7%的学生能较熟练使用Word、Excel。而非计算机专业的学生只有42.4%的学生接触过计算机,8.9%的学生能较熟练使用Word、Excel。

3. 在教学过程中,学生接受能力、操作能力有差异性。

三 "分层递进"教学模式研究

"分层递进"教学模式,是在"分层教学法"理论指导下的一种课堂教学策略。我国职业教育的现状是国家总体投入的教育经费不足,受教育的人数却较多,师资力量相对短缺。虽然大多数学校都在尝试校企合作的办学模式,但是行业企业毕竟没有法定职业教育的职责,因此教育的效果不明显。另外,学校在办学过程中由于要考虑办学成本和利益,因此导致师生比普遍偏低,一个教学班级一般在40人以上,一个实习指导老师要指导40人以上甚至更多人实习,教师教得累,学生学习的效率低下,严重制约了职业教育的发展。

因此,通过"分层递进"教学,根据学生学习的状况、技能水平、特长爱好将学生分组,利用学生的差异性,让一部门技能水平较高的学生指导技能水平较低的学生,在互帮互助中共同提高技能水平,并培养学生的团队合作意识,使教师的指导作用得到放大。

首先,对信息技术专业学生的"分层递进"教学模式。把已经掌握了这些知识的学生归为提高层,接受能力强的分为中间层,其余的就归为基础层。把不同层次的学生混合编成5—6人的学习小组,挑选一名提高层学生担任学习组长,带领成员共同学习。通过互帮互学,提高层学生既能帮助同学学习,又能进一步强化自身的技能,达到熟能生巧的境界,基础层学生也获得了较快的进步,这样还能解放教师,让教师集中精力解决教学中的难题。事实证明，在2017年的计算机考工实训中，信息系的16061班通过"分层递进"教学模式，考工通过率达到了99.2%，比正常授课的16071班通过率高出8.5%。

其次，对非信息技术专业学生的"分层递进"教学模式。根据专业的差异，在信息技术专业系部选拔培养优秀学生辅导团，在实验实训教学上，协助教师的指导，可以达到提高课堂教学的效果，放大教师指导作用。学生技能辅导团可以通过学生个人申报、专业教师推荐，引导有专项技能特长的高年级学生加入。协助教师对非计算机专业低年级的学生进行计算机操作员实习指导，让他们做个小老师，让他们的自信心得到提高，再充分发挥他们的榜样作用，这样大大提高了教学效率。

比如学校信息系成立了以张小龙(技能大赛金牌选手)、张紫薇、赵静、赵荨、张迎娣、王萍、阚丹丹、黄蓉、吴黎洁、周衣组(以优秀成绩通过高级工)等不同年级学生组成的计算机操作员、考工实训学生指导小组，专门协助教师对建筑工程系的学生进行计算机操作员的考工实习指导。在他们指导的考工班级中，以建工16013和16064两个班级为例，两个班级同时考工实习训练。其中16013班由信息系10人小组负责指导，16014班只安排一名老师指导。结果，16013班通过率为92.6%，优秀率为35.8%，最高分98，最低分为52。而直接由老师指导的16014班通过率仅为70.5%，优秀率为11.2%，最高分为96，最低分为37，成绩远不如学生指导小组。

四 结束语

根据学生掌握信息技术的差异性，采用"分层递进"教学模式，可以大大提高课程教学效率，放大教师的教学功能；推广和应用"分层递进"教学模式，有助于职业学校在当前教师教学任务比较繁重的情况下，在一定程度上缓解教师的教学压力；最重要的是可以改变粗放型的教学现状，让更多的学生能够得到手把手的指导，快速提高学生的动手能力，缓解当前师生比不合理的现状。因此，"分层递进"教学模式不失为符合我国国情的值得推广和应用的好模式。

基于技能大赛"分层递进"教学模式的实践研究

在职业院校举办各级各类技能大赛,促进了职业院校积极改善办学条件,加大实训实备的投入,加强对学生动手能力的培养,以提高学生的岗位职业能力。但是也有部分学校在师资和教学资源不足的情况下,为少数学生开小灶,忽视了对全体学生的培养和人的全面发展培养。通过技能大赛的层层选拔,进行科学组合,分层递进,差异化教学,能够促进全体学生技能水平的提高,使技能大赛朝着良性健康的方向发展。

一 问题的提出

2008年6月在天津举办的首届"全国职业院校技能大赛",拉开了全国职业院校技能大赛的序幕,自此,技能大赛在各地职业院校迅速开展起来,并以此促进了职业院校办学模式、人才培养模式、课程教学模式的改革和"双师型"教师队伍的建设、实训基地建设,形成了"普通教育有高考,职业教育有大赛"的新局面。

职业院校举办技能大赛,以大赛促进对学生技能的培养,是贯彻国家大力发展职业教育方针的重要举措。在各级各类技能大赛中取得的成绩,能扩大学校知名度,有利于学校社会地位的提高和对生源的吸引力。然而,随着技能大赛的深入开展,也出现了与技能大赛初衷相背的现象,比如不少学校为了少部分参赛学生获奖而动用最好的师资和教学资源,职业教育成为少数人的精英教育,忽视了对全体学生的培训和人的全面发展培养。如何通过科学组合,分层递进,促进全体学生技能水平的提升,防止技能大赛热背后的极端化,使技能大赛朝着良性健康的方向发展,是一个值得探索的问题。

二 学生技能学习的差异性分析

所谓学生技能学习的差异性,是指职业院校学生职业技能的差别。根据美国教育家、心理学家霍华德·加德纳的多元智力理论,人的智力组成是多元的,职业院校的学生尤其体现在动觉智力上存在个体差异。这种差异来源于学习者存在个体差异。学校在传授技能上，有先后顺序的安排，形成了各个年级职业技能上的差异，先学者先掌握，后学者后掌握，以及学校师资、教学资源的投入多少、训练时间的长短形成的差异。教师资源丰富、师均指导的学生少、教师指导得法，技能学习的效果就好，反之就差。教学资源丰富、设备台（套）数满足学生实习训练需要，技能学习的效果就好，反之就差。在欧美、澳洲及亚洲一些发达国家，职业学校的老师大多数来源于企业，职业能力强。职业学校教育一般都是实行小班化、师徒制、个性化教学，一个教师的指导作用可以覆盖到全班学生，教学效果显而易见。而我国职业教育的现状是国家总体教育经费投入不足，受教育的人数较多，职业教育制度尚不健全，教师到企业实践较少，动手能力不强，学校从企业引进人才会遇到重重困难。行业企业没有法定承担职业教育的责任，学校在办学过程中要充分考虑到办学成本和效益，因此，师生比普遍偏低，一个教学班级一般都在40人以上，一个实习指导教师要指导40人以上甚至更多，教师教得很累，学生学习效率低下，严重制约了职业教育的发展。因此，有必要根据我国的国情，探索出一条具有我国特色的职业教育技能培养模式。

通过技能大赛对学生进行分层，让部分技能水平高、操作熟练、动作协调的学生参与教学，实行学教互动，利用学生教学生，就可以提升技能培养的整体水平，放大教师的教学作用，提高技能教学的有效性。在团体教学中，根据学生的学习状况、技能水平、特长爱好将学生分组，利用学生的差异性，让一部分技能水平较高的同学指导技能水平较低的同学，在互帮互学中共同促进职业技能水平和学业水平的进步，并培养其团体合作意识。

三 基于技能大赛"分层递进"教学模式的探索

"分层递进"教学模式，是在"分层教学法"理论指导下的一种课堂教学策略，其方法是，在团体教学中，根据学生的学习状况、技能水平、特长爱好将学生分组，利用学生的差异性，让一部分技能水平较高的同学指导技能水平较低的同学，在互帮互学中共同促进职业技能水平和学业水平的进步，并培养其团体合作意识，使老师的指导作用得到放大。

该模式下有些专业需要对专业人才培养方案进行系统的优化和组合，比如说各个年级初、中、高级技能训练，在时间上需要同步，空间上需要整合。根据"分层"与"递进"的辩证关系，建构"面向全体、分层施教、学教互动、动态考核、共同进步"的教学体系。

技能大赛的层层选拔形成了金字塔，一个国赛选手要经历学校选拔与训练、市级选拔与训练、省级选拔与训练以后才能参加全国性技能大赛。参赛学生都是训练有素、技艺精湛、能吃苦、敢拼搏、善合作的能手，是学校宝贵的财富。有的学生在动作的技巧上甚至超过教师，老师动作可能已经远不如学生那么协调，真是"青出于蓝而胜于蓝"。把这些学生有效地组织起来，参与教学，在学校技能培养上发挥作用，将有效缓解学校专业教师不足，弥补教师在技能训练动作技能方面的某些缺陷。同时，学生之间学习交流，在交流上没有障碍，易于沟通，教者充满着自信，热情有余。

以江苏省南京工程高等职业学校为例，处于金字塔顶端取得国赛金、银牌的学生张晓龙、李德鹏等，一位在工业产品设计方面空间思维能力强，动作娴熟，技艺超群；一位在建筑工程算量方面思维敏捷，手脑并用，精准高效。他们配合任课教师进行高技能（高级工）的培养和训练，负责对参加国赛学生的强化训练，取得了事半功倍的效果。学校每年有20多位学生在省赛获得奖牌，他们分布在各个专业，配合任课教师进行中级技能（中级工）的培养，负责对参加省赛学生的强化训练，减轻了任课老师的压力，中级技能（中级工）考核通过率显著提升。以学校电气07级两个班为例，一个班只有一位老师带技能训练考核，另一个班级除了安排一位老师外，还安排了2位在省级技能大赛中获奖的学生助教，前者中级技能（中级工）考核通过率为76%，而后者中级技能（中级工）考核通过率为100%，且均分值高。学校对获得市赛奖牌的学生安排配合任课教师进行基本技能（初级工）的培养和训练。学生进行基本技能的入门训练是项最基本、最难做的教学工作。俗话说：师傅领进门，修行靠个人。而一个师傅能带10个以内的学生是可以带好的，能够关注到每个个体，如果带的学生多，效果就会明显减弱。学校为了让更多的技能熟练的学生指导入门学生，将参加过学校选拔成绩突出的学生和在市赛中获得好成绩的高年级的学生组织起来，配合老师进行入门指导。如2011级建工专业识图与测绘课程的实践环节，主讲老师邀请了09级准备参加技能大赛的吉健等2位同学参与指导，每人指导2个实习小组，被指导的学生上手很快。又如学校计算机应用专业的学生，到了三年级的时候基本上都能取得办公自动化高级工证书，用他们去参与指导非计算机类专业一年级办公自动化中级工的训练，以师傅带徒弟的形式，效果很好。

四 结束语

通过技能大赛这个平台，在层层选拔的基础上，对学生的职业技能掌握情况进行分层，把一部分技能水平比较高的学生挑选出来，转换角色，协助老师进行教学工作，符合我国职业教育教学工作的国情。各个层次之间相互衔接，在学教互动和互助互学的教学实践中提升学生的技能水平，促进学生团结合作的意识、与人相处的能力，提高其综合素质，不失为一种好的教学模式，值得推广应用。

职业学校计算机技能培养模式研究

由于科学技术的飞速发展,计算机技术越来越多地应用到人们的生活、学习等各个领域,信息化社会对计算机能力的要求也越来越高。因此,职业院校如何培养学生的计算机技能受到社会的广泛关注。

一 职业学校学生学习现状研究分析

(一)学习动机不明确。在心理学中,学习动机是指个人的意图、想法、心理需求或企图达到某一目标的内部心理过程或内部动力。不少学生对进入职业学校感到悲观失望,导致思想上不求进取、学习态度不端正、目的不明确、缺乏动力,得过且过。有些家长也是把学校当托儿所,让孩子到学校有个照应。

(二)基础能力差,意志薄弱,耐挫力差。近几年,随着高校的扩招,大量成绩好的学生进入了高中读书,导致职校的生源较差,学生基础差,质量低。而学生到学校后面临课程内容增多、程度加深和教师教学方法的改变两大挑战。在学习中的问题越积越多,失败的挫折不断刺激着他们的自尊,最终导致学习热情不断降低。

(三)缺乏良好的学习习惯和有效的学习方法。职校学生没有升学压力,所以学习的动力不足,惰性大、依赖性强的特点,让他们自主学习、合作学习就成为空话。

二 我国职业教育现状导致计算机技能培养水平不平衡

目前,学校教育仍然是以教师课堂讲授为主的传统授课模式,学生的学习兴趣无法被激发出来。教师的很多精力都花在课堂管理上,教学效果较差。这种教育模式忽略了学生潜在的个性差异,阻碍了学生探索思维的发展,学生的学习基本处于被动状态,学习效果较差。

由于我国中学教育阶段计算机教育水平极不平衡,造成新生入学时计算机水平参差不齐。在经济发达、交通便利地区有的学生已经掌握了 windows 系统和 office 的基本操作,而有些落后地区的学生可能连计算机什么样子都不知道。

我国职业教育的现状是国家总体投入的教育经费不足,受教育的人数却较多,师资力量相对短缺,虽然大多数学校都在尝试校企合作的办学模式,但是行业企业毕竟没有法定职业教育的职责,因此教育的效果不明显。另外,学校在办学过程中由于要考虑办学成本和利益,因此导致师生比普遍偏低,一个教学班级一般在40人以上,一个实习指导老师要指导40人以上,甚至五六十人实习,教师教得累,学生学习的效率低下,严重制约了职业教育的发展。

三 计算机技能培养模式探讨

（一）"分层"教学,"结对"前进。在教学实践上,近几年,国内有部分中小学实施分层教学法,即,学生分层、教学分层、考核分层。学生分层是根据学生实际水平,将学生分为加强层、基础层和提高层三个层次,有学生自主选择学习层,实施分层教学。教学分层主要是制定适合不同层次学生的课程大纲,制定不同的教学进度,以适应教学需要。考核分层即建立多元评价的激励机制,把终结性评价与形成性评价结合起来,将学生学习成绩的评价与学习态度和价值观统一起来激发学生的创新潜力。

计算机能力的学习有其特殊性,它既有一定的地区差异,还有一些基础能力的差异。发达地区的、家庭条件好的,接触计算机比较早,很多知识在初中阶段可能都已经掌握了,而有些偏僻地区、家庭状况不是很好的可能到现在还没有接触过计算机;另外就是有些学生对新鲜事物的接受能力很强,那么学习这些知识就会很轻松。这样可以把已经掌握了这些知识的学生分为一层,接受能力强的分为一层,其余的就归为基础层。这样一个四五十人的大班就分为几个小班,每个小班十几人。教师可以针对不同层次的学生组织教学,还可以让那一部分已经掌握了技能的学生结对帮助相对较差的学生,既能帮助同学提高,又能进一步强化自身的技能,达到熟能生巧的境界,同时还能解放教师,让教师集中精力组织好中间层的教学工作。

（二）培养优秀学生辅导团,强化教师辅导,提高课堂教学效果。在实验实训教学中,成立学生技能辅导团,协助教师的指导,可以达到提高课堂教学效果的目的。学生技能辅导团可以通过学生个人申报、专业教师推荐,引导有专项技能特长的高年级学生加入。比如:挑选部分高年级的学生,配合教师辅导低年级的学生进行技能训练;选拔出技能大赛中获得佳绩的学生,协助教师对低年级的学生进行实习指导。在教学过程中努力体现动态的平衡性,即:不同的起点,经过不同的过程,达到同样的效果;强调教师与学生的相互适应性,通过尝试不同的教学手段,刺激学生学习的兴奋点,从而改变学生被动接受、疲于应付的现状,最大限度地调动学生自主学习、自觉学习的积极性。

比如江苏省南京工程高等职业学校信息工程系一年级的学生在计算机操作员考工实训时,可以从高年级挑选部分计算机技能掌握好、已经通过技能等级考试的学生或选拔出在技能大赛中获得佳绩的学生参与进来,协助教师对低年级的学生进行实习指导,甚至成立一个考工实训学生指导小组,对全校的计算机考工实训进行指导。让他们做个小老师,让他们的自信心得到提高,充分发挥他们的榜样作用,这样大大提高了教学效率。事实证明,我校2017年的计算机考工实训中,信息系的考工通过率达到了99.2%,学校的另外一个试点班级(非计算机专业)考工通过率也达到了95.6%。

四 结束语

在当前职业学校教师教学任务比较繁重的情况下,利用高年级或同年级技能掌握比较好的学生,参与教学或技能训练,在一定程度上无疑可以缓解教师的教学压力,更重要的是可以改变粗放型的教学现状,让更多的学生能够得到手把手地指导,从而放大教师的教学功能,提高课堂教学效率,缓解当前师生比不合理的现状。总之,职业学校学生计算机能力的培养,必须充分调动学生的积极性,只有让学生自主、自觉、自愿地学习,才能让他们更快、更好地掌握计算机技能。

职业技能量化考核标准与体系的构建
——以高职工程测量技术专业为例

2019年初,国务院颁布了《国家职业教育改革实施方案》,明确提出了要构建职业教育国家标准,发挥标准在职业教育质量提升中的基础性作用。按照专业设置与产业需求对接、课程内容与职业标准对接、教学过程与生产过程对接的要求,持续更新并推进专业教学标准、课程标准、顶岗实习标准、实训条件建设标准(仪器设备配备规范)建设和在职业院校落地实施。以方案为引领,江苏省南京工程高等职业学校工程测量技术专业教学团队秉持生产育人的理念,按照行业标准构建了职业技能量化考核体系,利用信息化手段自动生成技能考核题目,计算机软件自动判读成绩,客观公正地评价了学生各项技能掌握的真实水平,全面准确地反映了专业教育教学质量。

一 问题的提出

高职工程测量技术专业的教育旨在培养社会及行业需求的生产建设管理和服务一线的高素质技能型人才。随着科技的快速发展和企业用人需求的不断升级,高职教育要想紧贴企业需求,就要在日常教学过程中强化学生的职业技能水平,培养学生职业能力。现行的工程测量技术专业职业技能鉴定考试是对学生职业技能水平的直观反映。传统的职业技能鉴定多采用"理论+实操"的考核方式,考核内容或标准的设计没有与实际工作紧密相连,最典型的就是平面位置测量,生产实践中已经没有哪个企业再使用传统的光学经纬仪了,但是在中级工考核中,题库未能及时更新,用光学经纬仪测角成为必考题。以此考核培养出来的学生已经无法适应现代企业的要求。因此,如何构建一个适合高职工程测量技术专业学生岗位能力需求的职业技能量化考核评价体系,并据此考核学生的职业技能水平,是完善教学质量内部评价体系、不断提高人才培养质量的重要课题。

根据国家测绘行业职业能力标准和专业设置标准,我们重点开发了水准测量、平面控制测量、数字化测图、变形观测、无人机测绘5个职业技能量化考核模块,结合职业素质和应知理论,构成较为完整的量化考核评价体系。

二 构建高职工程测量专业职业技能量化考核体系要遵循的原则

(一) 科学性原则

科学性原则是指在工程测量技术专业职业技能量化考核过程中涉及的考核指标的确定、指标考核点的权重设计、考核方法的选择和实施等各环节都要符合科学要求。贯彻这个原则,应该做到:

第一,强调学生的主体地位。因为考核的主体是学生,因此一切考核机制的建立都必须遵循学生发展的客观规律。在学生学习相关课程,经过一定时间的训练后,进行考核评价,这样才有利于对学生做出真实且有针对性的评价。

第二,客观性评价。传统的考核评价往往依靠考评员的主观评价,人为因素较多,是不科学的。在对学生的职业技能考核时,将考核指标量化,引入信息化手段,自动生成考题,计算机判读成绩,这样既可以提高考核的准确度,又有说服力。

(二) 可行性原则

考核指标和标准符合实际,能被理解接受,人力、物力、财力、时间和空间等各种因素一应俱全。其中最重要的是软件硬件实施要齐全,既有充足配套的测量仪器设备,符合生产条件的场地,又有计算机辅助实施和配套的软件,以及布置足够数量的高精度的控制点及相应的观测装置,以满足考核要求。

(三) 实用性原则

开发5个考核模块,按照生产项目进行设计,模拟真实的生产场景进行考核,学生考核合格后进入生产单位就可以直接顶岗实习。考核系统的运行能够实现远程操控,只要学生认为自己可以考核通过,就可以提出申请,进入系统平台抽题,到达现场考核。考核结束后系统会自动给出成绩。

三 工程测量专业职业技能量化考核体系设计及评价方法

(一) 工程测量专业职业技能量化考核体系设计

工程测量职业技能量化考核工作可以有效推动教学改革,完善实践教学体系,对于高职高专学校尤为重要。职业技能量化考核的内容是多方面的,因此,职业技能量化考核的成绩应能反映学生达到的实际能力水平。

工程测量是技术密集型行业,具有先行性和基础性特征。涉及施工测量、市政工程测量、铁路测量、公路测量、航道测量、矿山测量、水工测量、水利测量等职业。因此,工程测量专业职业技能量化考核体系设计包括测绘仪器基本操作、工程控制测量、数字测图、地形图的应用和施工测量5个一级指标,围绕这5个一级指标开发了水准测量、平面控制测量、数字化测图、变形观测、无人机测绘5个职业技能量化考核模块,共包含14个考察点。据此对学生进行全方位的考核评价,同时给各级指标和考核点赋予一定权重。

(二)评价方法

工程测量技术专业职业技能量化考核体系5个考核模块考核学生的单项技能,除了考核不合格需要补考外,学生如果对某次考核成绩不满意,可以再次申请考核,不以一次考核定终身。其考核方法如下:

水准测量:在校园空旷地带布置120个水准点,由企业工程技术人员和教师按照二、三等水准测量要求,测出各个点的绝对高程。学生随机抽取6个点,如果抽得一个点的高程数据,则进行闭合导线测量。如果抽得两个点的高程数据,则进行支导线测量。将测量结果输入考核系统平台,与已知数据进行比较,系统给出成果。

平面控制测量:在校园内按照三等导线等级要求布置60个平面控制点,其考核要求和评价方法与水准测量相似。由学生在平台上随机抽取平面点,根据已知点的坐标推算未知点的坐标。再与真值进行比较得出测量精度。

数字化测图:根据给出的控制点,或学生自己进行平面控制测量所测出的控制点数据,用全站仪进行数字化测图,再用成图软件成图。其图件与教师和工程技术人员测绘出来的相对标准的图件用图像识别软件进行比对,进而得出测量精度和成图精度。

变形观测:江苏省南京工程高等职业学校工程测量技术教学团队自主开发了模拟变形观测装置,布置在学校相应的建筑物上,各个点的模拟变形量是可控可测的,学生按照变形观测方法进行施测,计算变形量,与标准变形量进行比较,得出变形观测精度和质量等级。

无人机测绘:无人机进行1∶500的地形图测绘,主要是考查学生对无人机的操控能力和软件使用能力,体现在测绘成果上就是地形图的精度。

学生完成5个单项技能考核后,还要对5个单项技能考核成绩进行合成,对学生进行全方位考核评价,首先将各单项技能的考核成绩以百分制计算,P1为总得分,W1为各单项技能的考核的权重。W2为一级指标下各考核点的权重,主要是体现在过程性考核方面,如:职业素质、仪器设备、软件使用的熟练程度,操作的规范性。W3为应知部分权重,考查学生对知识的掌握和测绘技术规范的理解和掌握。各级指标权重设计主要遵循两个原则:一是考核点的重要程度,二是强调理论考试与技能考核相结合。最后得出各个学生的综合成绩P2,即综合职业能力。

四 结论

对于高职院校的工程测量技术专业而言,职业技能量化考核体系包含了学生需具备的各项技能及职业素质和必备的职业知识,考核内容全面且紧贴企业需求。量化考核的方式,使得对学生职业技能水平的评价更加客观公正,有说服力。从多年的实践看,P2值的高低直接影响学生就业竞争力的高低,因此,构建工程测量专业职业技能量化考核体系,有利于高职院校工程测量技术人才培养与现代测绘企业岗位需求的有效衔接;有利于专业教学质量的提高,有利于增强高职毕业生的就业竞争力。

职业学校"小师傅制"技能培养模式的构建与实践
——2018年职业教育国家级教学成果报告

一 理论依据和研究背景

1932年,陶行知在上海郊区大场创办上海工学团,主张"工以养生,学以明生,团以保生",在实践中总结了"即知即传"的教育方法,创立了"小先生制"。"小先生制"既是一种教学方式,也是一种学习方式。"即知即传"是"小先生制"的重要原则,即用自己读的书教人,一面温习,一面把学问传给他人。

成果借鉴陶行知先生在普及教育中形成的"小先生制"理论,针对职业教育中一个教师(师傅)面向众多的有差异的学生难以因材施教问题,探索技能培养模式的改革。我们于2011年5月开展江苏省教育教学改革课题"基于学生技能学习的差异性分层递进教学模式的研究"(2013年2月结题),在此基础上,结合现代职业教育技能教学的特点,整体设计了职业学校"小师傅制"技能培养模式,并形成职业学校技能培养体系。成果经过5年的实践和推广应用,形成了成熟的理论和教学范式,实现了让每个学生都能找到适合的教育的技能培养目标。

二 成果主要内容

(一)构建职业学校"小师傅制"技能培养模式

传承陶行知先生"小先生制"理论,根据职业教育特点,聘请操作规范、技能娴熟的优秀学生或技能大赛获奖学生,经专业和教学培训后担任"小师傅",参与技能教学,创建"小师傅制"技能培养模式。知技并举,教师在知识体系的构建、整体教学与技能训练的把控、共性问题的解答与示范等方面发挥主导作用,"小师傅"是"专业运动员",在技能操作的灵活性方面往往优于教练员(教师),是技能训练环节的组织者和指导者,从而形成"教师主导—小师傅指导—学生主体"课堂教学反馈指导机制(如图4-9),确保培养质量。

图4-9 课题反馈指导机制

(二) 基于"小师傅制"构建共生发展的合作学习方式

1. 基于专项技能培养的互助式合作学习方式

在专项技能教学中,通过教学和测试,及时发现动手能力强、接受能力快的学生。对这部分同学重点培养,使其成为"小师傅"。在接下来的课堂学习中进行分组,小师傅负责指导本小组同学,老师巡回指导和全面考核。由于小师傅对练习的内容已经非常熟练,他们会热心指导小组成员,从而保证每个学生都能过关,进入下一阶段学习。由此建构的学习方式如图4-10所示。

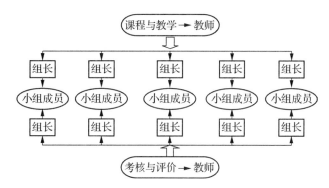

图4-10 基于专项技能培养的互助式合作学习方式

2. 基于综合技能培养的阶梯式合作学习方式

就一个专业而言,基于技能培养的时空性,对专业人才培养方案进行系统的优化和组合,各个年级初、中、高级技能训练,在时间上同步、空间上整合。以电气自动化技术专业为例,表4-14中列出了同一学期各个年级实践教学内容、周数,表中箭头方向从高年级指向低年级,也表示用相应实践项目的高年级学生去指导低 层次实践项目的低年级学生,实现空间上的整合。

在时间的编排上,要力争做到各个年级的实践项目基本同步,一般要求高年级学生的实践项目适当超前,以保证全面完成实践任务,把学有余力的学生组织起来指导低年级学生。基本技能的培养训练—中级工技能培养训练—高级工技能培养训练—顶岗实习,进行错位排列,箭头指向为某一实习周高年级学生去指导低年级的学生。

表 4-14 实践教学活动时间分配表(单位:周)

年级/学期	技能训练内容	周数	年级/学期	技能训练内容	周数
一/1	信息技术实训	1	一/2	电工基本技能训练	2
	钳工实习	1			
二/3	低压电气设备装配与调试	2	二/4	维修电工中级综合实训	3
三/5	工程制图与电气CAD	1	三/6	protel99技术	1
	产品装配与检测技能训练	1			
四/7	电气控制综合实训	4	四/8	单片机应用技术	1
				维修电工高级工培训	4
五/9	顶岗实习、课程设计	20	五/10	顶岗实习、毕业设计	16
合计	30周		合计	27周	

3. 基于通用技能培养的辐射式合作学习方式

这是一种突破专业壁垒的分层教学实践。一种技能可以是一个专业的通用技能,也可以是另外专业深入学习的专项技能。如《信息技术课程》对于计算机应用专业的学生来说,是一门专业基础课程,而对于其他专业来说,是一门通识课程。计算机应用技术专业的学生显然在这门课程上具备专长,因此由计算机应用专业选拔优秀的学生,让他们做"小师傅",对其他专业的学生进行实习辅导,指导其他专业的同学,实现教学相长。辐射式技能教学可以推广专业群内平台课程的教学。

4. 基于提高性技能培养的塔式合作学习方式

技能大赛首先从校级开始,一年一度的学校技能节,覆盖所有学生。技能大赛的层层选拔形成了金字塔,形成了"校级技能大赛→市级技能大赛→省级技能大赛→国家级技能大赛"逐层递进的技能培养模式。国家、省、市技能大赛中的获奖选手在其技能领域中属于佼佼者,这也是学校指导老师和社会各界合力作用的技能精英。获奖后的这部分同学完全可以作为"小师傅",形成"国家级技能大赛→省级技能大赛→市级技能大赛→校级技能大赛"逐层向下指导技能教学的模式。对参赛学生来讲,形成"我会学、我会做、我会赛、我会教"的过程,对技能的掌握达到一定高度,为以后成为工匠型人才打下坚实基础。

5. 基于岗位技能培养的传递式合作学习方式

与校企深度合作单位共同制定传递式技能教学培养方案。经过顶岗实习的学生职业道德和职业素质明显得到强化。同一专业,在企业有不同类型的岗位,聘请顶岗实习期满表现优秀的学生(或准员工),作为"小师傅"参与指导后期参加顶岗实习的学生。这样形成"企业师傅→高年级学生(准员工)→低年级学生"有效传递岗位技能的教学模式,使学生更快地适应岗位。由此建构的传递式技能学习方式如图 4-11 所示。

9 职业学校"小师傅制"技能培养模式的构建与实践

图 4-11 基于顶岗实习传递式(学徒制)学习方式

(三) 形成了"小师傅"选拔、培养与使用机制

围绕"小师傅"队伍建设,我们建立了完整的选拔、聘用、培养、考核与奖励机制,有助于形成稳定的队伍梯队。用职业资格标准、行企标准评价学生,检验小师傅绩效。

如图 4-12 塔式技能合作学习方式中,"小师傅"人才选拔机制就是从班级推优开始,经过五个环节,依据推优流程,优胜者将成为三个级别的"小师傅"。

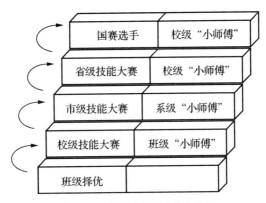

图 4-12 "学生助教"梯队建设

班级推优:面向全体在校学生。学生提交申请,由任课教师和班主任综合评定,选拔出个人素质高、肯做事、乐做事、能做事、做成事的优秀学生。

班级"小师傅":推优学生在校"技能节"优胜者。按照 1∶5—1∶10 的比例配备班级"小师傅"。班级"小师傅"不但负责教学,而且还负责检查和考试,充当教师的助手。

系级"小师傅":班级"小师傅"选作技能大赛训练队员。训练队员中成绩突出者成为"市级技能大赛选手"。这些选手被评为系级"小师傅",承担辅助教学及教学设备与实验实训室维护等工作,享受勤工助学补贴。

校级"小师傅":在市级技能大赛比赛项目中取得第一、二名的学生,会成为省级技能大赛选手。根据"小师傅"的相关文件,这些参加省级技能大赛选手可以成为校级"小师傅",并享受助教待遇。

三 成果的创新点

(一) 职业技能培养理念创新

"扬长""补短""共生发展"的理念:"扬长"即营造众创空间,让每个学生均有出彩的机会;特别是技能尖子生担任小师傅,发挥长处,重塑积极心理,并跟踪培养,造就高技能人才。"补短"就是对学习困难的学生,"小师傅"与其是同龄人,无代沟,是情感、习惯的共同体,通过同伴互动,将技能、知识、情感融通式传递。"共生发展"即通过学生之间"强强合作""强弱合作""同侪合作",使共生系统中的任一成员都因这个系统而获得比单独生存更多的利益,即有所谓"1+1>2"的共生效益。

(二) 技能培养模式创新

我们传承陶行知先生"小先生制"理论,创建"小师傅制"技能培养模式,对职业学校"小师傅制"技能培养模式进行了整体设计,建立了"教师主导—小师傅指导—学生学习主体"课堂教学反馈指导机制,发挥教师在知识体系构建、技能培养要领等方面的主导作用和小师傅的技能特长,保证了人才培养质量。我们构建了"互助式、阶梯式、辐射式、塔式、传递式"生生合作学习方式,开展专项技能、综合技能、通用技能、发展性技能(技能大赛)、岗位技能的培养,形成了职业学校完整的技能培养模式和实施方案,创新了技能培养模式。

(三) "小师傅"队伍建设机制创新

研制系列文件,出台了"小师傅"的选拔、聘用、培养、考核与奖励办法;制定了"小师傅"组织、实施、管理与考核评价四个维度的实施方案,建立了一套实验实训基地管理制度,搭建了小师傅信息化空间学习平台。实验实训基地实行全天候开放使用,用信息平台数据对小师傅、学生进行考核,用学生职业资格通过率和行业企业评价考核小师傅的工作成效,改变传统的教与学的习惯,教师、小师傅、学生之间适时适地进行交流;运行经费列入财务预算,保证了"小师傅制"技能培养模式的高效运行(图4-13)。成绩突出的"小师傅"毕业后择优进入企业或留校任教。

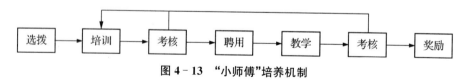

图4-13 "小师傅"培养机制

四 成果解决的问题及方法

(一) 建立相对稳定的"小师傅"队伍,解决技能培养中技能指导教师不足的问题

职业技能培养最合适的培养模式是学徒制,一个教师(师傅)指导3—5名学生,言传身教,学习效率高。然而,技能指导教师不足是职业学校的普遍问题。构建"小师傅制",通过

"教师荐能、系部推强、鉴定提优、竞赛选拔、企业举贤"五个环节产生小师傅;由教务处统一协调,动态选聘;系部负责使用与考核。根据小师傅的业务范围分校、系、班三个级别,实行校、系、课程教师三级培养。建立奖励与淘汰相结合的动态机制,成绩突出的予以奖励,校级"小师傅",按月发放津贴,从而形成了相对稳定的小师傅队伍,解决技能指导教师不足的问题。

(二)采用多种合作学习方式,解决技能培养因材施训难落实的问题

1. 互助式

针对单项技能,教师在前期教学中发现动手能力强的好苗子,进行个别指导,选拔为"小师傅",运用同伴教学法,开展互助学习,促进全班学生技能水平共同提高。

2. 阶梯式

根据专业课程的时空特性,合理编排各年级技能教学时间,运用分层递进教学法,选拔高年级的"小师傅"指导低年级学生。小师傅与被指导学生相得益彰。

3. 辐射式

信息技术、职业安全技术类专业学生,经过专门化训练,聘请其优秀学生担任"小师傅",运用"跨专业"指导法,指导其他专业学生,形成了通用技能的普适性培养模式。

4. 塔式

学校技能节覆盖了所有学生,建立"校、市、省、国"四级技能比赛机制,逐级选拔"小师傅"。运用示范教学法,指导同级或低级别参赛选手,形成了技能培养金字塔,为培养未来工匠创新了路径。

5. 传递式

同一专业,在企业有不同的岗位,职责有差异,聘请实习期满的优秀生,运用分类教学法,指导后期参加顶岗实习的学生,实现了能力、素养和文化的有效传递,扭转了学生岗位适应性弱的问题。

(三)实施"小师傅制",解决了实训资源利用率低的问题

建立"小师傅制"实验室、实训基地全天候开放管理制度和信息化空间学习平台,有效利用了一切可利用的技能训练时间,解决了教师工作8小时以外学生技能培训难以开展的问题,充分提高了实验实训基地教学资源的使用效能。

"小师傅"既是技能训练指导教师,又是实训基地的课余管理者,学生进出实验实训基地实行信息化管理,对小师傅、学生的过程考核有信息平台数据支撑。系部、教师实时掌握每个学生的学习、训练情况,适时提出指导意见,答疑解难。教师、小师傅、学生之间的交流与互动不受时间和空间的限制,改变了传统的教与学的习惯。

五 成果的实施过程

（一）理论研究与实践探索阶段(2011年5月—2013年2月)

2011年5月,江苏省第一届教育教学改革课题"基于学生技能学习的差异性分层递进教学模式的研究"立项并开题,拉开了职业学校技能教学研究的序幕。课题研究前期作了大量调研,搜集国内外教学理论和成果案例。其中,陶行知先生"小先生"理论给课题组成员带来更多启示。结合职业学校技能培养特点,我们创建了"小师傅制"技能培养模式,并建立起5种合作学习方式。课题研究后期,进行实践探索。分别在建筑施工专业运用"塔式"学习方式指导技能大赛、在计算机应用技术专业运用"辐射式"学习方式指导其他非计算机专业学习信息技术课程、在电子应用技术专业运用"传递式"学习方式指导学生顶岗实习。经对比研究,试点项目都取得良好效果。

（二）教学实践阶段(2013年3月—)

实验的成功,激发了团队的工作热情。从2013年3月份开始,陆续将开发出来的5种合作学习方式在全校范围内推广。成果的实践得到学校大力支持,相继出台了相关文件并给予经费支持。5种技能合作学习方式均形成完整的实施方案和工作计划。在实践的过程中,逐步形成了"小师傅"队伍建设选拔机制,使"小师傅"队伍能够持续健康地发展。

（三）推广应用阶段(2014年1月—)

2014年1月进入推广应用阶段,成果的实践与显现的成效,引起了社会关注,经过媒体宣传报道、学术会议专题汇报、成果论文公开发表等渠道,使60余家兄弟院校纷纷效仿,均取得良好效果。毕业生也得到用人单位高度评价,对"小师傅制"技能教学模式给予了充分肯定。升入高校深造的学生,技能优势凸显,技能大赛屡次获奖,"小师傅制"技能培养模式同样得到高校的认可。

六 推广应用效果

（一）强技能补短板,出口畅口碑好

实行"小师傅制",学风向好,学生的技能学习积极性普遍提高。学生的单项技能和综合技能成绩分别提高了10%和15%,中、高级工鉴定的通过率分别提高了8%和10%,办公自动化能力考试一次通过率95%以上,毕业生对口就业率提高了5%。技能比赛成绩稳步提升,通过建立国赛、省赛、市赛、学校技能节"小师傅"梯度队伍,形成了教师宏观指导,学生自行组织、自主训练的运行机制,使得学校2013—2016年期间在国、省、市技能竞赛中持续获奖,其中国赛金牌11枚,银牌3枚;省赛金牌57枚,银牌50枚。毕业生岗位适应能力强,岗位升迁机会多。如电子专业刘国强与研究生、博士生同台竞技,成为中电集团第十四研究所正式员工;陈鑫焱就业于东方航空,月薪万元。进入高校突显技能专长,建工专业童希渊进入金陵科技学院继续学习,连年获得"三好学生"和学院奖学金。

(二) 扬长技育英才,小师傅挑大梁

小师傅在学校技能培养中发挥了大作用,进入企业后上手快,创新创业能力强。2013年到2016年学校共有402位小师傅走向工作岗位,经对86位小师傅抽样调查,工作2年后成为业务骨干的占95%,有30%的人获得了升迁机会,年平均薪酬近10万元,各项指标均高于其他学生。一大批小师傅成为工匠型人才,服务社会。例如:张玉环,江苏省青年岗位能手、江苏省妇联"巾帼建功标兵";汪戬毕业两年成为南京善围建筑科技有限公司BIM中心技术负责人;赵彧成为江苏企业联盟特聘讲师,并创建自己的公司;左炜炜入职江苏煤炭地质物测队,现已成长为公司副总经理。一批小师傅已成为工匠型人才,服务社会。

(三) 理论成果辐射,典型案例推广

成果"职业学校'小师傅制'技能培养模式的构建与实践"获江苏省职业教育教学成果一等奖、南京市教学成果特等奖。代表作15篇,其中在中文核心期刊上发表2篇,获得省级教学论文评比一等奖、二等奖各一篇。公开发表的文章被引用107次,下载2 158次。成果中"小师傅"即"学生助教",《推行"学生助教",提升职业能力》作为优秀案例,入选江苏省教育厅编写的《江苏省国家中等职业教育改革发展示范学校项目建设案例选》,作为首篇,向全省推广辐射。"小师傅制"模式入选2016年度江苏联合职业技术学院质量年报,通过教育部网站推向全国。

(四) 兄弟学校应用,多方媒体关注

通过全国国土资源专业指导委员会经验交流、教育部建筑类青年教师企业实践项目培训讲座、省骨干教师培训讲座、全省18个专业协作委员会的交流活动、校际交流等渠道向省内外职业院校推广,并在新疆克州职业技术学校、无锡汽车工程中等专业学校、扬州旅游商贸学校等省内外62所院校运用,收到了良好的成效。中央电视台(新闻频道)、《中国教育报》、《南京日报》、《现代晚报》、《金陵晚报》等近10家媒体对我校技能型人才培养进行了综合报道或专题报道,"小师傅制"技能培养模式在社会上为学校赢得了广泛赞誉,学校因此荣获江苏省"高技能人才摇篮奖",成为江苏省技能教学研究基地、"第44届世界技能大赛CAD机械设计项目中国集训基地"。

第五辑

教师成长与职业发展

职业院校教师的成长与发展路径研究

教师这个职业有其特殊性,教师今天的劳动决定着明天的民族素质。职业院校的教师入职后首先要做好人生规划,练好教学基本功;其次是要勤于思考,勇于实践,努力探索教育教学规律,成为有理念、有思想、有行动,学生喜欢的好老师;再则就是要有扎根职教、深爱职教的情怀,执着追求,成长为职教名师、大师。

 做好职业生涯规划,培育内在驱动力

1. 关于职业生涯规划

做好职业生涯规划,就是要确定职业奋斗目标,为实现这一目标做出有效的安排。拥有成功的职业生涯才能实现完美人生。职业院校的教师入职后首先要做好人生规划,确立自己的职业生涯目标,要弄清楚我是谁?我想做什么?我能做什么?短期目标就是要在老教师的指导下,把握好各个教学环节,练好教学基本功,尽快成为一名合格的教师、优秀青年教师。中期目标就是要把握职业教育的发展规律,关注职业教育的热点问题、难点问题,努力探索解决问题的方式方法,成为在教学、生产、教研、科研等方面有影响力的专业骨干教师。长期目标就是要在理论研究上要有重大突破,在教学实践上有重大创新,形成一批具有重大推广应用价值的成果,成为"资深职教人"。

2. 培育内在驱动力

影响教师专业发展的因素包括静态因素和动态因素。

静态因素:教师个人的内因与周围环境的外因两个方面,内因指的是教师个人的兴趣爱好、个性特征、处世风格、价值取向等;外因指的是学校的管理规章、组织期望、人际关系、经济待遇、发展空间等,加之教师所在的周围社会环境因素。

动态因素:随着教师职业生涯发展的不同阶段,制约教师专业发展的各种影响因素。

3. 把握职业教育教师的职业特点,提高内在驱动力

(1) 教师职业的一般特点

① 特殊性:十年树木百年树人,百年大计教育为本。教师是人类灵魂的工程师,教师今天的劳动决定着明天的民族素质,因此教师的职业有其特殊性。

② 专业性:教师不仅要有扎实的专业知识、技能和高尚的人格,还要能将知识、能力、素质有效地传递给学生。这就涉及教育学、心理学以及自然科学、社会科学的方方面面。专业性强,有职业资格的准入门槛。

③ 多重性:教师不仅要传授知识与技能,还是教育活动组织管理者、学生发展的引导者和人格修炼的塑造者,具有多重身份。

④ 示范性:教师不仅在传道授业解惑方面为学生树立了榜样,教师的一言一行都会影响学生,教师只有具备了高尚的人格和广博的专业知识与技能,才能用身教、言教、心教去育德、培智、导行。

(2) 把握职业教育教师的特点

① 学高:本科以上学历,研究生占30%以上,博士生占一定比例。

② 德高:关爱学生,帮助学生设计职业生涯,是学生的良师益友。

③ 技高:具备双师素质,懂技术,熟技能,能创新,会开发。

4. 提高内在驱动力:培养与时俱进的教育理念

教育理念是教师在对教育进行理性思考和深刻理解的基础上形成的教育观点和教育信念。

(1) 面向全体学生,努力实现教育的公平、公正、民主的原则。

(2) 平等对待学生,营造和谐氛围,培养团队合作精神,关注学生全面与共生发展。

(3) 尊重学生的个体差异,分层分类教育,让每一个学生都能够在原有的基础上得到发展。

(4) 适应学生,尊重学生,体现学生主体地位。

具备四种精神:人本精神、敬业精神、团队精神、创新精神。

二 守住底线,练好教学基本功

(一) 基本操守

遵守教学管理规范要求、教学纪律、教学业务要求、职业道德,特别是要强化师德建设。

师德具有先进性,师德的状况折射出社会整体道德水平;

师德具有典范性,德高为师,身正为范;

师德具有教育性,教师的言行对学生具有潜移默化的影响。

(二) 强化职业教师的职业道德意识

1. 真诚地热爱职教事业

职业教育是弱势教育,其关系到50%以上家庭未来的生活,责任重大。教师要有"绳锯木断,水滴石穿"的韧劲。

2. 真心地关爱职业学生

(1) 师生关系是教育教学过程中最重要的关系,与学生"唱同一首歌",努力做学生心灵的按摩师。

(2) 关爱学生,学会换位思考,设身处地为学生着想。

(3) 以包容的心理和谅解的胸怀对待学生。

3. 坚持终身师德修养

正确处理好师道尊严与师生平等的关系,做学生喜爱的教师。

(1) 友善的态度:课堂有如大家庭,学生爱听。

(2) 尊重课堂内的每一个人:不戏弄学生。

(3) 耐性:决不会放弃,直到学生能做到为止。

(4) 兴趣广泛:带给学生课堂以外的观点,并帮助学生把所学到的知识用于生活。

(5) 良好的仪表:语调和笑容使学生很舒畅。

(6) 公正:会给你应得到的,没有丝毫偏差。

(7) 幽默感:每天会带来少许欢乐,课堂不致单调。

(8) 良好的品行:不轻率发脾气。

(9) 对个人的关注:帮助学生去认识自己,学生的进步,有赖于你,你会使他们得到轻松。

(10) 弹性:当你发现自己有错,你会说出来,并会尝试其他办法。

(11) 宽容:装作不知道学生的愚蠢,将来也是这样。

(12) 有方法:学生会顺利地学完你的课程,竟没有察觉是你的指导。

4. 团结合作,合力育才

(1) 学生的成长是教师集体培养的结果。

(2) 处理好同事之间的人际关系,发扬团队精神合力育人。

5. 严于律己,全面发展,做学生的表率

(1) 教师的特点在学生的感受中"放大"。

(2) 教师身体力行,率先垂范,推进社会整体道德水平提升。

(三) 提升六个能力

1. 教学能力

懂心理学、教育学;教学基本功扎实,一专多能;把握职业教育的应用性、针对性、适应性;有双师素质;跟踪社会需要,调整更新教学内容,开发校本教材;具备课程综合化能力、理—实一体化教学能力;用信息化技术推进教学改革,提高质量;开发微课程资源;参加各类教学竞赛成绩好。

教学设计与说课:教学分析到位,准确把握教学目标、教学过程、教学方法、教学策略,重视教学反思。

(1) 驾驭教材

按照课程标准要求,分析教材特点。

① 把握教材的知识结构、体系和深广度。

② 把握教材的技能和能力要求。

③ 把握教材的重点、难点和关键处。

④ 从实际出发,对教材内容创造性再处理。

(2) 遵守、执行教学常规

① 系统进行教学设计。

② 六认真(备课、讲课、辅导、作业、考核、育人)。

③ 教学内容的二次开发,创建教学资源库。

(3) 授课能力培养

教态自然,语言流畅,讲解细致,提问得体,板书工整,示教规范,安全有序。

2. 教研能力

(1) 通过研究探索出更多的教育教学规律,减少教师因缺乏有效的教育教学方法、手段而产生的烦恼,增添教师的工作胜任感。

(2) 教科研促使教师不断在新的领域里活动,领略新鲜事物,解决实际问题,得到多方面发展和社会认可,从而获得满足感和成就感。

(3) "学高为师,德高为范"。突出的教科研成果,能使教师成为更有人格魅力、教师和学生所爱戴的人。

(4) 进行课题研究;撰写论文、教学案例;研制人才培养方案,编制课程标准。

3. 科研能力

本专业的理论与实践研究,关注交叉学科的应用研究(新技术、新方法、新设备、新工艺,软件开发,电子设备开发,在建筑、交通、勘探等行业应用)。科技创新能力:技术改造、技术推进、技术创新。创新作品能在省级创新大赛上获奖。

4. 生产实践能力

常态化参与企业实践,每年至少有一个月的企业实践,在了解企业的生产组织方式、工艺流程、产业发展趋势等基本情况的基础上,熟悉企业相关岗位(工种)职责、操作规范、用人标准、管理制度及企业文化等具体内容,学习所教专业在生产实践中应用的新知识、新技术

（能）、新工艺、新方法，掌握主要岗位操作技能。结合生产实际和用人标准，完善教学方案，改进教学方法，开发校本教材，加强实践环节，提高教学质量。

5. 社交与管理能力

管理是生产力，胜任课堂、实习、生产管理工作。胜任班主任工作，有效开展学生心理健康教育、职业指导工作。

6. 信息技术应用能力

能运用信息化手段组织教学，具有制作课件、视频、微课等资源开发能力，通过空间教学、云课堂适时、适地与学生之间开展互动交流。

三 勤于思考，基于问题的研究

可以围绕以下问题开展研究：

1. 基于课堂教学中的困惑与问题的研究。
2. 基于人才培养模式中的困惑与问题的研究。
3. 基于课程与教材的问题与研究。
4. 基于评价体系的问题与研究。
5. 基于办学模式的问题与研究。
6. 基于实践教学与实践条件的问题与研究。
7. 基于专业文化的问题与研究。
8. 基于生产实践中的问题与研究（技术、工艺、方法、材料、设备等）。

四 关注交叉学科的研究

职业院校教师在本专业科学研究方面与研究型大学、专业研究院（所）相比，没有优势。我们的优势在于技术的推进与技术的创新，特别是交叉学科之间的借鉴与组合，易于产生应用性成果。以电子专业为例，就电子技术学科科学而言，我们很难深入研究，而电子技术几乎应用到生产、生活等各个领域。在历届创新大赛中，电子技术创新作品最多。

1. 教育界已建立交叉学科及学科体系

北京大学成立交叉学科研究院，当代科学的发展和重大科学技术成就的取得，越来越依赖于不同学科间的交叉与融合。

当代科学的发展和重大科学技术成就的取得已经越来越依赖于不同学科之间的交叉与融合，许多有影响的科技成果都是在学科的交叉点上取得的。

江汉大学交叉科学研究院为引进海外高层次人才搭建的平台，组织多学科交叉研究团队，开展交叉学科的科学研究和交叉学科建设，为学校直属研究机构。研究院本着"面向需求、注重应用、追踪前沿、交叉创新、整合资源、开放协作"的指导思想，遵循学术自由原则，成立指导委员会、管理委员会以及学术委员会,负责研究院重大事务的决策、咨询与管理。研究院实行院长负责制。

2. 各学科之间的交叉与融合

当代科学的发展和重大科学技术成就的取得已经越来越依赖于不同学科之间的交叉与融合,许多有影响的科技成果都是在学科的交叉点上取得的。

学科的交叉融合实现了建设工程的6化:工程功能化、城市立体化、交通高速化、材料轻质高强化、施工过程工业化、理论研究精密化。

3. 各学科与信息技术的交叉与融合

大数据与"互联网+"使信息技术渗透到各个专业领域。

例:测绘工程与信息技术的交叉融合实现了6化:内外业一体化、数据获取与处理自动化、过程与系统智能化、成果与产品数字化、信息管理可视化、信息共享与传播网络化。

五 善于总结,提炼教科研成果

关注行业发展动态。

跳出本行业这个圈圈,拓宽视野,创新发展。

开展横向合作,包括校校合作、校企合作、校研合作。

承担科研项目,包括教学科研和专业学科科学研究。

探索教学改革,解决教学实践中存在的问题,创新发展。

(一)教学成果奖培育的先导研究

1. 政策研究。

2. 在某些方面做过零星的理论探索和实践研究,有课题、项目支撑。

3. 形成了一定的政策、文件、方案。

4. 取得一定的成果。

5. 反映在教学领域具有一定的效果。

6. 有典型的案例或代表性文章。

(二)系统化的构思与总结

1. 精准选题(关于问题的研究)。

2. 收集材料。

3. 材料的加工与编辑(探索解决问题的方法,提炼创新点)。

4. 系统化整合(系统性)。

5. 精细化打磨(逻辑性)。

6. 经验推广与示范辐射。

六 成就名师不是梦

1. 勤于学习:学习教育科学、自然科学、社会科学,具有广博的知识,关注学科整合。

2. 勇于实践:在实践中发现新情况、新问题,多一些问题的研究,问题来源于企业和教学实践。

3. 善于思考:探究教育的新领域,创造教育的新境界,培养创新能力。

4. 团结合作。

不断进取必将发生马太效应。

成就名师不是梦,职教未来属于你。

2 职业学校教师的困境与出路

我在职业学校工作多年,除了每天和教师、学生接触之外,也不免与社会各界人士常常打交道。因而,职校教师的甘苦我感同身受,社会各界人士对职校教师若明若暗的认识我也了如指掌。常常有人问我,你们不是职业学校吗,怎么这么忙啊?因此,我总地感到,职校教师这一群体就像桃花源人一样,有点与世隔绝的味道,他们的工作状态和"生态环境""不足为外人道也",但我知道,他们绝非像桃花源人那样"怡然自乐"的。

职校教师的生存状态可以用三个关键词来概括:无奈、无助、无望。

"希望工程"招贴画中那个大眼睛的女孩,向我们揭示了一个真理:渴望学习是一个人的本能。然而,我们以应试教育为主体的教育体制却使我们的孩子逐渐变得厌倦学习。考取重点大学,成了每一个孩子及家庭的终极目标。在高考的指挥棒下,有多少青少年学生处于彷徨、郁闷的状态(有的甚至处在崩溃的边缘),这个数字实在难以统计,如果真有人统计出来,其数量恐怕也是相当惊人的。高考,是一个选拔机制,这个机制本身没有错。我认为,问题出在两个方面:一是这个机制是单向的,即只选拔上大学的人。我以为,选拔机制应该逐步改为选择机制,把读大学和读职业院校放在同一平台,创造同等机会让学生结合个人情况进行选择。二是用什么样的标准来选拔?我们现行的高考制度,是在用标准统一的考试能力来选拔学生,而不是根据学生的特长、兴趣、天赋来选拔。在这样的考试机制作用下,一部分学生初中毕业就被淘汰了,这就是我们的教育对象——职校生。他们是因为学习成绩不好才被淘汰的,按照正常的逻辑推理,这部分学生进入职业学校后会发奋学习吗?显然不会。他们来到职业学校后,普遍性的表现是:现在不知干啥,未来不知所以,常常处在无聊、迷惘之中。职校教师带着营养丰富的"套餐"走进课堂,面对的却是没有"胃口"的学生,其感受是非常无奈的。

在这样的情形下,职校教师特别需要得到领导的理解、专家的指点和学生的配合。但现实情况是,领导认为,我们的教育对象就是如此,教师如果不能调动学生的积极性、不能管理好课堂秩序，就是不称职的。专家认为，多元智能理论已经告知我们，学生只有差异，没有差生；只有不会教的老师，没有学不好的学生。而学生则认为，既然我们没有了上大学的希望，学校不能教给我们一些实用的知识吗？我们要是能学好语数外政史地，还会到职业学校来吗？在这样的情形下，职校教师感到非常的无助。

同样是教师，大学教师待遇好、社会地位高，属于高级知识分子；中学教师责任重大，全社会瞩目，能培养出进入重点高中、重点大学的学生，非常有成就感；小学教师在家长的心目中是极其重要的，也是得罪不起的。可是我们职校教师呢？每年的招生季，都会有朋友找到我，劈头盖脸一句话："孩子考得不好，只能麻烦你了！"我内心的瞬间反应是"请你出去，我们学校不是收容所！"实际做出来的行动却是笑脸相迎，倒茶让座——生源要紧啊！

学生不听话，家长不买账，收入不高，要求不低，任务不轻。毫不夸张地说，职校教师在像大学教师那样写论文、做课题，像中学教师那样承担着繁重的教学任务，像幼儿园和小学教师那样，肩负着监护学生的重担。在这种情况下，他们的职业生涯应该如何规划？像大学教师那样做学者吗？像中学教师那样培养高材生吗？像幼儿园和小学教师那样看管着学生不出事吗？好像都是，又好像都不是。职校教师对自己的职业前景感到了无望。

职校教师要走出"无奈、无助、无望"的职业困境，路在何方？

我以为，路就在脚下。

职业教育是距离教育本质最近的教育类别，能从事职业教育，是一种福气。

职业教育摆脱了应试教育的束缚，师生都获得了高度的自由。从教师来说，在职业学校，没有高考的枷锁，完全可以做到静下心来教书，潜下心来育人。从学生来说，进入职业学校，没有了高考的压力，完全可以做到专心致志地学知识、学技能、学做人、学做事。从师生关系来说，在职业学校，师生关系和谐有着天然的土壤和得天独厚的条件。这是因为职校生在初中时，由于学习成绩落后，是被边缘化的群体。尤其是到了初三，当教师看到他们考取重点高中无望的时候，基本采取了放弃的态度，把主要精力用在了优等生身上。而到了职业学校，完全没有了好生差生、快班慢班的概念，全体学生站在了同一起跑线上。老师热情地关心着每一位学生。所有这些，对于职校学生来说，无异于从严酷的寒冬过渡到了暖意融融的春季。

能心无旁骛、专心致志地教书，对职校教师来说，这不是一种福气吗？

职业教育是影响人的灵魂的一种教育，从事职业教育，需要一种勇气。

毫无疑问，现有的职校教师多数是应试教育培养出来的，职校生也是应试教育机制淘汰下来的，因此，无论是教师还是学生，在摆脱了应试教育的束缚后，都会有一种惯性：不知该如何对待上天赐给他们的这一教育良机！笔者认为，这是职校教师出现职业倦怠和职校学生出现厌学情绪的根本原因。因此，摆在我们职教工作者面前的一个重要任务是：对待这一惯性，我们应该如何应对？我以为，让教育回归教育，这是我们唯一的选择。教育是影响人、培养人、塑造人的事业，是直指人的精神和灵魂的事业。灌输知识与影响灵魂相比孰重孰轻、孰难孰易，是不言自明的。与应试教育相比，这正是职业教育的艰难之处。因此，从事职业教育，的确需要一种勇气。

职业教育是锤炼优秀教师的广阔天地，干好职业教育，要有一种底气。

应试教育是按照一定的选拔标准，灌输知识，培养学生的考试能力，因而，在我看来，这不是真正的教育。而职业教育是没有选拔任务和选拔标准的，因而，教师就有可能把精力放在关注、影响每一个学生的个性化成长上。职业教育是没有高考指挥棒的，因而，给教师提供了自由创造的空间。这正是教育的本质所在。但是，作为职校教师，要清醒地认识到，职业教育的天地是广阔的，但并非万里无云，风和日丽，需要我们振翅高飞，搏击长空；职业教育的土壤是肥沃的，但并非天时地利，风调雨顺，需要我们垦荒种植，辛勤耕耘。因此，职校教师的工作不可避免地要面对艰难、迎接挑战。在这种情况下，职校教师如果仅仅把职业教育当作一种职业，必然会产生职业倦怠感；如果把职业教育当作自己一生的事业，就会感到，越干越有干头！全身心地投入职业教育，苦在其中，难在其中，乐在其中，人生的价值也在其中！

3 教书育人,是每一位职校教师的天职

　　2013年的春晚,笑星孙涛、影视剧演员秦海璐和王茜华、相声演员方清平联袂主演了喜剧小品《你摊上事儿了》。小品的主要内容是,孙涛扮演的保安和秦海璐扮演的公司赵总经理,因为一张进门证件,发生了冲突。孙涛的表演和精彩的台词赢得了观众的阵阵掌声,取得了良好的"笑果"。

　　与观众为之大声叫好的反贪台词相比,我更喜欢的是保安对自己这份职责的坚守和执行命令的坚定。所有的"包袱"都由此而产生。难能可贵的是,即使知道了"赵总"的身份后,保安依然不改初心,保持尊严。

　　喜剧的效果不是简单地引人发笑,更不是生硬地挠观众的胳肢窝。优秀的喜剧应该让观众笑过之后有所思、有所悟。在我看来,《你摊上事儿了》这个小品距离这个标准算得上是"庶乎近焉"了。

　　社会是由各行各业组成的,各行各业的小人物构成了社会的主体。社会精英只能是一个民族、一个国家的"形象大使",真正反映一个民族、一个国家文明水准和教育程度的是普通民众对生活、对职业的态度。不难想象,如果我们周围的小人物都能像这位保安那样忠于职守,爱岗敬业,维护职业尊严,我们的生活质量将会大幅度提高。而这与所谓的高等教育"大众化"是没有什么联系的。

　　这个小品让我联想到两个问题:一个问题是,保安执行规定,没有牌的人一律不让进,即使是大楼的"赵总"也不行。这个细节本身可笑吗?在一个有秩序的国家或单位里,这不是很正常的做法吗?从理论上说不可笑的事居然让我们乐不可支,笑声不断,可笑的背后是否有些可感、可叹、可悲呢?如果在德国、英国、瑞典、日本、新加坡这些国家演出,观众会笑吗?如果放在我们国家20世纪50年代演出,观众会笑吗?第二个问题是,这个保安身上所体现出来的精神,往低处说是坚守岗位、履行职责,如果往高处说,我以为,是一种天职观念在支撑着保安的精神世界,给予了保安强大的精神力量。

借着小品《你摊上事儿了》的话题,我想说说职业教育教师队伍的现状。

近年来,我接触到的职业学校都在想方设法地激发教师教育教学的积极性,然而效果很不理想。因此,如何让教师精神愉快、激情饱满地投入工作,便成了职业学校的共同追求。很显然,这是个问题,而且是个很大的问题。教师没有积极性,何谈教育教学质量?这里就涉及"天职观念"。

军人服从命令是天职,医务人员救死扶伤是天职,保安恪尽职守也是天职,那么,教师教书育人难道不是天职吗?

有一部名叫《孟菲斯号》的美国影片,说的是二战期间一架名为"孟菲斯号"的轰炸机执行战斗任务的事。当时,这架轰炸机所在的飞行中队奉命去轰炸德国人的一个重要军事目标。其他飞机在匆匆投完弹后就返航了,惟独这架"孟菲斯号"还在轰炸目标的上空盘旋。机组的七八个成员意见不一,有的人说:其他飞机都飞回去了,我们还是赶快把弹投下去返回吧。但机长很执着,他坚持在瞄准目标后再投弹。那天,军事目标上空雾很大,能见度很低,而敌人的防空火力又很猛,瞄准目标非常困难。就这样,飞机一次次俯冲,又一次次升起,当它终于准确无误地击中目标后,飞机也受了伤。这时,机长对全机组人员说:"现在为我们自己飞行!"

这个故事给我们的启示是:"孟菲斯号"把击中敌人目标视为天职,在完成天职之前,没有理由为自己飞行。

电影《泰坦尼克号》有一个镜头:船上的乐队在船渐渐往下沉的时候,一直没有中断音乐,奏乐持续到乐师们无法站立与船一起沉没为止。这个镜头给了我们同样的启示:面对死亡,演奏到最后一刻,是乐队的天职。

2013年4月20日,四川雅安地区发生7.0级地震。看震情的报道,心情自然是沉重的。但当我看到雅安电视台记者陈莹身穿嫁衣的现场报道时,眼泪却止不住地流了下来。陈莹的瞬间反应完全是本能的。这种本能的背后是职业的敏感,是职业操守的自然流露,也是人性光辉的闪耀。然而,这一切又都是建筑在雅安市本身只有震感没有伤亡的背景下。对于一个女孩子来说,还有什么比穿上婚纱那一天最值得重视的呢?既然雅安不是震区的中心,陈莹本可以一边准备自己的婚礼一边等待台里的安排和召唤。但她没有,她从化妆的楼房跑出来后,也许根本没有时间考虑什么,就下意识地让原本为她拍摄婚礼的摄像师把镜头对准了她,立即采访街头的群众。人的本能是瞬间的,但瞬间的背后却是长期的素养熏陶和人文关怀的积淀。这种瞬间的本能比执行命令更具感染力、震撼力。"最美新娘"让我不自觉地想到了我们的职业教育。我们不是要对学生进行职业意识、职业素养、职业道德、敬业爱岗、恪尽职守的教育吗?难道"最美新娘"不就是最好的案例和教材吗?

这三个事例放在一起,我想表达一个意思:教书育人,是每一位教师的天职!

什么是天职?中国人民大学黄克剑教授说得好,"天职观念意味着对某种神圣的职分的富于生命感的体验,有了它,人便能由衷地守住与某种神圣的职志关联在一起的生命的重心。做好一件艰难甚至危险的事,除了必不可少的兴趣,往往需要足够强的生命力的支持,这种生命力来自一种精神,一种境界,我称它为天职观念。无论从事什么职业——当然是正当而值得的职业——都需要天职观念;教师应当视教书育人为天职,有了这一份天职观念就有了自己立于教育事业的生命的根。"(《黄克剑论教育·学术·人生》华东师范大学出版社)

每一位职校教师都不妨自问:在日常的、平凡的教书育人工作中,我们有没有"富于生命感的体验"? 我们有没有找到"立于教育事业的生命的根"?

当然,我清楚地知道,即使弄清了天职观念也并不等于问题得到了解决。但尽管如此,对所有教师响亮地提出"天职观念"依然是有重要意义的。只要我们坚持不懈地努力,职校教师中树立起"天职观念"的人就会越来越多。当大部分教师都能树立起"天职观念"的时候,我们的职业教育就大有希望了。

4 在职业教育领域,青年教师大有作为

在职业学校工作多年,有一个现象引起了我的注意:一些刚刚走上教育教学岗位的青年教师,经过一两年或两三年的努力,很快就能够独当一面,甚至在学生的评教测评中位次列前。若干年前,这种情况还只是个例,2010年以来,青年教师在职业教育特别是中职学校教育教学岗位崭露头角并且发挥重要作用的已经从个例发展为普遍现象。这个观察结果令我惊讶,同时也激发了我对这一现象的进一步思考:为什么入职三年左右的青年教师在其他教育类别中尚处于"新手"阶段,而在职业学校却可以脱颖而出乃至独领风骚?既然是"普遍现象",其中的内在原因是什么?我想,对这两个问题进行梳理和探究,如果能得出职业学校青年教师成长的一般结论和发展规律,对于职业学校教师队伍建设应该是不无裨益的。

一 职业教育的"教育属性",为青年教师成长提供了发展机会

与其他教育类别相比,我一直认为,职业教育是距离教育本质最近的。原因十分简单:职业教育特别是中等职业教育学生挣脱了高考的桎梏,师生都获得了教育的自由。正是在这种"自由"的状态下,青年教师获得了更多的发展机会。从某种意义上来说,在基础教育和高等教育中"青年教师"的劣势在职业学校却转化成为"优势",说得更准确一点,职业学校的青年教师在需要向中老年教师学习的同时,也具有"优势"的一面。而这种"优势"是基础教育或高等教育中的青年教师所无法比拟的。

关于教师的成长周期,理论界有不同的说法,但有一点是共同的,即青年教师要想成长为一名骨干教师要经历一个相对较长的过程。如果我们对这一"较长的过程"进行仔细考量,不难发现,青年教师的成长必须跨越的障碍可以分为两大类:一类是客观存在的、青年教师必须经历的,比如教学基本功、课堂掌控能力、随机应变的教育智慧,等等;另一类障碍却是人为的,或者说是现行的教育体制决定的,比如对高考试题方向的把握以及由此衍生出来

的对学生有针对性的训练步骤、训练技巧、训练策略等。于是我们可以看到,在每一所高中学校里,毫无例外地都有一批"把关教师",所谓的"重点班"就是由这些"把关教师"担纲教学任务的。他们"身经百战",对高考的套路和不同年份试题变化的走向可谓成竹在胸。很显然,一个青年教师要想成长为这样的"把关教师",没有多年的摸爬滚打是不太可能的。职业学校的青年教师有幸避免了第二类障碍,这是他们得以迅速成长的主要因素之一。

二 职校生和教师天然的亲近关系,为青年教师成长创造了有利条件

众所周知,到目前为止,职业教育依然属于"剩下来"的那部分人的教育。对于职校生来说,中考是他们人生遇到的第一次重大失败。这一重大失败只是义务教育九年的结果,与这个结果相比,他们经历的过程更为悲催。不必讳言,中职生在过去的九年中(尤其是初中三年)是不受老师待见的。在许多初中学校里,班主任和任课教师说起学习优秀的学生可谓眉飞色舞,说起后进生则是眉头紧锁;对优秀学生的家长可谓笑脸相迎,对后进生的家长则是冷漠相对。在家长会上,班主任进行表扬时,后进生从来不被提起,班主任进行批评时,后进生则从来不被忘记。绝大多数职校生的初中三年就是这样度过的。

职校生来到中职学校后,他们感受到了前所未有的平等和自由。在职业学校,没有了所谓"学霸",没有了来自班级排名、年级排名的压力,没有了来自班主任和任课教师嫌弃、放弃的眼神。过去他们渴望得到的被接受、被认可、被关注,到了职业学校都变成了现实。在这种情况下,他们和班主任及教师有着天然的、本能的亲近的"冲动"。班主任及任课教师一个微笑、一声问候、一次鼓励都能让他们感到无比温暖。

职业学校的青年教师由于和学生年龄差距小,兴趣爱好方面共同点较多,即使存在着不同年代的差别,也能够相互理解,比较容易沟通。因此,在和学生建立良好的师生关系方面,青年教师有着得天独厚的有利条件。

三 为发展职业教育而设立的竞赛项目,为青年教师成长搭建了广阔的舞台

近年来,国家为发展职业教育设立了以技能大赛为龙头的诸多竞赛项目。"普通教育有高考,职业教育有大赛",这句话的正确性虽然受到多方人士质疑,但在客观上,职业院校技能大赛的确发挥了扩大职教影响、提升职教形象、促进教学改革等重要作用。指导学生参加技能大赛的指导教师多数是中青年骨干教师,但作为教师选手参加大赛的几乎清一色的都是青年教师。他们在技能大赛的赛场上大显身手,获奖的选手更是荣誉加身,信心满满。

除技能大赛外,其他赛项如教学大赛、班主任基本功比赛、指导学生参加文明风采大赛等,都是青年教师唱主角的。可以说,在职业教育领域的各个方面,青年教师都在大放异彩。

当然,职业学校的青年教师要想成为专业带头人、教学名师,还有很长的路要走,还需要

虚心向中老年教师学习。本文只是想强调，职业教育的特殊性给青年教师的成长提供了天时地利。

当年毛泽东领袖号召知识青年上山下乡的时候说过这样的话："农村是个广阔的天地，在那里是可以大有作为的。"套用领袖的话，我想对职业学校的青年教师说：职业教育是一个广阔的天地，在这里，你们是可以大有作为的。

深入企业实践，深化教学改革，成就职教名师

一 职校教师到企业实践是一项务实工程

（一）企业实践的必要性

教育部为贯彻《国务院关于大力发展职业教育的决定》精神，先后出台了教育部《关于建立中等职业学校教师到企业实践制度的意见》，教育部办公厅、财政部办公厅《职业院校教师素质提高计划中等职业学校青年教师企业实践项目管理办法》。该《办法》分总则、学习内容和形式、企业资质遴选、实践和考核管理、职责分工、经费管理、附则7章23条，自公布之日起执行。2011年到2015年每年2万名教师到企业实践6个月，"企业实践是校企合作的桥梁、打开职教之门的金钥匙、教师职业的必修课"。国培教师企业实践项目对于创新和完善职教教师继续教育制度、优化教师的能力素质结构、建设高水平的"双师型"教师队伍、促进职业教育教学改革和人才培养模式的转变都具有十分积极的意义。

国培教师企业实践项目将促成《国务院办公厅关于深化产教融合的若干意见》《职业学校校企合作促进办法》《国家职业教育改革实施方案》等新政策的出台。

（二）企业实践任务

1. 了解企业的生产组织方式、工艺流程、产业发展趋势等基本情况。

2. 熟悉企业相关岗位（工种）职责、操作规范、用人标准、管理制度及企业文化等具体内容。

3. 学习所教专业在生产实践中应用的新知识、新技术（能）、新工艺、新方法；掌握主要岗位操作技能。

4. 结合企业的生产实际和用人标准，完善教学方案，改进教学方法，开发校本教材，切实加强职业学校实践教学环节，提高技能型人才培养质量。

5. 到计算机企业及相关专业实践,提升科研能力。计算机科学从诞生的那一天起就和其他的学科有着密不可分的关系,特别是"互联网+"时代,利用信息通信技术以及互联网平台,让互联网与传统行业进行深度融合,创造新的发展生态,有力地促进其他学科的发展。

6. 到非本专业相关企业实践,拓宽视野。

(三) 企业实践形式:"师带徒"模式

1. 看——生产现场考察观摩。
2. 培——接受企业培训(讲座、研讨、技能培训)。
3. 练——在企业的生产或培训岗位上操作演练。
4. 做——共同承担企业生产项目。
5. 研——参与企业产品开发、技术改造、科研等。
6. 师——主持企业生产项目。

二 企业实践能有效促进职教教师的成长

(一) 企业实践是提升教师教学能力的有效途径

1. 企业实践让教师上课有了底气

俗话说百闻不如一见,切身体验和感受过的工作内容,传授给学生时底气就足。"不怕学生问",这是 2013 年、2014 年、2015 年建筑工程技术专业教师参加国培企业实践项目后的感悟。有位老师说,在企业实践项目之前,一直没弄明白塔吊是怎么随着楼层增高而变高的,通过企业实践终于明白了是在下部通过液压系统升高的。

2. 企业实践让教师操作技能更加规范

岗位操作要领是动作协调,步骤规范,操作娴熟,其来源于生产实践,是生产一线师傅经过多年磨炼的经验总结。教师下企业拜师傅,学本领,有了真功夫后,在课堂上不仅可以讲给学生听,而且还可以动手做给学生看。

3. 企业实践让教师成为企业文化的传承者

企业文化是企业生产经营和管理活动中所创造的具有该企业特色的精神财富和物质形态。它包括企业愿景、文化观念、价值观念、企业精神、道德规范、行为准则、历史传统、企业制度、文化环境、企业产品等。其中价值观是企业文化的核心。教师只有深入企业才能了解企业在日常运行中所表现出的各方各面,感悟其价值观、信念、仪式、符号、处事方式等特有的文化形象。在课堂、实训基地营造企业文化氛围,培养学生的爱岗敬业精神。

4. 企业实践带来思想观念和人生观的转变

在建筑工程技术专业教师参加国培企业实践项目总结汇报会上,教师们感受最深的就是工程技术人员特别是年轻的项目经理,那种爱岗敬业的职业操守、不怕吃苦的精神、乐观向上的生活态度。企业实践改变了教师们的思想观念和人生态度,增强了教师的责任感、使命感。

（二）企业实践是提高教师教研能力、科研能力的重要手段

通过企业实践了解了企业用人标准、熟悉了专业应用和发展前景。

1. 根据企业需求重构课程体系，修订人才培养方案。
2. 根据岗位任务更新教学内容，开发项目课程，建立动态教学资源库。
3. 根据工作情境改进教学方法，提高教学效果。
4. 根据用人标准改革评价体系，建立多元评价机制。
5. 在理论与实践、教与学结合点上开展研究，形成教学成果、生产成果。
6. 各类科学博大精深，有很多未知需要我们去研究探索。
7. 职业院校教师的科研应定位在生产中的问题研究，实现技术的改进与创新。

（三）企业实践是教师改革创新的动力源泉

在历届江苏省职业教育创新大赛作品中，获奖作品大多来源于企业生活、生产工艺、生产设备、生产方法等多个方面。

1. 创新来源于企业生活，通过深入企业生活，改变特定的生活环境，使生活更加便捷。
2. 创新来源于生产工艺，通过深入了解生产工艺流程，改变落后的生产工艺，实现自动化生产。
3. 创新来源于生产设备，通过亲自操作仪器设备，感受其功能的缺陷，开展创新，实现生产设备功能的多样化、智能化。
4. 创新来源于生产方法，通过深入了解和掌握生产方法，体会其中的不足，改变落后的生产方法，提高生产效率。
5. 创新来源于组织管理，通过了解企业的管理模式，提出组织管理的优化方案，提高管理效率，降低管理成本。
6. 创新改变了教学理念，确立新的人才观，进行课程改革，创新人才培养模式、教学模式、评价模式、教学方法。

二 深入交叉学科的相关企业实践

1. 深入交叉学科的相关企业，了解非本专业企业的生产组织方式、工艺流程、技术（能）、方法、生产设备的现状和自动化程度。研究如何将本专业的技术优势应用到其他专业领域，促进其他专业的发展。
2. 关于"互联网＋"及互联网企业。"互联网＋"就是"互联网＋各个传统行业"，但这并不是简单的两者相加，而是利用信息通信技术以及互联网平台，让互联网与传统行业进行深度融合，创造新的发展生态。
3. 关于大数据及其企业。在一定时间范围内用常规软件工具进行捕捉、管理和处理的

数据集合,是需要新处理模式才能具有更强的决策力、洞察发现力和流程优化能力来适应海量、高增长率和多样化的信息资产。大数据技术的战略意义不在于掌握庞大的数据信息,而在于对这些含有意义的数据进行专业化处理。换而言之,如果把大数据比作一种产业,那么这种产业实现盈利的关键,在于提高对数据的"加工能力",通过"加工"实现数据的"增值"。

四 在企业实践的基础上开发项目课程

教学改革就像一部电视连续剧(如图5-1),项目课程实质上就是一部剧本。它是以工作任务为中心选择、组织课程内容,并以完成工作任务为主要学习方式的一种课程模式。

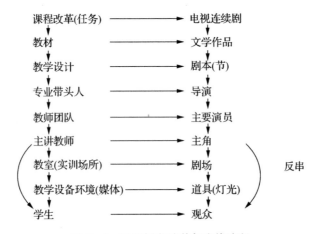

图5-1 项目课程改革与实施流程

项目课程关注学生岗位胜任能力的培养,强调学生知其然,不一定追求所以然。强化"怎么干""怎么才能干得更好",淡化"是什么"和"为什么"的知识。

1. 项目课程的特点

(1) 内容按工作任务的顺序和难易度排列。

(2) 课程体系:主要基于工作任务体系,而非学科体系。

(3) 内容结构:项目和案例作为教学内容的主体组成。

(4) 知识(含理论知识和实践知识)被全部或部分分解到各个项目或案例中(知识隐性化)。

2. 项目课程确定

如何设定项目课程科目?

(1) 文化素质类课程:部分内容适合做成项目课程,不能生搬硬套。做成项目课程后,可采用案例教学模式,并适度与专业课程渗透。

(2) 工作岗位类课程:都能做成项目课程,依据"真实"工作任务划分科目,并与职业资格认证嵌入。

(3) 技术基础类课程:以项目课程为主,可参考学科结构划分科目;挖掘虚拟或真实工作任务作具体项目。

(4) 拓展类课程大部分也能做成项目课程。

3. 项目选择

(1) 依据学习目标和课时数的要求设定项目的内容总量,不宜过少或过多。

(2) 以典型产品、组件或服务为载体,使工作任务具体化,产生具体的学习项目。

(3) 根据学习进程,选择大小合适的项目。保证每个项目的内容在一个教学单元内。

(4) 项目可以是虚拟或真实的,虚中有实。

(5) 学历证书与职业资格证书嵌入。

4. 项目教材开发

(1) 编写思路

应充分体现项目设计思路和课程标准要求,可操作性要好。

内容主要依据工作任务的顺序排列,适当兼顾学科知识的排序,并将知识有机地融入完成工作任务的具体过程中。

(2) 内容结构:项目→子项目→模块

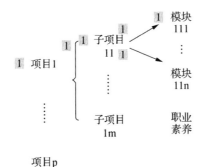

图 5-2 项目课程教材内容结构

在部分项目或模块中增加或单独添加职业素质养成教育(包括企业文化、行业规范、职业操守等)内容。

(3) 正文

学习目标、工作任务。

信息化内容的融入,学生通过扫描二维码,再现职场场景。

在辅页设计学生阅读内容:看一看、做一做、想一想、读一读……

(4) 附录

项目测试报告

学生工作页

……

5. 教学条件

(1) 双师型教师。

(2) 信息化项目实践平台。

(3) 设计、测试或制作用工具和设备。

(4) 多媒体设备。

(5) 一体化专用教室。

(6) 专业文化环境。

(7) 网络空间学习平台及教学资源。

6. 教学组织与实施

(1) 教学组织形式:任务书(强调企业规范)。

(2) 单元学习时间(建议):4课时以上,有的甚至按照生产项目的工期安排学习时间。

(3) 知识学习与工作任务关系的处理(以干带学)。

(4) 学习成果:报告、图纸、工艺文件、作品、产品、软件、服务等。

(5) 对项目课程的具体教学过程要精心组织。结合教材内容安排,在读、做、想、学等方面环环紧扣,师生互动,这样才能达到最佳的教学效果。

7. 课程考核

(1) 分阶段、分项目进行。

(2) 实践能力与理论知识分别考核,其中实践能力考核占较大比重。

(3) 项目学习成果是重要的考核内容。

(4) 素质表现在考核结果中应有体现。

(5) 根据上述各项成绩按比例总评得出考核结果。

(6) 不再进行传统的期中和期末考试。

五 关于技能实训课程

1. 实训课程标准

实训课程标准目前还没有准确的定义,实训课程标准是以岗位能力要求和职业资格标准编定的实训内容及其实施、评价的指导性文件。

2. 实训教学目标的描述

包含4个要素:行为主体、行为变化、行为条件和表现程度。

例:通过文字录入的学习和训练,学生能掌握汉字输入方法,能在10分钟录入100个汉字,正确率为95%以上。

3. 实训基地建设,满足技能实训需求的仪器设备及场景。

4. 双师型教师(企业师傅)授课。

5. 职场环境与文化氛围的营造。

6. 教学文件

教学文件包括:计划、任务书、教案、知识拓展方案、创新案例、日记、报告、评价、总结。

职校教师到企业实践是一项务实工程,企业实践能有效促进职教教师的成长,是培养"双师型"教师的有效途径,是实施职业教育质量工程的有力保障。

职业教育名师工作室建设与思考

名师工作室因名师而建,名师名在何处?主要体现在三个方面:一是师德风范,热爱职教事业,师德高尚,学生欢迎;二是企业经历与行业影响力,具有企业(单位)相关技术(或管理)岗位的工作经历,在行业企业的技术领域具有一定影响力,且取得了行业企业公认的实质性工作成果或业绩,具有一定的绝技绝活,在弘扬和传承地方传统文化、工艺上作出杰出贡献;三是教学能力与水平,教学效果、教学研究、资源建设、教学实施、团队建设等方面成绩突出。名师工作室建设需要回答三个问题:一是为了谁?我们要建什么的问题。二是去何处?要有明确的建设总体目标和分步目标。三是建设的路怎么走?即名师工作室的建设过程。

一 江苏省职业教育名师工作室建设缘由

1. 背景分析

江苏职业教育成绩突出:技能大赛、信息化大赛、教学成果奖成绩均走在全国前列,在成绩面前深感教师培养的重要性和紧迫性。建设一支优秀的教师队伍,是职业教育发展的根本所在。

2. 战略举措

为打造一支优秀的教师队伍,江苏职业教育先后启动了"333"人才培养工程,职业教育青蓝工程,职业教育领军人才工程,高校访问学者、企业访问工程师工程,出国进修工程,各级各类培训等。通过这些教师培养工程,造就了一批名师名家,名师工作室建设应运而生。

3. 目的

建立"促进名师持续发展、催生名师竞相成长"的机制,发挥名师的示范、引领作用,带动全体教师成长。

4. 意义

江苏省教育厅《关于公布 2015 年重点建设的 50 个江苏省职业教育名师工作室名单的通知》(苏职教〔2015〕22 号)明确指出:"为加强职业学校内涵建设,促进教师专业发展,打造师德高尚、素质优良、结构合理、特色鲜明的职业学校'双师型'教师队伍……落实全国全省职业教育工作会议精神,落实立德树人的根本宗旨,立足职业教育教学实际,遵循职教师资培养规律,不断创新建设机制,提升师资队伍整体素质,为全面提高职业教育质量和社会服务能力作出积极贡献。"文件内容充分体现了名师工作室建设的意义所在。

二 江苏省职业教育名师工作室评选标准概述

江苏省职业教育名师工作室评选标准包括 6 个一级指标、15 个二级指标、35 个三级指标。

(一) 领衔人条件

1. 基本条件

师德高尚,理念先进,业务精湛,成果丰富;副高以上职称,双师型教师,有开拓创新精神,专业拓展或研发能力强;具有较强的组织、规划、管理和协调能力,工作室运行和成员发展良好。

2. 知名度

省人民教育家;省"333"培养对象;省特级教师;省辖市以上名师、名校长;省职业教育领军人才,行业技能拔尖、技艺精湛的高技能人才;技术研发、技术服务等成效显著,在各类竞赛、教学成果奖评比中获省级一等以上奖项。

(二) 成员构成

1. 结构数量

成员人数 5—12 人,知识、学历、职称、年龄结构合理,专兼结合,有来自行业、企业和外校的成员,比例 20%—40%。

2. 能力素养

有团队合作精神、自我发展愿望和改革创新意识;本科以上学历,中级以上职称,双师型教师;是校级以上教学能手、技术能手、骨干教师、职业教育教科研中心组成员。

(三) 运行管理

1. 规划目标

有三年或五年建设规划,定位合理,思路清晰,分期建设目标明确,措施有力;年度工作有计划、有总结、有考核;有成员个人发展规划,分步实施扎实有效。

2. 制度建设

建有工作、考核制度,目标任务明确,奖惩分明,经费使用规范;有效发挥工作室人才培养、项目研究、信息服务、技术改革、成果推广等积极作用。

3. 平台建设

建有名师工作室网站、名师微博、微信、QQ群等,动态反映建设成果。

(四) 效能发挥

1. 专业与课程建设

建成省级品牌或特色专业;完成1项以上课程建设任务。

2. 教学改革

建立课程标准,注重学生职业精神、职业能力培养,推行"做中学、做中教",理实一体化教学;注重因材施教,建立学习困难学生帮扶机制和拔尖学生特殊培养制度;主持或参与市级以上教学研究或改革项目(课题);指导学生或亲自参加各类大赛,教学成果或示范课评比获省奖。

3. 资源建设

适应新兴产业、新职业、新岗位开发校本课程、校本教材;建成高质量的课程与教学资源;总结、提炼教科研成果或技术研发成果。

4. 团队发展

成员获得更高级别的骨干教师、教学新秀、技术能手、专业(学科)带头人等称号;外聘教师在课程建设、专业建设、教科研、教学实践中发挥重要作用,年均为学校培养10个以上青年技术技能骨干。

5. 社会服务

广泛开展社会培训、技能鉴定、技术服务;专业技能教师在技术技能革新、发明创造等方面成效显著。

(五) 保障机制

1. 组织保障

学校建有相应管理机构并积极履行管理职能;有明确的推进计划、制度、措施,政策落实到位。

2. 条件保障

拥有相对独立、规范标准的专用区域空间,具有自身专业特点和文化特色,并设有统一醒目的标志标识;配备办公、会议等公共设备设施及专用设备设施;专业相关图书不少于50种,订阅专业期刊3种以上,图书资料使用率较高。

3. 经费保障

有一般性经费预算和决算,有项目专项经费,主要用于产学研开发、专业和课程建设、专项培训等。

（六）特色创新

工作室建设、发展理念和管理水平先进，有效促进学校办学模式、人才培养模式、教学模式和评价模式等创新，在全省乃至全国产生较大影响，有推广价值。

三 职业教育名师工作室建设实践

（一）把握职业教育名师工作室特征

1. 职业教育名师工作室的概念

职业教育名师工作室是具有一定影响力、有共同研究方向和合作愿景的教师群体，是教师培训、教科研和产学研的结合体。成员在名师的指导下开展教育教学、生产和科研工作，推动团队整体发展。

2. 职业教育名师工作室的类型

职业教育名师工作室可分为专业型（80%）、课程型、人文素质型、技能型、创新创业型、科研型。

3. 职业教育名师工作室特有的特征

职业教育名师工作室特有的特征：一是具有跨界特征，不论哪个类型的工作室，必须要有行业企业专家的参与。二是运行机制，是一种动态的教师培养与成长机制，包括导师培养制、校企合作制、项目领衔制、成果辐射制、动态培养制、例会制度、研修制度、考核制度等。

（二）制定科学合理的发展规划——以江苏省职业教育工程测量名师工作室为例

1. 指导思想

（1）建立促进名师持续发展的机制，创造催生名师竞相成长的环境。以名师为引领，以教师专业能力建设为核心，以先进的教育思想为指导，以提升教育教学质量为目的，搭建促进名师自我提升、促进青年教师专业成长的发展平台，打造一支在全省乃至全国职业教育领域中有成就、有影响的高层次骨干教师团队，促进产学研用的紧密结合，形成整体推进、共同提升的教师专业成长的发展机制，从而推动工程测量专业更好、更快地发展。

（2）名师工作室建设的落脚点：提高教学质量，学生成为最大的受益者。

2. 发展理念

理论上紧跟前沿，技术上超前行业，技能上与企业同步。明确目标、自定方向、优势互补、集体奋进，各成员在原有的基础上实现最优发展。

3. 战略定位

（1）专业建设与发展的智库。

（2）教师成长的平台。

（3）课程开发与实施的试验田。

(4) 创新设计与技术开发的工作间。

(5) 校企合作、社会培训与服务的窗口。

(6) 各类竞赛提供技术支持的服务器。

4. 总体目标

通过三年的努力,全体工作室成员实现专业综合素质全面提高、教学风格特征稳定清晰、同行中影响力明显提升、带动一批年轻教师成长的总目标,有1名成员晋升教授,2名成员晋升副教授,培养省级金牌教练1名,获得省级以上奖牌3块,省级测绘工程质量奖1项,培育省级教学成果奖1项,建成4门数字化精品课程和教材,教学团队在省内有一定的知名度。

5. 发展具体目标

(1) 第一阶段(2015年3月—2016年7月)

工作室以生产育人为导向,以测绘技术与技能提升为目标,通过技能竞赛、创新活动、公开教学、现场研讨等形式广泛开展活动,营造成员间相互学习、交流、研究、合作的良好环境,在省级技能大赛、创新大赛上均有奖牌收获,促使成员自身专业能力较以前有显著提高。工作室确定研究课题:初步选择教学模式的改革、集团化办学人才培养体系的研究和学生顶岗实习管理研究为突破口,重点培育一个研究项目冲击省级教学成果奖。工作室成员根据自身基础和发展潜力,制定个人三年发展规划,明确自身追求目标,并进行合理分解。

(2) 第二阶段(2016年7月—2017年7月)

工作室成员在高层次竞赛和市属级及以上教学竞赛中获奖,建立起工作室成员教育教学活动资源库;各成员有明确的学术专题思考,并有一定的研究成果及技能大赛、创新大赛成果;通过工程实践,在省级测绘工程测量奖方面有新的突破。以论文、教学成果、专题讲座、网络传播等形式向同行辐射、示范,显现成果,形成一定影响,打造工作室的特色和品牌。

(3) 第三阶段(2017年7月—2018年7月)

不同基础的成员,实现不同跨度的发展,努力培养出市级、院级教学名师、教学能手,培养出教授、副教授评选的人才,培育省级教学成果1项以上,建成4门数字化精品课程和教材。同时,全面总结和整理工作室的研究成果和经验,为教育行政部门和科研机构提供决策依据和参考。

6. 发展保障措施

(1) 重机制建设:为保证名师工作室各项活动顺利开展和三年规划的稳步推进,工作室将制定成员工作制度和各类活动制度,建立成员月汇报(网络在线形式)和学期小结制,以便工作室及时调整和改进工作方案等。

(2) 强管理效能:工作室实行导师领导下的运行机制,各成员间做到信息畅通、工作有序、活动高效,工作室成员每学期进行工作自我总结,工作室拟通过建立各成员每年成长的电子档案,提高对成员的管理效能;建立研修学员动态机制,实行滚动发展。

(3) 拓外校资源:在最大限度地发挥自身优势、尽力挖掘潜力用好资源的同时,工作室将借势借力,开拓外校有益资源,建立与省内知名学校、企业的联系,拓宽成员学习提高和施展才华的空间。

(4) 固经费投入:根据学校名师工作室建设规程,学校设名师工作室建设管理专项经费,教育厅下达的经费和学校配套经费,用于工作室工作开展和项目实施。由学校财务处负责日常管理,名师工作室主持人按照规定的用途支出,用于名师工作室的办公设备、图书资料的购置、日常办公开支、网站建设、业务培训、对外交流、课题研究等项目支出。

7. 工作室建设预期成果

(1) 团队发展。专业教师整体水平上了一个台阶,3人职称晋级,其中有1名成员晋升教授,2名成员晋升副教授。"双师型"教师比例提高到80%,特别是教师的工程实践能力和项目课程开发能力有很大提高。

(2) 专业和课程建设。借助江苏地质职教集团办学平台,构建含中职、高职和本科的测绘专业体系;优化专业课程结构,形成学校、校企、企业三个维度的课程体系,建成"工程测量""地籍测量""控制测量""数字化测图"4门数字化精品课程和教材,重点建设"工程测量"课程标准化考试体系。

(3) 教学资源建设。继续进行专业教学资源库建设,搜集和整理专业教学过程中所需要的案例、例题、习题、试卷、图片、表格、flash动画、电子课件、视频、微课程、三维立体影像、网站微博等资源。

(4) 人才培养模式改革。参与现代新学徒制改革,全面推进"双主体一体化"工学结合人才培养模式改革,创建适应江苏省产业转型升级和企业技术创新需要的发展型、复合型和创新型的技术技能人才培养新模式。

(5) 学生发展。毕业生的专业技能和职业综合素质得到明显提升,高级工取证率由原来的80%提高到90%,学生参加全国职业院校技能大赛奖牌数有新的突破;就业质量进一步提高,学生就业创业成才典型明显增加。

(6) 产学研结合与教科研成果。培育省级教学成果、省级测绘工程质量奖各1项,省级以上技能大赛、创新大赛奖牌3块。完善激励机制,鼓励工作室教师积极参与横向纵向项目研究,谋求更好的社会经济效益。

(7) 社会服务。建立校企联席议事制度和深度订单培养协议,校企合作机制逐步完善;进一步利用工作室的专业设施、设备、师资等资源,承担区域技能大赛和职业资格鉴定等;专业办学实力和教学质量明显提升,在全国同类学校中发挥示范和引领作用。

(8) 专业教学团队基于集团化办学平台,探索人才培养体系的改革,构建订单班、联合式、结合式、集中式人才培养模式,建立基于集团化办学形成的融本科教育、职业教育、职业培训于一体的人才培养体系,并进行实践探索,实现五个对接,全面提升人才培养质量。以集团化办学人才培养体系的研究和学生顶岗实习管理研究为重点培育省级教学成果奖。

8. 研修学员自身的发展要求

(1) 工作室成员要结合工作室计划制订三年自我发展计划,力争三年内成为校级以上教研教改的带头人、名师。

(2) 积极参加各级各类教育科研活动(包括校际交流、专业会议、各级专业学科培训和论文与经验的交流活动等),有效发挥示范辐射作用。

(3) 成员要系统学习专业的前沿理论与课程改革理论,不断提升自己的理论水平,做好读书笔记并定期在工作室网络平台发表读后感言,交流心得体会。每年至少撰写一篇有价值、有水平的科研论文。

(4) 成员要积极参加科研课题,定期检查阶段性成果,汇报自己的课题实施进度,并逐渐形成独立开展课题研究的科研能力。

9. 发展定位

工作室研修学员分工与研修方向:

(1) 技能培养与教学:5—6人

参与各级技能大赛、教学竞赛、信息化教学大赛,获得省级以上奖牌3块。

(2) 生产育人:2—3人

年均完成二个以上大地测绘院名下的工程项目。

(3) 课程开发:3—4人

开发课程资源库、微课程,开发教材4本。

(4) 创新教育:2—3人,创新大赛有成绩,奖牌2—3块。

(5) 社会服务:3—4人,承担区域技能大赛和职业资格鉴定等。

(6) 师资培养:2—3人,成员晋升教授1人、副教授2人,培养双师、名师、能手、带头人4人。

(7) 成果培育:3—5人,培育国家级教学成果奖一项;专利、教学设计、课件、论文、课题研究报告、学术专著等成果10项。

(8) 网站建设:1人

建有链接校园网站的名师工作室二级网站,及时传递工作室成员之间学习经验,交流工作室研究成果,提供职业教育教学前沿信息,使之成为工作动态发布、成果辐射推广和资源生成整合的平台,成为与外界同行进行交流的窗口,实现优质教育教学资源的共享。

网站内容丰富,不断更新反映工作室建设的信息,每月不少于2篇报道;反映工作室成员自主创新的高质量的课程与教学资源、教科研成果或技术研发成果,人均不低于2篇(个)/年。

(三) 专业型名师工作室以实践能力培养为切入点

1. 深化校企合作,专业与企业融合,企业提供生产项目、科研项目,学生、教师参与,提高人才培养质量,培养真"双师型"教师。

2. 搭建平台:教学团队创办企业,创新人才培养模式。破解校企合作难点,一头热的问题。

3. 优化名师工作室研修人员。

12个人的团队中,学校、企业各有3位高级工程师。本工作室建设基础相对优越,曾获得6项省级工程质量奖。

四 江苏省职业教育工程测量名师工作室工作回顾

1. 2015年5月初下文开始筹建,7月4日工作室启动建设、论证并解读发展规划。

2. 学校提供工作室办公场所,建立了名师工作室网站,建立QQ群,适时进行总结、交流、会议通知。

3. 进行人员分工、确定研修方向,制定个人三年发展规划。

表5-1 江苏省职业教育工程测量名师工作室成员职业发展规划书

(2015年6月—2018年9月)填写日期:2015.7.3

姓名		性别		年龄		企业工作经历	
政治面貌		职称		教龄		任教课程	
毕业学校					专业		
社会兼职							
自我现状分析	优势分析						
	不足剖析						
实现目标的具体办法与措施							

表 5-2　江苏省职业教育工程测量名师工作室成员三年职业发展规划目标

项目		时间 现有状况（级别与获得时间）	2015	2016	2017	2018
相关证书与资格类型	学历					
	计算机水平					
	外语水平					
	教师资格证书					
	称职等级					
	专业技能等级					
	技师、高级技师					
	工程师、高级工程师					
各级各类比赛	教学竞赛					
	信息化大赛					
	技能大赛					
	市级以上论文获奖					
教育教学研究	课题研究					
	论文发表					
	教学成果培育(含专利)					
	课程资源开发					
	主编、参编出版教材					
专业与学生发展	专业与团队发展贡献					
	青蓝工程					
	生产育人与成果					
	校企合作成果					
	指导学生创新、创业、技能大赛					
	学生考工与取证					
	社会服务					

注：生产育人指有学生参与的生产项目、顶岗实习、毕业设计等；校企合作是多方位合作。

4．启动培养工程

（1）产教融合：职校专业教师成长的必由之路

产教融合：把产业与教学密切结合，相互支持，相互促进，把学校办成集人才培养、科学研究、科技服务为一体的产业性经营实体，形成学校与企业浑然一体的办学模式。

（2）基于产教融合的专业教师成长策略

① 双主体一体化人才培养

工程测量教学团队创建股份公司：南京大地测绘院。秉持"生产育人"理念，设计"专业与企业一体化"工学结合人才培养模式，卓有成效地开展专业办企业：人才培养模式的实践。

② 一室双站模式：建立"一室双站"机制，校内建立企业工程师教学站、企业建立教师实践工作站，使企业师傅进课堂、校内教师进企业真正落到实处，并充分利用企业资源开展横向课题研究和企业技术攻关，实现企业工程项目进行教学化改造，提高资源勘查类专业师资队伍整体素质，建立一支素质优良、结构合理、精干高效、校企共享的优秀专业教师团队。

（3）项目化培养培训

项目选择：如《2016年工程测量名师工作室校企合作项目实施方案》，预算9.5万元，开展理论引领、实践体验、课程开发、调研与总结、成果申报与评审等针对性培训。

5. 初步成效

（1）教学成果：省教学成果一等奖、二等奖各1项；国家二等奖1项，全国行业一等奖1项。

（2）教学研究：2项省级课题研究结题，4项校级课题立项。

（3）创新大赛：省级创新大赛一等奖2项，二等奖1项，三等奖2项。

（4）技能大赛：国家级铜奖1项，中职组1项金奖，省高校技能大赛1项金奖，2016年国赛金奖，高职组2项铜奖，2018年国赛金奖。

（5）信息化大赛：市级二等奖1项、三等奖2项。

（6）教学资源建设：主编、参编教材3部，修订人才培养方案、课程标准，出版专著1部。

（7）教学竞赛：省级微课大赛三等奖1项。

（8）获得省级优质测绘工程奖3人次。

（9）团队建设：2人晋升教授，1人晋升副教授，1人晋升讲师、1人加入全国职业教育教学指导委员会，1人荣获"2015年省职业院校技能大赛优秀指导教师"称号，1人获2016年"青蓝工程"学术带头人，1人获省级名师，培育省级名师工作室1个，地球科学馆获得省级科普教育基地。

（10）发表论义：发表论文20篇（中文核心4篇）。

五 工作体会与展望

1. 按照规划稳步推进名师工作室建设工作，结合专业建设拓展工作领域，促进专业发展。

2. 示范辐射与引领，通过名师的传帮带活动和网络平台辐射影响教师群体。通过理论指导、技能示范、创新实践、技术设计（总结）引领教师的专业成长。

3. 发展探索与教育研究，探索发展路径，总结经验，寻找规律。向市内外其他工作室学习，取长补短，相互促进，共同提高，从而不断完善名师的培养机制，丰富名师成长的阅历。

对工作室机制进行专题研究。

4. 工作室持续发展需要经费的持续投入。

5. 领衔人作用,领衔人是规划师、设计师。要制定科学合理的发展规划,编制项目任务指南,进行发包、招收研修人员,批准个人成长规划,建立各种机制和制度。

把名师工作室建成引领教师成长的家园、支撑专业建设的智库,催生名师竞相成长,促进名师持续发展。

职业院校教师信息化教学能力培养研究

信息技术的飞速发展给职业教育带来了革命性变化,信息化教学环境越来越成熟,信息化教学资源也日益丰富,学生获取职业本领的渠道越来越多,师生之间的学习交流已经突破了时间与空间的限制,传统的教学理念及方法亟待改进,以适应新时期的信息化教学模式及学习者的需求。面对新形势的要求,职业院校教师需要进一步解放思想,更新观念,深化教学改革,积极提升自我信息化教学能力、信息技术应用能力,适时适地向学生传授知识与技能,让课堂和课后同样变得富有生机。同时,在信息化大环境下,教师能引导学生通过信息化平台自主、互助、交互式学习,广泛获取资源。教师的信息化教学能力是信息化教学环节非常重要的内容之一,是实现信息化教育的前提和基础条件之一,对推动教育信息化教学和发展起到至关重要的作用。

一 职业院校教师信息化教学能力现状分析

(一)职业院校教师信息化技术应用能力分析

教师的信息化教学能力是对信息化教学资源的使用和整合的综合能力,包括收集查找资源、信息的能力,教学设计的能力,拣选和甄别信息资源的能力,开发和使用信息资源的能力,资源的传递(教学)能力等。

目前,我国职业院校教师信息化技术应用能力发展不平衡,信息化教学的理念和能力培养还存在一些不足和误区。经过问卷调查和访谈记录分析可发现,教师的专业特征和年龄因素是制约教师信息化教学能力提高的主要因素。虽然教师对信息化教学环境表示认可,但其专业背景中缺乏信息化元素,再加上年龄限制,对计算机操作不熟练,对信息技术的应用不够了解,在很大程度上打击了他们向信息化教学时代迈进的热情。

教师对信息化教学理念认识不够。他们认为信息化教学就是信息化技术的使用,对于如何设计新型的课堂和新的学习模式并没有很明确的认识,导致"新技术,老课堂",很难起到真正的作用。因此,提升职业院校教师的信息化教学理念也是非常重要的环节之一。

经过调查分析可发现,教师自身的信息化技术应用能力并不乐观,主要表现在不能熟练地使用相关信息化教育技术。具体数据分析显示,计算机操作系统的熟练度为68%,办公软件的熟练度为57%,相关教学软件的熟练度为36%,利用网络资源搜索及下载资料的熟练度为78%,自主开发及设计教学资源的可能性为18%。在信息化教学环境中使用更多的是文本和图片,其次是动画、视频和音频。

(二)职业院校教师信息化教学能力提升情况分析

经过实地抽样调查发现,当前职业院校教师的信息化教学实施效果并不理想,信息化教学能力还有待提升,具体表现在以下几个方面。

一是学校的信息化建设基础不够完善、不平衡,地区差别较大。好的职业院校早已建成"信息高速公路",并且开发了大量的教学资源,陆续建成智慧校园。但就总体情况而言,职业院校为教师提供的计算机及网络设施满意度为85%,为学生提供的计算机及网络基础设施满意度为76%,还有提升的空间。

二是提升途径比较单一,缺乏系统性和跟踪性。教师主要通过网络课程自学和学校组织的比较零碎的培训进行学习,极个别的教师有机会参加高层次的信息化培训,且缺乏学习反馈及辐射影响,还有少数教师无任何培训和学习经历。大部分教师最常用的还是办公自动化软件和一些常规网站,对新软件及设备接触较少。同时,因为日常工作量大,对信息化教学缺乏时间和精力进行钻研和学习。

由以上现状分析可得,职业院校教师虽在主观意识上有运用信息化教学资源的愿望,但受个人条件限制及学习环境、学习条件的不同,在实际使用中存在明显的差异。因此,有必要开展信息化教学能力培养的有效性研究,为信息化教学提供强有力的支持。

二 职业院校教师信息化教学能力的培养目标

要实现教育的信息化,就要重视培养富有信息化教学能力的教师,从信息化的硬件和软件支持到信息化素养教育,以及教学手段、方法和教学目标上都需要有相应的培养。要重点培养新形势信息化环境下学习的习惯和能力,实现专业教学和信息技术的最优整合。通过培养,教师能够运用相关软件开发动画、仿真课件;创建网络空间学习平台,开发教学资源库,利用信息化手段开展有效教学,提高教育教学质量;通过移动APP实时与学生进行交流与互动,指导学生学习,提高学生的学习效果;适时获取相关专业的最新技术、方法、理论,整合到教学内容中,传授给学生。

三 职业院校教师信息化教学能力的培养对策

通过对职业院校教师现阶段信息化教学能力的现状分析,针对存在的问题和不足,得出职业院校教师信息化教学不仅需要良好的教学环境及合理的外部机制,更应该全面激发教师的主观能动性,从根本上提升教师的信息化教学能力。

(一) 制定政策制度,建立长效机制

教师信息化能力的培养是信息化教学的重要内容,需要学校的支持和引领,通过制定和完善相关的政策制度,对教师信息化能力的提升进行整体把控,并确保其科学性和长效性,做到分工明确,责任明确。作为教育主管部门,就认真贯彻落实《国家职业教育改革实施方案》,在制定职业教育教师标准的同时,制定职业教育教师信息化能力标准,用标准引领教师发展。

(二) 开展信息化培训,强化能力培养

以校本培训为主,结合研修、省、市、国培项目,提升教师的信息化教学能力。根据培训对象的特征,选择适合的培训方式及培训内容,具体培训内容包括信息化教学理念和信息化教学技术两大层面。将信息技术与具体的课程案例相结合进行有针对性的培训,在每个阶段要进行相关的考核和学习过程评价,以检验培训的学习效果。

(三) 以赛促教促改,拓展培训平台

近年来,国家、省、市各级教育行政部门,为促进教师信息化能力的提升,开展了各级各类教学信息化大赛。实践证明,参加信息化教学比赛是促进教师专业成长的高效手段。有助于教师在比赛中吸取经验和教训,学习各种先进理念和技术。因此,职业院校应以比赛为平台,引导教师以赛促教、促研、促改,交流经验,共享资源,扩大比赛影响力,发挥其辐射效应。

总之,随着信息化技术的高速发展,对教师的信息化教学能力也提出了新的要求。所以,职业院校必须建立新时期的教育教学理念,重视教师的信息化教学能力的培养,这对于提升教师的信息化素养和专业能力、促进教师深入开展教学各环节的教学改革和培养创新型人才发挥着重要作用。同时,也需要教师自觉地进行信息化教学能力的学习,实现教师从"被动参与"到"主动创新"的转变,从而促进职校在信息化教学领域的可持续发展。

第六辑

学生本位与素质教育

树立正确的学生观是职业教育健康发展的前提

我认为,如何看待我们的学生,是职业教育的一个根本问题。学校工作的一切谬误,职校教师的一切困惑,都和这个问题有关。这个问题解决好了,我们的教育教学就已经迈上了成功的大道。

社会上对职校生有很多议论,说得好听一点的,是这些孩子学习不好,说得难听的,认为中职学校的学生就是"垃圾"。我觉得,社会上的这些议论丝毫也不奇怪。我国传统文化中有一些根深蒂固的东西,是很难从根本上改变的。比如,"学而优则仕""十年寒窗无人问,一举成名天下知""人往高处走,水往低处流""劳心者治人,劳力者治于人""望子成龙",等等。在这样的文化背景下,封建社会就有了科举制度,当代社会就有了高考制度。把孩子培养成为高材生、名牌大学毕业生,就成为社会共有的价值取向和所有学生及家长的共同追求。

黑格尔哲学认为,凡存在的都有其合理性。有不少学者对黑格尔哲学的这一论点进行研究辨析。有的学者认为,黑格尔的这一观点没有错误,错误在于我们的翻译有问题。准确的翻译应该是"存在的就是符合天地之理的",而不是我们通常所理解的"合情合理"。因此,进一步分析,符合"天地之理",不一定符合"人伦之理"。我认为,对职校生的看法就是一个比较典型的例子。

职校生有着种种的不足,这是无法否认的客观事实。但是,把职校生比作"垃圾",看成是失败者,则有悖于"人伦之理"。每个人生来平等,都有追求自由和幸福的权利。这些权利神圣不可侵犯。这是西方发达国家文化的核心,这些发达国家的民主政治、价值理念以及文化思维都是从这一点出发的。人为地把人分为三六九等,是封建社会文化的糟粕。从这个视角看问题,我可以断言,没有人可以以任何理由歧视、忽视、漠视职校生这一个庞大的群体。

有一个问题我们必须加以正视和认真思考:职校生今天的这种地位和状况,是谁造成的?应该对他们的今天负责的是职校生自己吗?

孩子从出生到上幼儿园之前，基本上是由父母（当然还有爷爷奶奶等）来呵护的，从上幼儿园开始，他们就较为广泛地接触到了教育和社会。上了小学，家庭以外的力量就变得强大起来。到了初中，家长的作用就微乎其微了，孩子的教育基本上交给学校和社会了。在这样一个过程中，孩子犹如小树，自身固然有成长的力量，但风雨雷电、水分营养、通风采光、周边环境等无不对小树的生长起着至关重要的作用。荀子说的"蓬生麻中，不扶而直；白沙在涅，与之俱黑。"就是这个道理。进一步说，同样是一棵小树，这棵小树是出现在西北荒漠还是出现在江南水乡，成长的过程是一样的吗？成长的过程是小树自身能决定的吗？

因此，我对职校生的成长经历充满了悲悯的情怀。非常遗憾、非常令人痛心的是，就是我们这些从事职业教育的人，也有不少对职校生是失去信心、失去耐心、失去同情心的。如果连我们对职校生都采取了放弃的态度，职校生就真的没有任何希望了。

正是从这个视角看问题，我认为，所有的职教工作者都应该有一种高度的责任感和庄严的使命感。在我看来，我们这些人是所有职校生能否走上幸福人生路的重要他人。

我们不要过多地去批评应试教育的问题，也不要过多地批评基础教育的功利和狭隘，我们要考虑、要面对、要解决的，是职校生走进了我们的生活，我们应该怎么办？是对他们丧失自信、迷失方向听之任之，还是承担起我们的使命？这是每一位职校教师必须思考的问题。

高校辅导员应"情系学生成长"

近日,江苏某高职院因"强迫学生将条件较好宿舍腾给留学生住",引起一场风波,在网上传得沸沸扬扬。引发这场风波的导火索是该校的一名辅导员在要求学生搬宿舍时与学生发生冲突。这位辅导员声称"我在执法""这房子是谁的呢?是你的吗?这房子是学校的!""先搬再谈,就这么简单"。

新华网、中国新闻网、凤凰网、腾讯网等11家媒体对这个事件进行了报道。事件被曝光后,该校学生处及党委宣传部都作出积极回应。据说,目前学生均已搬离宿舍。事件虽然已经平息,但值得反思之处甚多。

学校根据需要对学生宿舍作一些必要的调整,原本是一件极其正常的工作。为什么此事会引起如此大的舆论关注?对于这个问题的回答,见仁见智。我注意到,各家媒体报道后面都有一些跟帖或分析评论,大部分观点聚焦在不能"崇洋媚外"这一点上,对此,我不敢苟同。

我认为,无论是为了管理的方便,还是为了把条件好一些的宿舍调整给留学生,都是无可非议的。留学生来自异国他乡,远来是客,"拿出最好的东西招待客人",不是我国各民族的传统习惯和美德吗?这和崇洋媚外扯得上关系吗?在我看来,宿舍调整不是问题,而该校个别辅导员把学生放在对立面并当作"执法对象"的那种居高临下、颐指气使的态度,才是激怒学生、酿成舆情热点的关键。

高校辅导员是干什么的?中央文件说得清清楚楚。中共中央在《关于进一步加强和改进大学生思想政治教育的意见》(中发〔2004〕16号)中明确指出:"辅导员、班主任是大学生思想政治教育的骨干力量,辅导员按照党委的部署有针对性地开展思想政治教育活动,班主任负有在思想、学习和生活等方面指导学生的职责""要采取有力措施,着力建设一支高水平的辅导员、班主任队伍。院(系)的每个年级都要按适当比例配备一定数量的专职辅导员,每个班级都要配备一名兼职班主任,鼓励优秀教师兼任班主任工作。辅导员、班主任工作在大学生思想政治教育第一线,任务繁重,责任重大"。为了促进高校辅导员队伍专业化、职业化发展,教育部还专门制定了《高校辅导员誓词》,全文如下:

> 我志愿成为一名高校辅导员,
> 拥护党的领导,献身教育事业,
> 恪守职业规范,提升专业素养,
> 情系学生成长,做好良师益友。
> 为培养社会主义合格建设者和可靠接班人而努力奋斗!

认真学习中央文件和《高校辅导员誓词》,我的体会是:高校辅导员应该是工作在一线的、做学生思想政治工作的中坚力量,应该成为学生健康成长的重要他人。对照中央文件和《高校辅导员誓词》对高校辅导员的要求和期望,该校个别辅导员的政治素质和做思想政治工作的能力可谓相差甚远了。

高校的思想政治工作,既需要"深入",更需要"细致"。类似宿舍调整这样的事情,学生有些不满情绪是十分正常的,也是可以理解的,但只要做好深入细致的思想工作,绝大多数学生都是通情达理的,是理解学校、配合教师的。正如毛泽东在"文革"期间说过的一句话:"讲明政策,多数人是能够接受的。"

辅导员要树立师生平等、真诚相待的观念。作为与学生联系与交流最多的管理者与服务者,辅导员应该及时转变传统的教育与管理理念,强化服务意识,积极与学生沟通,并主动关心和了解学生,准确把握学生思想动态,用一种肯定与鼓励的方式与学生平等交流,营造良好和谐的人际交往环境,从而拉近辅导员与学生之间的距离,让学生感受到辅导员老师的平易近人与和蔼可亲,并逐步认可和接受辅导员,敢于向其倾诉学习和生活中的困惑。辅导员应该用真诚和关心打动学生,并以实际行动证明其对学生的关心和爱护,最终获得学生的尊重与欢迎。

"亡羊补牢,未为晚也。"希望江苏某高职院能够正视问题的实质,采取有效措施,切实加强辅导员队伍建设。高校辅导员也应该重温"誓词",真正做到"情系学生成长,做好良师益友"。倘能如此,"坏事变好事""腾宿舍"风波即可成为提高辅导员队伍思想政治工作水平的一次良机。

3 应该认真对待学生的权利

因公出差去某职校,发现学校里学生不多,校方说,部分学生都到街上值勤去了。原来该校所在的城市正在迎接全国文明卫生城市的验收,不少学生参与其中,帮助交警维持交通秩序。从宾馆乘车去学校的路上,每到一个路口,校领导都会很自豪地指着路边的值勤人员说,"看,穿黄色雨衣的都是我们的学生"。那天正是雨雪天气,我看着雨雪中的学生感到莫名的心疼。我问,学生有报酬吗?答曰,管一顿盒饭,其他没有。我又问,有替班吗,是不是两三个小时一轮换?答曰,不是的,没有替班,一站一天。问到这里,我就不仅是心疼学生了,一种为学生鸣不平的感觉油然而生。

"城市是我家,爱护靠大家",创建文明卫生城市,包括学生在内的市民都有一份责任和义务,这些道理我当然懂。学生利用课余时间,参加一些公益活动,不仅是应该的,也是必须的。但是,如果为了"创建",让学生停课去站岗执勤,这样的做法有可能对"公"有"益",但对学生来说就是折腾了。

创建文明卫生城市,为啥折腾学校?折腾学校为啥不折腾普通高中?普通高中生学习文化基础知识比职校生学习专业知识更重要吗?职业学校为什么毫无抵触地予以配合?职校生如果不愿意参加,算不算违纪?职校生在教室里上课的权利如何得到保障?学生对自己上课的权利难道没有维权意识吗?校方不断提起学生值勤的事,一致的说法是,这是锻炼学生的好机会。看看周围的人都是这样的观点,我的一连串问号显得有些另类了。

事情过去了多天,学生在雨雪中值勤的画面依然在我的脑海里晃动。看来我那一连串的问号并没有解决。巧合的是,我正在读着张康桥写的《在教育家的智慧里呼吸》,书中说了两个故事正好和我的疑问对上号了。

一个故事是:2011年11月,香港演员梁朝伟访问复旦大学,武警班35名学员被学校团委叫去维持秩序,哲学系教授张庆熊去上课时发现教室里空荡荡的,而且学校团委没有经过教务处或哲学学院的同意。于是,他发表文章感慨学风日下。媒体评论也把矛头对准学生,批评学生"热衷于修炼表面功夫,忘了做学生的根本"。写到这里,张康桥认为,媒体批评的方向不恰当,他说:"我们需要探究学校团委为什么有权调动武警班学员?如果学校团委经过教务处或哲学学院领导的同意,就可以让学员不去上课而做与娱乐相关的事情吗?"

  另一个故事是:曾经有一位领导人访问港大,学校里拉起了警戒线,有个别港大学生因过了"禁区线"而被保安人员控制。学生们认为,港大的空间本来就是公共的,画警戒线已经侵犯了他们的权利,现在还抓人,这让学生们更愤怒。在校学生发起抗议活动,千名学生发起联署活动提出两项要求:一是要求警务处处长下台,二是敦促港大校方公开道歉。港大校长自费在报纸上刊发声明,向学生一再道歉,并保证不再侵犯学生的各项权利。学生看在校长的面子上才停止抗议活动,这场风波才逐渐得以平息。

  这两个小故事引起了我的强烈共鸣。正如张康桥在书中所说:"上课是学生的基本权利,任何人或机构,包括教务处、院部和团委,均无权要求学生不去上课而从事与娱乐相关的活动。学生、老师与管理者是平等的,任何一方的权益受到了侵犯,都可以用行动表达自己的观点,通过理性交流的方式和平解决问题"。

  反观职业学校现状,疑似侵犯学生权利的事情真可谓多了去了。如,不准学生将手机带进教室,不准学生到行政办公楼打开水、使用卫生间,不准学生购买校外食品,不准学生染发、染指甲,晚自习期间不准学生去卫生间,不准学生使用学校无线网络,不准学生在教室内吃零食,不准学生将食堂的饭菜带回宿舍吃,包干卫生区不打扫干净不许上课,不穿运动鞋不准进入运动场……应该如何看待上述学校的"不准"?我的看法是:

  1. 所有的"不准"其出发点都可能是为了"教育"学生,即我们通常所说的养成教育、行为习惯教育。毋庸置疑,对学生进行养成教育或培养学生的行为习惯都是十分必要的。但我们不要忘了一个基本原则:在学校里,校长与学生、教师与学生在人格上是处于平等地位的。因此,对学生人格的尊重是一切教育的前提。丢掉了这一基本原则,学校的一切举措也就同时失去了教育的味道,丧失了教育的功能。

  2. 强调教育的平等性、民主性并非否定学校的管理,更不是否定学校的规章制度。相反,教育的平等性和民主性必须通过一定的制度和规则加以保障。因此,制定一系列的校规校纪本是学校管理的应有之义。但校规校纪应该从尊重学生的立场出发,把学生放在学校重要成员的位置上与之对话、协商。对话的目的在于用教育的纯洁性、崇高性影响学生,从而达成共识。

  3. "不准"的背后潜伏着对学生权利的忽视和漠视。事实上,学生尚未入校,我们就已经把学生放在"管理对象"的位置上了。于是,各种管理制度、管理办法、管理条例也就顺理成章地预先制定好了。学生以"管理对象"的身份进校后,也就只有服从、听从的份了。所谓"权利"是绝大多数学生想都没想过的事。在这样的格局中,学校的一切管理措施无不是正确的。当一方是绝对正确的时候,学校的平等性、民主性、自由性、开放性也就荡然无存了。

  4. 学校举着教育的旗帜,行使着管理的权利。旗帜上赫然写着:一切为了学生,为了一切学生,为了学生的一切。学生在权利被剥夺的同时,还要感谢学校为他们所做的一切。试问,这样的教育模式能培养出阳光自信的学生吗?能培养出复合型、发展型、创新型的技术技能人才吗?

5. 学生的权利被剥夺而不自知,是管理的成功而不是教育的成果。遥想古时的孔子办学、稷下学宫、汉代太学乃至民国教育,留下了无数宝贵的教育财富,如因材施教、有教无类、相互对话、百家争鸣、大师辈出、师生和睦、教育家办学、学生担当民族复兴重任等。近代教育家如蔡元培、陶行知、黄炎培、晏阳初等,他们的教育理念和教育思想拿到今天来看,依然没有过时,或者反过来说,当前在职教领域里大力推行的教学做合一、理实一体化教学、工学结合、校企合作等,都是在践行他们的教育思想,而不是什么创新和超越。作为职业教育工作者,如何在继承前人教育思想的基础上,结合今天职业教育的实际情况,有所创新、有所创造?对此,我们不应该感到任重而道远吗?

从学生上街执勤联想到学生权利和职业教育的创新与发展,似乎有点小题大做了。然而教育无小事,从这个意义上说,对教育领域中的小题"大做"一下,或许不是什么坏事吧。

4 大学校长给学生讲话不应哗众取宠

大学校长给新生(或毕业生)讲话本来是一件普普通通的"公事",但因为特殊的身份、特殊的听众、特殊的背景,使得其成为公众媒体竞相追逐报道的对象。

我一直以为,无论是开学典礼还是毕业典礼,校长(不单单是大学)讲话是对学生进行教育施加影响的良好契机。其实不仅是校长讲话,开学或毕业典礼本身就是一种庄重的仪式,本身就应该有教育意义。因此,校长的讲话备受关注也是在情理之中的。

我读书有限,见识鄙陋,但在我读过的少量教育书籍中,一大批著名的校长在开学或毕业典礼上的讲话都成为重要的教育文献,如,比较早的有梅贻琦、蔡元培、张伯苓、经亨颐、陈鹤琴、胡适、陶行知等,改革开放后的有杨叔子、顾明远、周之良、朱小曼、杨玉良、黄达人……可谓不胜枚举。近年来,由于网络信息的发达,一些校长的精彩讲话一夜之间"爆红"的也不是个位数了。如原华中科技大学校长李培根被学生亲切地称为"根叔",他给学生讲话时,常常多次被学生发自内心的掌声打断。据说在 2010 年的一次讲话中,全场 7 000 多名学生自发起立,齐声高喊"根叔!根叔!"

为什么"根叔"的讲话如此受学生欢迎?或者可以反过来问,学生究竟喜欢什么样的讲话?我读了"根叔"的讲话稿,发现了其中的奥秘:学生乐于接受的校长讲话是接地气而不是高高在上的,是幽默风趣而不是板着面孔的,是寓意深刻而不是说教的,是激励人心而不是空喊口号的,是直面问题而不是粉饰现实的,是关爱学生生活而不是空谈理想抱负的……

浏览近年来的校长讲话,总体来说质量上乘。但其中也有少数校长的讲话令人不敢恭维。"幸福的家庭都是相似的,不幸的家庭各有各的不幸",托尔斯泰的这句名言用在评价校长讲话上也是能说得通的。我以为,不成功的校长讲话大约可以归为三类:

第一类,不温不火,不疼不痒,说得全是正确的废话。这类讲话"没有温度",不去议论也罢。

第二类,为了轰动效应和吸引眼球,刻意地追求"语不惊人死不休",如"大学的专业 90%

是没用的,大学生谈恋爱90%是不成功的""在大学期间,你一定要做几件事……谈一次恋爱"等都属于这一类。这类讲话虽然有了一定的"温度",但由于没有把握好"尺度",尽管可以一时引起轰动,但终究经不起仔细推敲和历史考验。

什么是"尺度"？我的理解是,"尺度"就是"分寸感","分寸感"就是讲话人既要力求"精彩",又要符合自己的身份;既要力求"掷地有声",也要牢记自己的职责。"大学专业90%是没用的",这或许不是一个假问题,但问题的另一面是,不能因为将来用不上就否定当下学好专业的必要性。更何况"有用"和"没用"本身也是需要辩证理解和看待的。抓住一点,不计其余,大有哗众取宠之嫌。

比如,同样是谈论大学生的恋爱问题,四川电子科大校长李言荣在2014级新生开学典礼上讲的一番话就比较得体,他说,他看到了同学们的"我的大学·我的梦"感到很激动,然而唯独没有一个同学提到"爱情梦",这让他感到很意外,他说:"其实大学中的爱情也是很美好的。"

再比如,同样的侃谈大学生的爱情,如果是教师代表而非校长,就可以适当轻松一些、活泼一些。2016年厦门大学举行2016届毕业典礼,教师代表邹振东的讲话在网络上"走红"。他说:"当我离开这一所大学时,我可以带走什么？你会发现:你校园带不走,食堂带不走,图书馆带不走,实验室带不走,老师带不走,小师妹你带不走——哦,这个好像可以——无论是小师妹,还是小鲜肉,好像都不算厦门大学的固定资产,唯一的麻烦就是,你可能需要等一两年才能把她(他)带走。"讲到这里,学生报以热烈的掌声。作为教师代表,邹振东在语重心长的讲话中融入了适度调侃,活跃了会场气氛,"尺度"的把握也刚刚好。

第三类,一味地迎合学生,取悦学生,与此同时,却丢掉了"引领""激励""鞭策"这些大学校长讲话应有的蕴涵,如"这不得不提醒××校区的广大男生,如果有相中的学姐,可以考虑抢先下手"。我不知道,作为大学校长,在开学典礼上如此起劲地鼓励新生要对看中的"学姐""先下手",其用意何在？意义何在？目的何在？这类讲话失之于缺乏"高度"。

值得玩味的是,"根叔"和这位鼓励新生对学姐"先下手"的校长都是非常了解学生的。如前者在讲话中使用的"俯卧撑""躲猫猫""打酱油""妈妈喊你回家吃饭""蜗居""蚁族""被就业""被坚强"等,学生听后感觉十分亲切。后者为了准备讲话稿,还专门进行了大量的调查研究工作,取得了不少第一手资料,如哪位新生的年龄最小、哪位学生的个头最高等。两相对比,我感到,前者了解的是学生的生活以及他们的内心世界,而后者要的是"数据"、是"讲话资料",因而目的不同、高下不同、境界不同。

由此可见,校长的讲话成功与否不在于掌握多少"资料",更不在于有多少"噱头",而在于既要有生活的温度,也要有生命的高度;既要有符合校长身份的"尺度",也要有引领学生精神生活的"深度"。

期待更多的校长讲话成为引领学生成长的"指南针",当然,前提是校长首先要成为学生成长的"引路人"。

职业学校教学领域几个问题的辨析

当前,在职业教育领域,有很多说法、很多理念、很多模式,常常令我们莫衷一是。对这些说法、理念、模式不弄清楚,我们极有可能人云亦云,顺大流,我们的头脑就变成了别人的跑马场。此类问题不可能一一列举,议论几个比较流行的说法,就教于各位同仁。

一 是先学后教,还是先教后学?

几乎所有的家长都希望孩子能遇到好老师,这个愿望背后有个东西,就是希望老师教得好,这就等于把孩子是否能学好建立在老师是否能教得好上面。从教学改革的角度看,家长的这种看法是有问题的。从教与学的关系角度看,家长的愿望是没有问题的。因为家长看老师教得好与不好,不是检查教师的教案讲稿,而是看自己的孩子有没有进步和变化,有没有愉快、健康地成长。于是,在教得好、学得好等方面便出现了很多理论、很多说法。比如,"先学后教""教是为了不教""教学做合一"等。

先学后教,还是先教后学?教是为了不教是唯一的真理吗?"教学做合一"适用每个专业、每门学科、每个学生吗?所有这些说法都要因人而异、因时而异、因地而异、因教学内容而异。笔者以"先学后教"为例加以分析。

通常意义上说,先学,是让学生自己先学习教学内容。在这里,值得注意的是,学生自己学习和学生自主学习是两个不同的概念。自己学习是一种本能,自主学习是一种本领。我们要做的首先是培养学生自己学习的习惯,然后是培养学生自主学习的能力。

反观我们的教育,不仅让学生丧失了自主学习的可能,还把自己学习的兴趣给弄没了。在这种情况下,贸然地提出要学生自主学习,先学后教,肯定达不到预想的效果。打个比方,学生处在沉睡的状态,这个时候你让他开始走路,他肯定迷迷瞪瞪、一脸茫然。要先把他叫醒,等他回过神来,再扶他坐起来,穿衣服、下床穿鞋子,然后才能慢慢开始走。

因此,笔者对这个问题的回答是:一般情况下,一门课程开始的时候,应该是先教后学。

这个时候的先教,不是纯粹地教,而是在教的过程中,渗透自主学习的方法、自主学习的能力,同时鼓励学生预习。等到学生预习成为习惯,并开始掌握一些学习方法后,再逐步地由"先教后学"向"先学后教"过渡。

教师要有这个意识,而且这个意识要贯穿教学过程的始终。因为在整个学习过程中,先教后学和先学后教,不是清晰的两个阶段,而是反复交替的。交替的频率也是因人而异的。对个别学生来说,极有可能就是两个很清晰的阶段。对大部分学生来说,是需要反复交替的,比如,通常情况下,在同一门课当中,当开始学习一个新的单元或新的项目时,总是要先教后学的,所以这种交替不是一次就可以完成的。对少数学生来说,即使是同一个单元或同一个项目,也有可能要反复多次。

在日常生活和工作中,同一件事情或同一项工作,总有上手快和上手慢的,这是很正常的。而且,一个人在这一件事情或一个项目上上手快的,在另外一件事情或一个项目上未必就上手快,反之亦然。比如,有的人学跳舞非常轻松,看看别人怎么跳的,跟着模仿就学会了;而有的人即使有老师带着跳,也学得很费劲。假如换一个项目,比如学开车,这两个人的情况就有可能倒过来了。因此,笔者认为,先学后教还是先教后学一定是因人而异的。

二 凡是要求学生做到的,教师首先要带头做到、做好

笔者认为,这句话是无比正确的。陶行知的"学高为师,身正为范"大家耳熟能详。多数教师都是否做到了呢?笔者的回答是否定的。

对于普通教师而言,教育说到底是一个人影响一群人的关系。教师的"学高为师,身正为范"在德育工作中尤其重要。德育即育德,育人者首先要育己。孔子说:"其身正,不令而行;其身不正,虽令不从。"从这个视角看,中职学校的德育常常令人失望:学校禁止学生抽烟,有的教师却在教学区内吞云吐雾;学校开展"拒绝脏话"的主题教育活动,有的教师却出口成"脏";学校提倡做一个遵守社会公德的人,有的教师却鼓励学生去校外翻印考证教材。有个学生告诉我,他们在考试时,两个监考教师不停地聊天,虽然声音不大,但坐在第一排的她,受到了严重干扰。如此等等,不胜枚举。

德育,要使学生将外化的教育内化为情感体验,内化为自身素养,还有很长的路要走。当务之急,恐怕是先要有一支能够胜任德育工作的教师队伍才行。一个好老师可以影响学生一生,提高德育成效,教师的品质和人格乃是第一要义。生命影响生命,人格铸就人格,此言不虚也。

上述内容说的是德育领域,在职业学校的教学领域也是如此。在教学活动中,教师和学生的关系是一一对应的。如,学生要认真预习,教师要充分备课;在课堂上,学生要积极思维,教师要充满激情和智慧;课后,学生要巩固所学知识,教师要反思教学过程的得与失;学生要打好文化基础,增强人文底蕴,教师要博览群书,尽可能做到"给学生一碗水,自己要有一潭水";学生要发展兴趣爱好,教师要做到情趣高雅;我们要求学生要不断增强自主学习的

能力,教师则要"授之以鱼不如授之以渔"……当我们说"凡是要求学生做到的,教师首先要带头做到、做好"的时候,我们不妨扪心自问,我们是否做到了与学生一一对应的那些方面。

三 是培养学生,还是影响学生?

我们习惯说"要把学生培养成……"这样的说法对不对?

我们的培养措施,的确对学生有影响作用,但从根本上来说,学生能够、可能、愿意成为什么样的人,根本就不是我们能左右的。我们的作用在于加强对话,施加影响。笔者认为,什么时候教师能够认识到,在培养学生方面我们所能做的工作是有限的,在影响学生方面我们所能发挥的作用是无限的,我们的教育就有希望了。

我们的一切工作都是为了影响学生,让学生成为一个好人、好公民、好职工。检验的标准也很简单:家庭中有了他,多了一分亲情和温暖;社会中有了他,多了一个安定、文明的个体;工作中有了他,多了一分积极向上的力量。

四 关于教的有效性

有效教学,是我们常说的一句话。但是怎样理解有效教学,可能就各有各的看法了。因此,对有效教学有必要进一步追问:什么样的教学是有效教学?判断的标准是什么?这两个问题不搞清楚,我们追求有效教学很有可能最终得到的是"有害教学"。

笔者对上面两个问题的回答是:能够促进学生的学,这样的教学就是有效教学;判断的标准也是看学生的学是否有了进步。

这样回答是否过于简单了?是的,问题的确没有这么简单。仔细分析一下,可探究的问题很多。比如,"促进学生的学"就是一个很笼统的说法。是短期促进,还是长期促进?是短效的,还是长效的?

先说短效促进。对一部分学生来说,教师通过高压手段、逼迫手段、强制手段等,也可以在短期内促进学生的学。对另一部分学生来说,教师的循循善诱、动之以情、晓之以理,也可以达到同样的效果。很显然,前者的促进是短期行为,后者的促进,有利于学生学得更多、更快、更好。

再说长效促进。长效促进是教育的理想状态和最高境界,并不是每个教师都能达到的。但我们要有一种"虽不能至心向往之"的心态。也就是说,要朝着这个方向坚持不懈地努力。通过教师的教,要努力让学生学会学习,学会方法,动力更强,兴趣更浓,方向更明。

值得警惕的是,短效可以迅速见效,但如果是牺牲长效为代价,那么,这个代价我们是付不起的。总的来说,所有教育问题都不能追求速效,教育学者张文质说"教育是慢的艺术",笔者信然。

文化基础课教学与职业素质养成教育
——以物理教学为例

五年制高职招生的对象是初中毕业生,学生的年龄普遍较小,独立意识差,在填报志愿时带有一定的盲目性。据调查,有60%以上的专业志愿是根据家长和老师的意见填写的,即便是学生的志愿,也可能是一时的兴趣。这个年龄段的学生可塑性非常大。入学后,他们的专业思想很不稳定,在同学之间交流比较中,或者看到一些对职业的不利因素后(尤其是艰苦行业),都有可能对自己的专业失去信心。因此,在第一学年,学生要求调专业的情况很多。如何在物理教学中帮助学生树立正确的职业思想、培养良好的职业兴趣和职业道德、调动学生的学习积极性,是每一位物理老师面临的一个新问题。

一 在教学内容安排上,突出重点,贴近专业

物理课作为五年制高职的一门公共基础课程,其教学目的是提高学生的科学文化素质,为学生在校期间学习后续课程作好储备,为学生终身学习打下基础。为了达到这一教学目的,物理课老师既要吃透教材内容,熟悉与掌握课程的深度和广度,具有全面的实验技能,同时还要加强与专业教师之间的沟通与联系,熟悉整个专业的课程体系和培养目标。这样,在编制授课计划时,就能根据专业需要,有的放矢,突出重点。如:建筑、岩土类专业重点应放在力学上,电子、计算机类专业重点应放在电学上,测绘类专业重点应放在光学上,暖通类专业重点放在热学上。在物理课和专业课之间实现知识的整合与迁移,从基础课开始有意识地灌输和培养学生的职业思想。

二 在教学活动中,适时将物理知识向专业技术延伸,帮助学生巩固职业思想

五年制高职教育是培养面向一线的高级专门人才和高素质劳动者,这对在教学过程中起主导作用的教师提出了更高的要求。作为物理课教师不仅要有较高的知识文化素质,还要具有一定的业务技能素质。要主动参与各专业的教研活动和专业建设,了解相关职业知

识,在物理教学中挖掘与职业有关的各种要素,不失时机地对学生进行启发、引导与教育,激发学生探求职业知识的兴趣。例如:针对建筑工程专业,在讲授常见的三种力的时候,告诉学生这三种力在进行房屋设计时是非常重要的力学指标,设计人员要进行精确的计算和分析。和我们研究物理规律一样,把一幢房子看成是一个物体,它所受的重力(G)就是构建这幢房屋的所有建筑材料重量的总和(发动学生进行社会调查,计算某一建筑物的建筑材料总重量)。房屋是建在地面上的,地面对房屋的支持力就是弹力(N)。当地面的极限弹力小于房屋的重量时,房屋就要下沉,或者产生不均匀沉降使房屋倾斜。设计人员为了解决上述问题,就要对地基进行处理,把一根根水泥桩打(或浇灌)到地下深处,每一根桩与其周围的土层都有一定的摩擦力(F),其最大静摩擦力的大小可通过在桩头上加荷载试验获得(即使桩开始向下滑动时的荷载)。如果把所有桩的最大静摩擦力加起来再加上地面的最大支持力大于房屋的总重量,且受力均匀,这时就能保持房屋的相对稳定,实现力的平衡(当然房屋设计并非如此简单)。这样,把物理上抽象的知识与实际应用结合起来,老师讲得有血有肉,学生听得津津有味。又如,在给国土资源调查专业讲授磁学内容时,可向学生介绍一下罗盘(指南针)寻找地下矿产资源的原理。我们人类居住的地球是一个大磁体,实验室里用的小磁针以及地质人员找矿用的罗盘,在地磁场的作用下,沿着磁力线方向一端指向南极,一端指向北极。经过配重后,磁针保持水平状态。当地下埋藏铁、镍等矿产资源时,就会对磁针产生作用力而使磁针偏向矿体,失去指向功能,经过多个位置反复测试,就可以圈定矿床的范围和形态特征。虽然这些都是一些浅显的知识,然而留给学生的是一些悬念,从而激发学生的好奇心和求知欲。

三 在实验教学中,培养学生的创新精神和职业动手能力

物理实验不仅是验证物理规律,提供物理学研究的事实材料,还是培养学生动手能力和创造性思维的重要途径。教师要创造条件让学生多做实验,在实验中充分让学生动脑、动口、动手。有些实验,可由老师提供实验项目,安排学生自行组织实验小组,自行设计一个或多个实验方案。学生在接到任务后就要查阅必要的资料,写出实验方案,列出实验所需器材、设备。实验方案经过老师初审后,再安排学生自己挑选实验器材,自己制作部分实验器材。老师在确保实验安全的情况下,让学生自行组织实施实验方案。学生在全过程参与中,把动手和动脑结合起来,锻炼和培养学生的创新能力和职业能力,使学生在相对独立的实验中体会到艰辛与愉悦,在分析、比较中找出事物的本质属性,加深对物理规律的理解。例如在做楞次定律实验前,要求学生每人找一块永久磁铁,再收集一只日光灯上报废的镇流器,取出里面的漆包线,按要求自制一只线圈,以备实验用。这样让学生积极参与到实验教学中,学生就有一种成就感,既培养了学生做实验的兴趣,提高教学效果,又能减少实验消耗。又如在做使用导电纸法(或薄层电解液法)描绘静电场实验时,针对国土资源调查专业的特点,提出补充要求:(1)学会测量电场强度($E=U/d$,设 $d=1$ cm,$AA'=30$ cm);(2)测量供

电电极 AA′连线中间 1/3 段各点电场强度;(3) 在 AA′中间正下方放一块铜板测量 AA′连线中间 1/3 段各点电场强度;(4) 在 AA′中间正下方裁下一块矩形导电纸测量 AA′连线中间 1/3 段各点电场强度。把以上三种测量结果绘制成曲线,并进行比较、分析。如示意图(图 6-1):

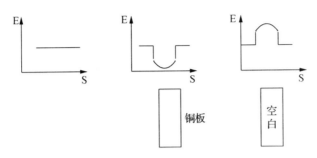

图 6-1 电场强度测量示意图

这是地球物理方法找矿的模拟实验,学生在分析比较中认识到,借助科学方法,从地表能看到地下地质情况并不是一句神话,从而进一步增强了自己的职业自信心和使命感。再如做用单摆测定重力加速度实验前,请学生思考除单摆以外的其他测量方法。学生按照老师的布置,有的到网上搜索资料,有的到图书馆查询资料,有的到新华书店收集资料。很快得出多种方案,通过酝酿、讨论,最后提出另外两种测量方法。然后让学生分别做这三种测量方法,并比较实验结果,分析误差,评价实验方法。整个过程不仅培养了学生独立从事某项工作能力和做实验的兴趣,而且也培养了学生的灵活运用所学知识解决问题的能力、实验创新能力、阅读工具书的能力以及网络应用等能力。

四 开展第二课堂,激发学生的职业兴趣

物理课教师在完成教学大纲所要求的教学任务外,可根据各专业特点开展融知识性、娱乐性于一体的第二课堂,以弥补课堂教学的不足,拓展学生的知识面,开发学生知识潜能,培养学生的实践能力和工作能力,继而促进课堂所学知识的巩固和提高,提高学生的综合素质。例如在应用电子专业组织兴趣小组,指导学生在课余时间,运用已学过的电阻的串、并联知识,自制万用表,根据已学过的电磁感应原理,自备材料制作一只耳机。通过这些小制作来培养学生的兴趣。又如电学学完后,笔者组织国土资源调查专业的学生开展了一次"探雷"游戏,要求学生运用已学知识自制"探测仪",能找到在某一区域内埋设的多块"地雷"(磁铁),学生的热情非常高,有的想到用电磁感应实验装置,有的想到用磁针,有的想到运用电场强度测量方法。通过这样的活动,学生知识得到了升华。

总之,在高职物理教学中,只要老师充分利用物理教学优势,从中抓住职业要素闪光点,对学生开展职业素质教育和职业实践活动,必将对学生的职业能力和终身发展产生积极影响。

7 职业学校职业安全健康教育实践范式

一 实施背景

根据国际劳工组织的统计,全球工伤事故和职业病每年夺去 200 万人的生命。在欧洲 18—24 岁之间的青年工人发生工伤事故概率比其他年龄段工人高 50%,在中国工伤事故大多发生在工人开始上班的 6 个月中。根据国家安监局统计,我国每年因公致残人员 70 万人,80% 以上的事故是与人的因素有关的。在我国经济社会发展的大军中,职业院校输送的毕业生已成为一支主力军。据教育部公布的数据,我国每年有 700 万中职生走上工作岗位,他们为地方经济发展做出了巨大贡献。然而由于一些单位职业安全健康教育滞后、责任不落实、防范监管不到位等,致使即将进入职场的新生代职业安全健康面临着很大的隐患。在职业学校开展职业安全健康教育已成为职业教育领域刻不容缓的重要任务。

2010 年 8 月,教育部决定在全国部分中等职业学校开展职业健康与安全教育试点工作。同年 9 月,江苏省教育厅颁布了《江苏省职业学校开展职业健康与安全教育试点工作方案》,委托省职业教育学生发展科研中心组并由江苏省南京工程高等职业学校为牵头学校组织 19 所职业学校开展实践研究。

二 主要目标

(一) 明确方向,列入人才培养方案

调研显示,众多职业学校对职业安全健康教育重视不足、意识不强、教育不够,学生实习就业与企业的安全生产存在诸多脱节,职业安全健康教育成为困扰学生发展、经济发展、社会发展的重要问题。

职业学校职业安全健康教育应立足职业安全健康法规、职业病预防、职业伤害防控等方

面。亟须将其作为一门课程列入专业人才培养方案,关口前移,进入课堂、融入活动、渗透专业、引入岗位。

(二)研发教材,开发职业安全健康课程资源

根据国家最新《职业病防治法》和教学实际,研发"十二五"职业教育国家规划立项教材《职业健康与职业安全》,内容包括职业安全健康法规、职业健康、职业安全及个人防护4个模块29个话题,既有通用模块,又有结合专业大类的专业模块。建立全国首个职业安全健康精品课程资源共建共享平台,开发课程标准、教学设计、精品视频、主题教育活动创新设计等原创性资源,服务教学。

(三)学做合一,推进职业安全健康有效实施

以学生为中心,以强观念、教知识、学技能、活应用为重点,强调"学中做""做中学"。强观念,以主题教育、社团活动为载体,培养学生牢固树立安全意识;教知识,以课堂为载体,侧重通识知识讲授;学技能,以实训基地为载体,培养掌握本专业必备的安全技能;活应用,以仿真模拟为载体,强调通识安全知识、专业安全技能和职业安全素养的综合训练。

职业安全健康教育是校企合作的重要内容。校企合作编写安全手册,共同制定安全规程;重视过程管理,注重检查落实;开展职业健康与职业安全的培训和考证,构建校企合作多元评价体系,既强调对通识安全理论、操作安全技能的考核,又重视专业安全能力的评价。

(四)创新体系,示范引领

案例以学生为本,突出责任关怀,将职业安全健康教育关口前移,在调查研究、国际借鉴、省内实践基础上,构建"防—控—治—护"四位一体课程体系。把学生现在和未来的"生产""生活""生命"三个板块进行归并、整合,设计成具有行动力的方案,在体验、对话、交流中提高学生职业安全健康的意识和能力。

案例从人才培养方案、课程标准、教材编写、授课计划、教学组织到考核评价各个环节强化学生职业安全素质培养,实现了职业安全健康教育的全覆盖。实践中采取灵活多样的教学组织形式与教学方法。通过情景、参与、互动形成自主学习、合作学习的良好氛围,把课堂变成充满情趣的场所;校企合作建立职业安全健康教育质量评价—反馈机制,使学生在学习过程中能够预判、分析职业岗位存在的潜在风险,完成"知、情、意、行"的完整学习过程,为我国职业学校职业安全健康教育提供了一个好的范例。

案例汇聚省教育厅和试点校领导、骨干教师和行业企业的群体智慧,形成大量原创性成果。发表88篇论文;《职业健康与职业安全》成为首本"十二五"职业教育国家规划立项教材;建立全国首个职业安全健康教育课程资源网站学习平台。该课程被列入江苏省中职人才培养方案和"五课"教研、"两课"评比范围,搭建了省级教研平台;部分成果被省人大、南京市人大采纳,在江苏省内产生很大影响,对职业教育教学改革实践有重大示范作用。

三 工作过程

（一）实践调研，推动职业安全健康教育关口前移

2010年9月，项目组以问卷调查、实地走访等形式开展调研，调研分析结果表明，31%的实习生曾受到不同程度的职业伤害，其中29%的实习生未得到相关赔付。基于调研结果，项目组提出将职业安全健康教育关口前移，预防实习生意外伤害事故，保障实习生合法权益。学校出台文件将职业安全健康教育关口前移，引入课堂，全面普及推广。

（二）科研奠基，形成职业安全健康教育体系

职业安全健康教育是一个崭新的命题，国内相关研究甚少。4年来，项目组依托前期研究，基于工作情境，把握职业安全健康教育特征，突出"责任关怀"。依托5项课题研究，将成果融入教学实践、课程、教材、资源平台、队伍建设、基地建设、第二课堂等方面。以研促建，以研促改，以研促教，以研促学，形成了融"知识、技能、思维、习惯、文化"为一体的、较为完善的职业学校职业安全健康教育体系。

（三）研发教材，构建"四位一体"课程体系

围绕职业安全健康教育的通识意义、行业意义、岗位意义，紧扣岗位特性，根据2012年最新修订的《职业病防治法》和职校实际，构建岗前"预防"、岗位"控制"、事后"应急"、权益"维护"的"防—控—应—护""四位一体"课程体系。研发了首本"十二五"职业教育国家规划立项教材《职业健康与职业安全》，涵盖职业安全健康法规、职业健康、职业安全、个人防护4部分29个模块。在此基础上，结合专业和岗位实际，还开发了补充教材《珍惜安全，远离危险》。

（四）校际合作，建立精品课程资源共建共享平台

自2012年10月起，组建由不同专业骨干教师组成的职业安全健康课程跨专业研发团队，共同开发国家职业教育数字化资源共建共享项目《职业健康与职业安全》精品课程资源。共开发知识点积件数162个，PPT 162张，测试习题205道及课程标准、教学设计、精品视频、主题教育活动创新设计等原创性资源，建立了全国首个职业安全健康教育精品课程资源共建共享平台。目前，全国近16所职校使用该资源，成果示范辐射作用可见一斑。

（五）立足课堂，开展体验式职业安全健康教育

课程以学生为中心，以课堂和实训基地为阵地，以校园文化和企业文化融合为基础，以主题活动为载体，借助"人人通""云课堂"等现代教学手段，突出职业安全健康教育方面的"前知识""前概念"，强调"做中学、学中做、做中悟"。将"事故案例""情景导入"贯穿"探究与实践—知识拓展—综合演练——综合评价"各环节，使学生在学习过程中能够预判、分析职业岗位存在的潜在风险，形成自觉遵守职业安全健康法律法规，强化职业健康安全与自我保护的意识和能力。近年来,学生在江苏省职业安全健康比赛中获演讲一等奖9名、二等奖13名、三等奖15名;手抄报一等奖8名、二等奖14名、三等奖18名。在全国安全类专业技能大赛中,获国家级奖项8个、省级奖项8个。

(六) 多元培训,推进教学团队专业化建设

全方位、多维度地推进教学团队专业化建设。一是国际培训,28名骨干教师赴加拿大、英国、南非开展学习交流。二是国家培训,2012年9月,团队赴北京参加国家级数字化资源精品课程资源开发培训。三是行业培训,2012年3月36名教师参加江苏省安全生产监督管理局培训并获安全培训师资资质。四是省级培训,将职业安全健康教育融入全省班主任培训,每年定期开展。五是市级培训,淮安等市教育局组织骨干教师参加职业安全健康骨干师资培训。六是校级培训,项目组成员学校每年定期组织开展校级培训。

各级各类培训有效地促进了职业安全健康教育师资水平的提升和专业化发展。近年来,1人荣获全国"创新杯""说课"一等奖,12人获得江苏省职业安全健康教育"示范课和研究课"。在省级职业安全健康教育成果评审中,获"说课"一等奖4名、二等奖8名、三等奖10名。

(七) 建设安全文化,提升"我要安全"的教育实效

推进校企紧密合作,成立职业安全健康教育中心,完善学校职业安全健康教育制度,细化实习实训安全规范与规程;开发符合行业、专业岗位特点的安全实习手册;引进企业安全文化,在实训教学中形成了"整理、整顿、清洁、清扫、素养、安全"的6S管理模式;建立安全体验馆、自救器训练室、创伤急救训练室、电气安全实验室等9大安全实习实训基地,每学期为3 000多名学生提供安全技能体验;将行业安全标准融入课程,推进职业安全资格证书准入制度,安全上岗证年通过率达98%,提高实习生的安全修养,让职业安全健康意识融入学生的核心价值观体系,变"要我安全"为"我要安全"。

四 条件保障

(一) 制度保障

学校制定了《关于成立江苏省南京工程高等职业学校职业安全健康教育中心的通知》《学校实习期职业安全健康管理制度》《实训室安全操作规程及突发事件应急预案》《专业实习期设备安全操作规程》《实训室安全管理条例》《学生安全实习手册》《安全操作规程》等一系列制度,为推进职业安全健康教育规范进行奠定基础。

(二) 师资保障

学校将职业安全健康教育教学团队纳入国家示范校建设特色项目,为职业安全健康教育的调研、课程开发、教研活动、师资国内外培训、精品课程资源开发提供了保障。

五 主要的成效与成果

（一）意识提高，伤害率下降

项目组对近3年企业及学生进行跟踪反馈。统计表明：学生顶岗实习、毕业进入企业工作，其安全意识呈总体提高趋势，伤害率呈总体下降趋势。2010年至2013年全省煤矿原煤生产百万吨死亡率分别为0.41、0.19、0.14、0，呈总体下降趋势，学校职业安全健康教育培训为企业安全形势的好转做出了具体而直接的贡献。

（二）教材应用，发行全国

《职业健康与职业安全》被列为"十二五"职业教育国家规划立项教材、国家示范性职业学校精品课程资源共建共享项目配套教材和江苏省职业教育限选课程。教材被省内近100所中职学校和江苏地质职业教育集团66家企业员工培训广泛采用，发行量近2万册。山东烟台市教育局也引进该教材及课程标准等课程资源，反响良好。

（三）质量提升，企业欢迎

2010年9月起，学校开展职业安全健康课程教学实践。采取灵活多样的教学组织形式与教学方法，通过情景体验、互动对话，形成自主学习、合作学习的良好氛围，把课堂变成充满情趣的场所，完成职业安全健康教育"知、情、意、行"的完整学习过程。基于工作情境的实践训练实现安全操作无缝对接。近4年的跟踪调查反馈表明，学生在企业安全意识强，能遵守安全操作规程，企业认可度、满意度达90%以上。依托国家安全二级培训资质，每年为企业、社区开展安全技术培训2 000余人次，累计培训1万余人次，提升了企业核心竞争力。

（四）品牌树立，影响扩大

案例不仅仅局限于省内外职业学校应用和推广，项目组在海峡两岸职业安全健康教育学术论坛、全国安全职业教育教学指导委员会研讨会、第六届江苏职业教育论坛上作交流发言，其中《英国职业安全健康专题调研》在英国苏曼中心成果展中获"最佳成果展示奖"。《中国教育报》等省内外媒体对成果进行专题报道，社会关注度和影响力得到显著提升，品牌效应逐步彰显。2013年12月，成果获得江苏省教学成果特等奖。

六 体会与反思

（一）强化研究，普及推广

职业安全健康教育是一项系统工程，需要政府主导、行业协调、企业参与、学校主体实践。需要进一步依托科研引领，组建政府、教育、安全生产、行业与企业等部门专家研究团队，深入挖掘职业教育职业安全健康教育内涵，完善"防—控—治—护"内在逻辑体系，探索新形势下职业安全健康教育有效途径与评估体系，促进职业安全健康教育在全省普及与推广。

(二) 打造团队,推进职业资格准入制度

推进职业安全健康教育师资培训,将职业安全健康教育培训模块渗入省级班主任培训、师资培训中,融入专业教学中,打造一批优秀教学团队,培养一批注册安全工程师,推进在职业学校高年级学生中开展安全防范评估等职业资格证书。

(三) 加快精品课程建设

进一步推进职业安全健康精品课程建设,深入推进"五课"教研、"两课"评比活动,开展职业安全健康精品视频资源建设,建设江苏职业安全健康精品课程资源网,努力形成江苏职业安全健康教育资源网。

(四) 建立一批基地

建立一批职业学校职业安全健康教育培训基地、实验基地,建立校企合作、社区与学校合作、校际之间等领域的职业安全健康教育基地。

(五) 体制创新,推动立法

坚持以人为本,创新职业教育职业安全健康教育体制,健全职业安全健康教育机构,完善职业安全健康教育制度,推进职业安全健康教育法规建设,推动我省职业教育职业安全健康教育条例立法进程,确保组织到位、责任到位、保障到位,为广大职业学校的职业健康安全教育提供保障机制。